Le dernier puritain

LA MUSIQUE CHEZ FAYARD

BIBLIOTHÈQUE DES GRANDS MUSICIENS

Beethoven par Jean et Brigitte Massin
Bellini par Pierre Brunel
Berlioz par Henri Barraud
Brahms par Claude Rostand
Couperin par Philippe Beaussant
Debussy par Edward Lockspeiser et Harry Halbreich
Mahler (T. 1 et 2) par Henry-Louis de La Grange
Mozart par Jean et Brigitte Massin
Offenbach par David Rissin
Poulenc par Henri Hell
Schubert par Brigitte Massin
Stravinsky par André Boucourechliev
Wagner par Martin Gregor-Dellin

COLLECTIONS MUSICIENS D'AUJOURD'HUI
dirigée par Brigitte Massin

Pierre Henry par Michel Chion
Olivier Messiaen par Harry Malbreich
Iannis Xenakis par Nouritza Matossian

AUTRES LIVRES DE MUSIQUE

Les grands interprètes romantiques
par Claude Nanquette
Histoire concise de la musique moderne
par Paul Griffiths
Les grands Opéras du Répertoire
par Alexis Payne
Histoire de la Musique par Émile Vuillermoz
Le chant retrouvé par André Tubeuf
Ruggero Raimondi par Sergio Segalini
Teresa Berganza par Sergio Segalini
Elisabeth Schwarzkopf par Sergio Segalini
La vie et l'amour d'une femme
par Régine Crespin
Maria Callas, par-delà sa légende
par Ariana Stassinopoulos
Lavelli, opéra et mise à mort
par J. Lavelli/A. Satgé
Le Ring à Bayreuth
par Élisabeth Bouillon
Un théâtre pour la vie par Giorgio Strehler
Une histoire du jazz par J. Ernst Berendt
Glenn Gould par Geoffrey Payzant

Glenn Gould

LE DERNIER PURITAIN

Écrits
(Tome 1)

réunis, présentés et traduits de l'anglais
par Bruno Monsaingeon

Fayard

Introduction
de
Bruno Monsaingeon

Un moraliste... au sens où la pointe de l'outil de l'intellect, très aiguisée, ne peut pas ne pas toucher aux questions éthiques, et où les sommets de l'intelligence font découvrir que la pente que l'on a grimpée possédait, en fin de compte, un autre versant, le versant éthique de la même quête.

(Lettre d'un auditeur)

Los Angeles — Fin juillet 1972

Je passe quarante-huit heures en compagnie de Yehudi Menuhin venu donner deux concerts en Californie. Demain, il regagnera l'Europe tandis que je m'envolerai pour Toronto, où je dois rencontrer Glenn Gould. J'en fais part à Yehudi, curieux d'entendre son sentiment à l'égard d'un artiste que j'admire, que je n'ai encore jamais rencontré, mais avec lequel j'ai déjà échangé une volumineuse correspondance depuis quelques mois. A ma grande surprise, j'apprends que Yehudi et Glenn se connaissent personnellement, qu'ils ont en fait joué ensemble ; et Yehudi me raconte en quelles circonstances :

« Cela remonte à 1965 ; Glenn Gould m'avait invité à participer à l'une de ses émissions télévisées et m'avait demandé de jouer avec lui deux *Sonates* de Bach et de Beethoven ainsi que... la *Fantaisie* de Schoenberg. Comme vous le savez, Schoenberg ne figure pas parmi les compositeurs du XXᵉ siècle qui m'attirent irrésistiblement, et je suis arrivé chez Glenn à Toronto pour notre première répétition après avoir lu la *Fantaisie* de Schoenberg, mais sans la connaître ni l'aimer vraiment.

Et j'ai rencontré un homme de génie pour lequel les structures et le langage de Schoenberg étaient des éléments naturels. Nous travaillâmes ensemble la *Fantaisie* et il sut merveilleusement me transmettre la compréhension profonde et l'amour véritable qu'il avait pour cette musique. *Ce fut une révélation.* »

Toronto — Canada,
Vingt-quatre heures plus tard

Je vois arriver dans ma chambre d'hôtel un personnage étrange, emmitouflé dans un immense pardessus, recouvert d'écharpes paradoxales étant donné les 30° de la température ambiante. Au cours des quinze premières heures de conversation ininterrompue qui suivirent, je fus submergé par son intensité, sa chaleur et son humour. Notre commune admiration pour Menuhin nous fournit la plus opportune des entrées en matière :

« Deux jours avant le tournage, me dit Glenn, Yehudi est arrivé à Toronto, connaissant à peine la *Fantaisie* de Schoenberg. Au fur et à mesure que nous la travaillions, je fus le témoin de son immersion progressive dans l'œuvre, dont il donna pour finir une lecture déchirante d'intensité poétique. *Ce fut une révélation.* »

Telle fut la manière tout à fait appropriée dont s'amorça ce qui allait se révéler être une période incroyablement féconde de dix années de collaboration entre Glenn Gould et moi, et d'où devaient émerger deux séries de films, dont la dernière — conçue comme son testament musical et comprenant les *Variations Goldberg* (qui furent l'ultime étape qu'il nous fut donné de mener à bien) — comportait une multitude d'autres projets pour les quelques années à venir.

Je sortais tout juste alors de l'adolescence et lui approchait de sa quarantième année ; mon activité professionnelle de musicien et de réalisateur en était à peine à ses débuts alors que lui était déjà depuis longtemps l'objet d'une légende ; par ailleurs, je vivais en France où il n'avait jamais mis les pieds (« La France a connu des crises pires que mon absence », me dit-il un jour) et, à peu d'exceptions près, il n'éprouvait guère d'affinités avec la musique et l'art français. Aujourd'hui que son existence est achevée, mettant du même coup un terme à un pan de ma propre existence à laquelle il avait donné une part essentielle de son contenu, je me demande parfois timidement, tel le Dr Zeitblom de Thomas Mann essayant de tracer le portrait d'Adrian Leverkühn, quel avait bien pu être le terrain d'entente sur lequel s'était fondée notre amitié, et en l'absence duquel une association à long terme n'aurait pas été possible.

J'imagine que, plus que la similitude de l'âge, plus que les racines géographiques, et plus même que la communauté de l'expérience et des buts, c'est sans doute une communauté de préoccupations qui mieux que toute autre chose est susceptible de féconder l'amitié. Voilà que, tentant de donner une forme et une expression musicales à des films, je me trouvais désormais et providentiellement en présence d'un homme de génie qui était convaincu que ses pensées musicales les meilleures passaient par l'enregistrement et qu'il existait une profonde analogie entre l'élaboration d'une interprétation musicale par le disque et le processus de confection d'un film — un homme qui était convaincu qu'une communication véritablement concentrée exigeait qu'on s'isole du monde avec lequel on souhaitait en fin de compte communiquer et requérait qu'on s'abrite derrière tout le dispositif de la conception préalable, de la production et de la post-production réfléchie ultérieure. Et cependant, de tous les pianistes, il était en un sens celui qui avait le moins besoin des secours du montage, du fait de la fiabilité incomparable de ses moyens techniques et de la prodigieuse lucidité de ses conceptions.

On l'aura compris : Glenn Gould est à mon avis la personnalité la plus importante du monde musical actuel, non seulement en tant que pianiste (même si beaucoup ignorent ou veulent ignorer par attachement aux catégories bien définies qu'il ait été bien autre chose : « Je suis — disait-il à l'occasion — un écrivain canadien et un homme de communication qui joue du piano à mes moments perdus ») mais en tant que penseur du phénomène musical : compositeur, écrivain, sociologue, théoricien et prophète de nouveaux modes de communication, moraliste enfin.

Imaginons-nous un instant assistant à l'un des concerts qui établirent la légende internationale de Glenn Gould en 1955. Nous savons immédiatement que nous sommes en présence de l'un des pianistes les plus considérables de l'histoire. Une telle assertion ne signifie cependant pas grand-chose, car ce qu'il apporte se situe dans une sphère radicalement différente et autrement élevée. Son royaume n'est pas du même monde. En désertant quelques années plus tard, à trente-deux ans et en pleine gloire, — selon un plan soigneusement médité et qu'il avait, sans convaincre personne, laissé pressentir — l'arène sanguinaire du concert pour confiner son activité dans l'intimité hermétiquement close du studio d'enregistrement, Glenn Gould assignait un rôle nouveau à l'interprète et définissait un nouveau concept de ce que pourrait être l'interprétation. Le public des concerts, même averti, a rarement une idée claire de ce que représente une carrière de concertiste itinérant. Ce qu'il perçoit comme une occasion unique n'est bien souvent qu'un acte de routine qui prend à son propre piège celui qui s'y livre. Le souci de préserver une intégrité émotionnelle et artistique en dépit des séductions plus faciles de l'apparence de pouvoir que donne le succès n'est guère fréquent chez des artistes dont la vie est faite d'intrigues, de rivalités, de comparaisons et de répétitivité fastidieuse. On trouvera dans ce livre un certain nombre de pages extrêmement touchantes sur quelques-uns des artistes chez lesquels l'étincelle créatrice a gardé sa pureté et son élan, car ils ont su résister aux tentations du monde « amoral » du concert, tout en y participant.

Il n'en demeure pas moins qu'il s'agit d'un monde que Glenn Gould se refuse à comprendre, et qu'il rejette à partir d'une position essentiellement morale. En somme, Gould part de l'idée délicieusement totalitaire qu'en art, il ne doit pas exister de concept de demande, mais seulement un concept d'offre, ou qu'à tout le moins l'artiste ne doit pas tenir compte de la « demande » d'un public. Les conséquences d'un tel système de pensée autocratique sont nombreuses encore que parfois inattendues. D'une part, le répertoire auquel s'attache un artiste comme Glenn Gould donne l'impression d'un univers en expansion infinie, au lieu de subir le rétrécissement inévitable qui est celui de l'artiste de concert soumis à la pression du temps et des exigences de son public. Le miracle a voulu que, par la force de sa personnalité, Glenn Gould ait pu imposer un type de répertoire qui n'apparaissait pas *a priori* répondre aux critères du marché. Personne ne croyait sérieusement, au moment où Glenn Gould décidait de se retirer de la scène, que les disques qu'il allait continuer à enregistrer pourraient avoir une existence commerciale prolongée, étant donné que celle-ci n'était pas susceptible d'être appuyée sur la continuité d'apparitions publiques — censées être l'instrument indispensable du maintien d'une image de marque autrement invendable —, étant donné également l'austérité supposée et le caractère intransigeant des choix de répertoire opérés par le pianiste. En quelques années de concert, Glenn Gould s'était assuré des bases financières suffisamment solides pour lui permettre de résister aux dangers des compromis (« Une autre semaine de dépression boursière telle que celle que nous venons de connaître, disait-il parfois en plaisantant, et il me faudra enregistrer les concertos de Tchaïkovsky et de Grieg ! »).

Plus profondément sans doute, la pensée autocratique lui permettait de redéfinir l'idée même d'interprétation. Il considère tout d'abord que si l'interprète n'a pas de l'œuvre une vision radicalement différente — et bien entendu cohérente — de tout ce qui a pu être dit antérieusement par les autres ou par lui-même à son sujet, il est inutile qu'il la joue. C'est affirmer là l'autonomie de l'interprète par rapport à la partition. C'est affirmer aussi la possibilité d'un « pluralisme interprétatif » : pour Glenn Gould, il existe une multiplicité de versions possibles et également sublimes de la même œuvre. On ne peut donc juger ni élaborer une interprétation d'après les canons d'une tradition ou de l'esprit d'une époque donnée — qui aboutiraient à un conformisme total — mais d'après sa seule cohérence interne. La distinction entre création et interprétation tend à disparaître lorsqu'on entend Gould, car il invente quelque chose qui n'avait même pas touché notre imagination. En ce sens, Glenn Gould est le premier interprète non figuratif : une fois qu'il a saisi l'œuvre dans sa structure, il peut se permettre de la traiter à la manière du cinéaste, adaptant un livre pour le cinéma, ou du peintre, transposant la réalité de son modèle sur cette autre réalité qu'est sa toile ; l'œuvre pose pour lui. En ce sens aussi, Glenn Gould est l'interprète le plus proche de l'auditeur, car il l'invite à participer avec lui à l'exploration d'un territoire inconnu, à déchiffrer avec lui des signes dont le code aurait été depuis longtemps perdu. L'auditeur qui ne veut trouver dans l'interprétation que la reproduction plus ou moins fidèle de ce qu'il connaît déjà ne peut que le rejeter. L'autre participe avec lui à l'extase de la création d'une nouvelle œuvre d'art qui est tout autre chose que l'expression éphémère d'une émotion ou que la sécrétion momentanée d'une quantité donnée d'adrénaline. « L'objectif de l'art, dit-il, est la construction progressive, sur la durée d'une vie entière, d'un état d'émerveillement et de sérénité. »

Concentré sur la structure de la musique, détaché de l'instrument qu'il maîtrisait si parfaitement, Glenn Gould semblait possédé, lorsqu'il jouait, d'une sorte d'extase clinique ; pensant en compositeur, il s'identifiait à l'œuvre interprétée et pouvait donc se permettre une attitude critique et non servile face à la partition. Hors des dissipations mondaines et puisant dans les ressources d'une intelligence nourrie par la solitude, il allait poursuivre une triple activité de pianiste, de compositeur et d'écrivain : une sorte de méditation active sur la communication à l'ère de la technologie et de l'humaine et « charitable » machine.

La technologie, espérait-il, serait un rédempteur : un péché avait été commis à la fin du XVIIIe siècle, et si la technologie permettait de faire cesser l'exaltation de la notion d'identité individuelle séparée et de mettre un terme aux subdivisions hiérarchiques que l'art semble impliquer, compositeur, interprète et auditeur devraient pouvoir rétablir une unité brisée par les conceptions artistiques de l'époque romantique.

Jouissant de la conjonction d'une envergure intellectuelle incomparable et de dons pianistiques apparemment sans limites, et se défiant par surcroît des doigts comme d'agents redoutables susceptibles de dicter leur loi à la pensée, Glenn Gould pouvait se dispenser de tout travail strictement instrumental, cette malédiction de la routine quotidienne du musicien. De fait, si, en dehors de nos séances de travail préparatoire ou de tournage, j'ai assez souvent entendu Glenn jouer du piano pour notre plaisir (Ah ! cette première fois, dans la remise où était entreposé son instrument, au cours de laquelle j'eus droit, six heures d'affilée, à la *Cinquième Symphonie* de Schubert, à l'intégralité d'*Elektra*, l'opéra de Richard Strauss, à la *Troisième Sonate* de Hindemith, à des lieder de Schoenberg, et à la scène finale du *Capriccio* de Strauss !), je ne l'ai qu'à une seule occasion entendu travailler l'instrument à proprement parler. Quelques jours avant d'enregistrer le *Concerto pour neuf instruments* de Webern à la Télévision canadienne pour sa série « Music in our time », tandis que nous préparions un scénario, il me demanda, au milieu de la nuit, si je pourrais patienter quelques minutes. Comme à l'habitude, il avait étudié la partition sans piano. Son esprit avait si bien intégré les parties fantastiquement enchevêtrées de l'œuvre de Webern, qu'il s'aperçut qu'il ne serait vraisemblablement pas en mesure de jouer la partie de piano sans jouer en même temps celles des autres instruments, à moins d'aller « désapprendre » les parties qui ne lui étaient pas dévolues.

En réalité, l'idée même de répétitivité, sur laquelle toute la pratique de la musique a été jusqu'ici fondée, lui apparaissait totalement absurde et dépossédée de l'étincelle créatrice qui fait de la musique une expérience extatique. Une vision nouvelle de la même œuvre était évidemment toujours possible, mais elle était le résultat d'un processus mental, et ne devait en aucun cas être conditionnée par l'influence détériorante de la surexposition. Si Glenn Gould décidait d'enregistrer une œuvre à nouveau — ce qui ne lui arriva que deux ou trois fois durant les vingt-six années où il effectua ses enregistrements —, sa décision était fondée sur des raisons de progrès technologique en même temps que sur la conviction qu'il pouvait établir un rapport entièrement nouveau avec l'œuvre en question et l'envisager sous un angle radicalement différent et cohérent.

Je devais être le participant privilégié de la mise en œuvre de cette doctrine fondamentale lorsque, parmi tant d'autres projets que nous fîmes aboutir ensemble, je réalisai le film des *Variations Goldberg* que Gould réenregistra un an avant sa mort. Les séances de tournage, que nous avions prévues pour qu'elles coincident avec celles de l'enregistrement du disque, se déroulèrent sur une période de plusieurs mois et, dans leur intervalle, j'effectuai plusieurs allers et retours entre l'Amérique et l'Europe, et lui entre New York et Toronto. Mais nous gardions un contact quotidien, passant d'innombrables nuits en appels transatlantiques à nous chanter l'un à l'autre par téléphone les variations qui restaient à filmer pour nous assurer que nous parviendrions finalement à une structure où s'intégreraient parfaitement image et son.

Le film qui en résulta reste pour moi du domaine du rêve, car je sais que jamais plus sans doute je n'obtiendrai d'un « interprète » une telle participation au processus de la mise en scène — intense et confiante à la fois, qui explique en partie la force sans égale de son impact en tant que film musical. Quant au disque, dont la bande son du film fournit le support, il offre le témoignage le plus somptueux des capacités de renouvellement radical de son auteur dans un acte de lucidité mystique. Il devait paraître quelques jours avant la mort de Glenn, donnant ainsi à son existence, comme interpolée entre les deux paisibles *Arias* et les deux enregistrements — l'un ouvrant, l'autre concluant sa carrière — du chef-d'œuvre de Bach, un symbole de perfection cyclique. « Une œuvre, avait-il écrit dans l'analyse qui accompagnait en 1956 son premier enregistrement des *Variations Goldberg,* qui n'observe ni début ni fin. » N'est-ce pas ici le moment de noter l'extraordinaire adéquation, comme chez Jean-Sébastien Bach, du principe contrapuntique et de la pensée de Gould ? Il est devenu banal de s'émerveiller de la clarté de son jeu, de cette capacité unique de traiter de façon différenciée le tissu polyphonique de l'œuvre. Même les détracteurs les plus obstinés de Gould n'ont pu faire autrement que de le reconnaître et, pour l'auditeur profane, le sentiment en écoutant Gould de tout entendre, de participer à une lecture « interne » de la partition dont chaque élément semble être perçu grâce à la précision fanatique d'un trait parfaitement dessiné, n'est sans doute pas, avec sa prodigieuse vitalité rythmique, l'un des moindres charmes du jeu de Gould. Allons plus loin, car il est exclu de pouvoir réduire à un simple phénomène de technique pianistique une faculté aussi exceptionnelle de conduire les voix selon une véritable polyphonie de phrasés idéalement lisibles et différenciés dans leur multiplicité. Tout cela ne peut procéder que d'une pensée, et la pensée de Gould, comme son activité et ses goûts, répond à une philosophie essentiellement contrapuntique. En réalité, son existence même ressemble à une gigantesque fugue perpétuelle, à une forme qui s'interroge sur sa propre forme, et qui la définit. Comme tout bon thème de fugue dont l'énoncé ne conclut pas mais génère une réponse et crée, sur sa propre substance, un univers en expansion infinie, perpétuellement inachevé, l'existence de Gould obéit à un autre ordre de sensibilité que celui du monde physique auquel nous sommes d'habitude reliés, pour rejoindre le monde de la transcendance. Le monde de Glenn Gould élimine le conflit comme principe d'action ; il est « asexué » au sens propre du terme, contemplatif et extatique, passionné quoique antisensuel, et se confond avec la nature divine de l'organisation contrapuntique. Comme l'univers fugué, il souscrit à un concept de mouvement incessant et de variation continue, qui résiste aux assauts de la mode et du temps, et repousse les idées théâtrales fondées sur l'accumulation des contrastes, sécrétées et exploitées par le romantisme.

La multiplicité des thèmes, des activités et des projets gouldiens procède également du même esprit de superposition contrapuntique qui absorbe totalement l'intellect et implique une absolue maîtrise du temps, de l'espace et de leurs subdivisions les plus affinées. Gould ne se répétait pas, il n'apposait pas de rallonges à son œuvre qui devait dès lors inévitablement, à quelque âge qu'il ait pu mourir, laisser un sentiment d'inachevé. Comme pour Bach cependant avec l'*Art de la Fugue*, c'est surtout un sentiment de retrait qui envahit vers la fin la production de Gould ; dans sa quête de l'anonymat auquel, selon lui, devrait avoir droit tout artiste, il « s'écartait des préoccupations pragmatiques de l'activité musicale pour se retirer dans un monde idéalisé d'intransigeante invention ». Une fois menés à bien quelques projets qui lui tenaient particulièrement à cœur, l'activité discographique de Gould — nous étions quelques-uns à le savoir — allait toucher à sa fin ; après quelques années d'une carrière étincelante mais énigmatique de concertiste, après un quart de siècle passé dans les studios d'enregistrement, ayant de surcroît produit d'innombrables programmes radiophoniques et publié une somme d'écrits sur des sujets divers, Glenn Gould allait se retirer dans le monde du silence, de la solitude et de l'ascèse totales, où, purifié des manifestations trop grossières d'un son incarné et devenu inutile à son écoute intérieure, seul l'esprit entend. Il n'y serait pas resté inactif car, maîtrisant enfin à sa guise son temps profond, il était prêt à laisser éclore son grand œuvre littéraire.

Rares sont les artistes qui, comme Glenn Gould, aient donné tant d'eux-mêmes en se montrant si peu, car la quête de l'anonymat n'est guère compatible avec la reconnaissance publique. La reconnaissance du génie de Glenn Gould n'a été ni immédiate ni universelle. En Amérique même, son nom n'était connu que localement avant que les premiers concerts à Washington et à New York ne le lancent de manière subite et fulgurante sur la scène internationale. La France, qui est sans doute l'un des pays qui, ayant finalement discerné son génie de musicien, a su le mieux deviner les implications de sa pensée, est aussi l'un de ceux où il n'a jamais joué et où il n'a été connu que tardivement, dix ans après qu'il se soit retiré de la scène pour répondre à une vocation plus essentielle. Sa philosophie de la communication était déjà définie lorsque son « lancement » y fut effectué par les voies exclusives des médias technologiques sans toutefois qu'il se prête jamais au jeu des relations publiques, des interviews et de la participation à des émissions de télévision à caractère quotidien et régulier qui se branchent sur l'esprit du temps et amoindrissent en le paraphrasant la force d'un message qui ne peut briller que parce qu'il est contrôlé. Notre travail commun, par sa méticulosité même, se plaçait en dehors du système télévisé, et il est réconfortant de savoir qu'en dépit d'une diffusion unique, nocturne et tardive, d'un contenu complexe et passionnément intransigeant, le message, en s'extirpant de la banalisation affligeante du « produit » télévisé, ait été perçu. C'est probablement qu'il subsiste une place pour celui qui, comme Glenn, se situe fraternellement hors d'une civilisation de la promiscuité, de la comparaison, du conformisme et du débat. En substituant, à la connaissance conventionnelle et imperméable des choses dont la plupart se satisfont, la réalité vécue et profonde des structures, développée par son intelligence qui réinterprète le monde au lieu de le reproduire, Glenn Gould fait acte universel, car il nous révèle à nous-même un monde intérieur qui est aussi le nôtre mais dont le paysage nous serait sans lui resté paresseusement inconnu.

Son histoire, contrairement à ce que certains ont cru ou voulu faire croire, n'est pas une histoire triste. En abandonnant le concert, à l'égard duquel d'ailleurs bon nombre de ses contemporains comme Sviatoslav Richter ou Michelangeli, pour ne pas parler de prédécesseurs comme Liszt, ont montré, par leur ardeur guère plus qu'intermittente à s'y commettre, des dispositions pour le moins ambivalentes, Gould apporte une réponse qui apparaîtra finalement une réponse de bon sens à des questions posées par d'autres. Il y trouve en tout cas l'étincelle joyeuse et motrice qui va lui permettre de communiquer de manière à la fois massive et intime l'amour dévorant de la musique qui est le sien avant de rejoindre le silence et l'indicible. Qui a eu comme je l'ai eu l'invraisemblable privilège de passer ces nuits de feu dans l'antre de l'alchimiste à le voir manier les concepts et maîtriser les techniques avec pareille jubilation et tant d'humour peut attester que l'ordonnancement raisonné, volontaire et passionné de tous les sens, par lequel Glenn parvenait à exprimer sa vision péremptoire mais tendre et pacifiée de l'architecture des choses, s'il n'a rien de frivole, n'a non plus rien de morose. Sagesse en deçà de sa clôture, folie au-delà.

Non, Glenn Gould n'était ni fou ni dangereux. Il représentait cependant et sans aucun doute une menace pour la profession musicale telle que nous la connaissons et les implications de sa pensée vont très loin au-delà des limites de l'esthétique. Le monde musical, particulièrement en Amérique du Nord — on peut espérer qu'il l'est un peu moins en Europe —, est empoisonné. La compétition et la lutte pour le pouvoir ont répandu leur venin. La présidence de Carnegie Hall ou de telle autre institution dont tout sera fait pour barrer l'accès aux collègues considérés par définition comme des rivaux, la constitution de clientèles à manipuler, l'observation paranoïaque des triomphes ou des échecs des concurrents, la sollicitation des médias et la soumission à leurs jugements éphémères, sont devenus les objectifs et les enjeux majeurs des carrières et tiennent lieu de pensée artistique et de critères de qualité. Paradoxalement, c'est en utilisant les médias électroniques, ou plus exactement en se réfugiant derrière le bouclier protecteur qu'ils offrent, que Glenn Gould résista aux tentations faussement satisfaisantes du monde : l'opinion publique ne l'atteignait pas ; il ne recherchait pas l'approbation ; non plus qu'il ne sacrifia son génie sur l'autel du système des relations publiques. Dans sa quête d'un anonymat rédempteur, il retrouvait le statut des enlumineurs du Moyen Age et des bâtisseurs de cathédrales, qui se mettaient au service d'un but plus vaste qu'eux-mêmes. L'ambition forcenée, la recherche impitoyable d'une gloire passagère, par quoi trop d'artistes déclassent leur rôle pour le réduire à celui d'amuseurs, avaient depuis longtemps été écartées de son esprit, si tant est qu'il ait jamais connu cette tentation. A la place, il était devenu le maître et le pratiquant d'un art dont l'impact est d'autant plus fort qu'il demeure indifférent à l'accueil qui lui est fait. Aucune marque d'admiration — la respectabilité qui atrophie tant d'autres hommes parvenus à une certaine notoriété était étrangère à son sens de l'humour — de la part des quelques amis qui avaient accès à lui et auxquels il donnait le plus chaleureux et le plus affectueux des accueils n'était nécessaire pour parvenir à un état d'intense et intime communion avec lui. Sa solitude, qui est un thème récurrent de ses œuvres, ressemblait à celle d'un personnage de fiction, son frère en littérature, Adrian Leverkühn, du *Docteur Faustus* de Thomas Mann. Cependant, le pacte de Glenn n'était pas avec le diable mais avec un Dieu de pureté et d'intégrité absolues.

Le champ de la méditation gouldienne déborde, nous l'avons dit, largement, le domaine de la musique, et son retrait des salles de concert allait permettre à Gould dans son existence monacale de se consacrer à une production qui devait s'avérer gigantesque : des programmes de Radio d'une facture très élaborée comme la *Trilogie de la Solitude* — dont *The Idea of North*, à laquelle il est fait allusion à plusieurs reprises dans les textes qui vont suivre, forme l'un des volets ; de très nombreux écrits qui font de lui l'un des penseurs les plus brillants et les plus originaux de notre époque, et qui sont pour la plupart restés inaccessibles en France. C'est à une publication intégrale ou quasi intégrale de ces textes que s'attachent le présent volume et ceux qui suivront. Un jour ou l'autre, Gould aurait repris ces essais très divers, philosophiques, fictionnels et critiques, pour en intégrer certains éléments dans une œuvre littéraire à venir. La mort l'en a empêché et nous autorise, croyons-nous, à les présenter ici tels qu'ils sont parus, pour la plupart en Amérique, à des époques variées de son existence.

Nous avons adopté pour ce livre une structure en quatre parties, dans lesquelles sont exposées successivement ses idées philosophiques fondamentales, puis tracés des portraits de quelques-uns des compositeurs qui ont le plus compté pour lui et d'interprètes qu'il affectionnait ou qui l'intriguaient tout particulièrement, présentés enfin quelques échantillons de sa verve critique.

Certains de ces textes ne sont pas toujours d'accès facile pour le lecteur profane, et contiennent, comme celui sur Bach et la Fugue et celui sur Byrd et Gibbons, des analyses musicales détaillées. Mais celles-ci mènent invariablement à des conclusions d'ordre général si pénétrantes que le lecteur même non averti n'aura aucun mal à en saisir le sens.

La beauté et l'originalité de la langue que Glenn Gould s'est fabriquée ont fait de la traduction de ces textes une tâche intimidante. Si ceux-ci gardent dans leur version française un ton et une concentration essentiellement gouldiens, c'est bien souvent à l'assistance incroyablement fervente de Thérèse Salviat que le lecteur comme moi-même en serons redevables. Elle a non seulement tapé l'ensemble de mon manuscrit mais m'a aussi apporté tout au cours des longs mois qu'ont duré sa rédaction et sa révision définitive une masse de suggestions méticuleuses et imaginatives, dont le texte final garde la précieuse et secrète empreinte. Ma reconnaissance infinie va également à G.M. pour ses remarques très proustiennes (et très gouldiennes !) concernant les admirables textes sur Stokowski et sur Menuhin, et qui leur ont donné une tonicité qu'ils n'avaient pas en français avant qu'il ne les ait scrutés.

Bon nombre de ces essais m'avaient été donnés par Glenn Gould lui-même. Que ceux qui m'ont aidé dans la recherche des autres textes, Ray Roberts, l'assistant de Glenn Gould, Susan Koscis de C.B.S. Masterworks à New York, Bob Silvermann du *Piano Quarterly*, trouvent ici l'expression de ma profonde reconnaissance.

Le 3 mars 1972, date où je reçus la première lettre en provenance de la planète Glenn Gould, partait en direction de Jupiter une petite sonde spatiale qui a voici quelques mois quitté le système solaire. Pioneer 10 fonce aujourd'hui dans l'inconnu, à près de 50 000 kilomètres à l'heure, en se dirigeant vers l'Étoile Ross 248 qu'elle rencontrera dans quelque 30 000 ans après avoir parcouru plusieurs dizaines de milliards de kilomètres. A son bord et tournoyant avec elle, sont enfouis, en tant que symboles déchiffrables d'une conscience terrestre, une plaquette retraçant la silhouette d'un homme et d'une femme, quelques formules mathématiques, et l'enregistrement d'une Fugue de Jean-Sébastien Bach par Glenn Gould. Qui remercier de ce privilège immense : que dans les coordonnées du temps et de l'espace, ce vaisseau soit passé un instant sur ma trajectoire ?

Bruno Monsaingeon
4 octobre 1983

PREMIÈRE PARTIE

Idées

Épître aux Parisiens

Au début de 1974, je me rendis à Toronto avec une équipe de l'ORTF pour y tourner pendant près d'un mois une série de films d'une durée totale de deux heures et demie avec Glenn Gould. Ces films dont nous avions ensemble élaboré et écrit le scénario au cours des deux années précédant le tournage devaient présenter pour la première fois Glenn Gould au public français, mais nous avions décidé d'utiliser également un contre-sujet et chacun des films examinait un aspect ou l'autre des rapports entre la musique et les moyens de communication de masse, tout particulièrement les rapports entre la musique et les techniques d'enregistrement. Vers la fin de la même année, à l'occasion de la diffusion de ces quatre programmes sur les antennes de la Télévision Française, la firme CBS décida de publier un disque composé d'œuvres de Bach, Gould, Schoenberg et Wagner, dont Glenn Gould avait joué des extraits au cours des films. L'enregistrement en question était donc né de films traitant de l'enregistrement, et Gould l'avait accompagné d'un court essai d'introduction qu'on pourra lire dans les quelques pages qui suivent.

B.M.

Un dimanche de décembre 1950, je me rendis pour la première fois dans un studio de radio ; ses dimensions ne dépassaient guère celles d'un living-room. Il s'agissait de mettre mes services à la disposition d'un unique micro appartenant à la Canadian Broadcasting Corporation et de participer à une émission en direct au cours de laquelle je devais jouer deux sonates : l'une de Mozart, l'autre de Hindemith. Certes, la bande magnétique était déjà couramment utilisée par l'industrie du disque, mais, en ce temps-là, la radio avait encore la paresseuse habitude de procéder à des prises d'un seul tenant, de la première à la dernière note, comme s'il s'agissait de la retransmission d'un concert. C'était la première fois que je participais à une émission de radio, mais ce n'était pas mon premier contact avec le microphone ; depuis des années, j'avais procédé à la maison à toutes sortes d'expérimentations avec des magnétophones primitifs, fixant les micros sur la table d'harmonie de mon piano pour, au mieux, émasculer par exemple des sonates de Scarlatti, et soumettant en général l'un et l'autre des instruments à toutes les brimades que mon imagination pouvait concevoir.

Mais, comme on a déjà dû s'en rendre compte, cette rencontre avec la CBC fut pour moi mémorable, non seulement parce qu'elle me permit de communiquer hors de la présence de toute une galerie de témoins (encore que le micro installé à deux mètres du piano tienne lieu de public et me soit toujours apparu comme l'un des charmes de la Radio) mais surtout parce que, un peu plus tard, le même jour, on m'offrit un « souple », c'est-à-dire un disque primitivement gravé qui reproduisait tant bien que mal les merveilles de l'émission en question. Aujourd'hui encore, un quart de siècle après, je le sors parfois de la bibliothèque, où il est rangé, pour fêter ce moment de mon existence où commença à se dessiner en moi la direction qu'elle allait prendre, où j'eus soudain la révélation de l'insignifiance des réserves émises par mes pairs et mes aînés à l'encontre d'une technologie qui, à les en croire, compromettait l'art en le déshumanisant, et où s'ébaucha pour moi ce qui allait devenir un véritable roman d'amour avec le microphone.

Je soupçonne d'ailleurs que s'il me fallait préciser le moment exact où je commençai à entrevoir tout cela, je devrais le fixer à quelques heures plus tard, au moment où, réécoutant ce « souple » pour la troisième ou quatrième fois, je m'aperçus qu'en filtrant les basses d'environ 100 périodes et en relevant les aigus jusque vers 5 000, le piano lourd, mat et épais dans le grave avec lequel je m'étais débattu quelques heures plus tôt, pouvait être magiquement transformé à l'écoute en un instrument apparemment capable de produire des sonorités aussi perverses que celles que j'avais déjà imposées au Signor Scarlatti.

« Approche possible pour Mozart, direz-vous, mais tout à fait inopportune pour Hindemith. » Peut-être que oui, peut-être que non. Je suis peu disposé à en discuter d'un point de vue musical, mes intentions n'ayant été en l'occurrence, bien sûr, que très secondairement musicales. Elles relevaient plutôt du domaine du théâtre et de l'illusion. J'avais mis en action les ressources les plus élémentaires de la technologie pour donner une idée de ce qui n'était pas. Ma propre contribution en tant qu'artiste cessait d'être la fin dernière du processus engagé par l'interprétation. Elle cessait de relever du fait accompli. La technologie s'était interposée entre l'intention et le résultat ; « La charité de la machine », pour citer le théologien Jean Le Moyne, s'était interposée entre la fragilité de la nature et la vision d'une réalisation idéale. « Quelle clarté prodigieuse ! Vous avez dû disposer d'un piano fantastique ! » allaient dire les amis. Et moi de leur répondre : « A n'en pas croire ses oreilles ! » Je venais de comprendre la première leçon qu'enseigne la technologie : j'avais appris à être malhonnête dans un sens créateur. Je dois dire tout de suite que je ne vois aucune contradiction entre ces termes. Selon moi, la technologie n'est pas une simple courroie de transmission servant à propager de l'information. Elle n'est pas un simple système de relais instantané ; elle n'est pas une simple mémoire, une simple banque sous les voûtes et sur les livres de laquelle seraient remisés et enregistrés les réussites et les ratés des efforts créateurs de l'homme. Sans doute la technologie peut-elle être, si nécessaire, chacune de ces choses. Si vous me répliquez que « la caméra ne peut mentir », ma seule réponse sera de vous dire : « Qu'on lui apprenne tout de suite à le faire. » Car la technologie ne devrait pas, selon moi, être traitée comme quelque chose de neutre, comme une sorte de voyeur passif ; ses capacités de décortication, d'analyse et peut-être surtout d'idéalisation d'une impression donnée doivent être exploitées. Or, aucun des domaines auxquels on l'applique ne met aujourd'hui mieux en lumière que l'enregistrement sonore, ses objectifs et ses techniques, les conflits philosophiques auxquels ses praticiens et ses théoriciens ont été de longue date confrontés.

J'ai foi en l' « intrusion » de la technologie car, par essence, cette intrusion impose à l'art une dimension morale qui transcende l'idée d'art elle-même. Avant que je n'utilise d'autres mots démodés tels que « morale », j'aimerais exposer ce que j'entends par là. La morale, me semble-t-il, n'a jamais été du côté des carnivores, en tout cas pas lorsqu'existent d'autres choix de style d'existence. L'évolution n'étant rien d'autre que l'élimination par la biologie de systèmes moraux impraticables, l'évolution particulière de l'homme en réponse à sa technologie se produit dans un sens anticarnivore dans la mesure où, pas à pas, elle lui permet d'agir à des distances de plus en plus grandes, et l'incite à fonctionner de plus en plus détaché de ses réactions animales à la confrontation.

C'est ainsi par exemple qu'une guerre menée par des missiles dirigés électroniquement est légèrement moins mauvaise et répréhensible, quoique infiniment plus destructrice statistiquement parlant, qu'une guerre conduite à l'arbalète et à l'épée. Elle n'est pas bien meilleure mais meilleure tout de même dans la mesure où, toutes choses égales d'ailleurs, la sécrétion d'adrénaline qu'elle déclenche chez ses participants (mieux vaut ne pas parler des populations témoins sans quoi l'argument s'effondre) y est moins forte. L'anthropologue américaine Margaret Mead, si je comprends bien, désapprouve ce facteur de distanciation, ce désengagement des impératifs biologiques. Mais je crois au contraire en leurs vertus positives, et les enregistrements, même s'ils sont rarement compris comme tels, nous en fournissent la meilleure illustration.

Il y a quelques mois, j'écoutais les mémoires radiodiffusés de Sir Adrian Boult, le vénérable et très distingué chef d'orchestre britannique. A un moment donné, on demanda à Sir Adrian ce qu'il pensait de l'enregistrement et, comme on pouvait s'y attendre, il répondit quelque chose de ce genre : « C'est évidemment un très joli sport que d'en faire, tout spécialement à l'intention des gens qui ne peuvent pas aller au concert. Mais les disques ne remplaceront jamais le concert. Avant chaque séance, je dis toujours à mon directeur artistique : " Voyez-vous, mon vieux, c'est mon boulot de tirer tout ce que je peux de l'orchestre, et je ferai tout mon possible pour y arriver, même s'il nous faut pour cela faire deux ou trois prises. Mais je ne veux à aucun prix de ces rapiéçages auxquels vous les jeunes pensez sans arrêt. Si le cor fait un couac, eh bien, tant pis, et s'il nous reste du temps, on lui donnera une chance de recommencer, mais je ne veux pas de chirurgie réparatrice parce que ce qui compte pour moi, c'est que la ligne générale reste intacte. " » (Je m'empresse d'ajouter qu'il ne s'agit pas d'une citation mot pour mot, mais cette paraphrase est aussi fidèle que la mémoire le permet.) Quoi qu'il en soit, l'attitude de Sir Adrian à l'égard du « rapiéçage » — qu'on appelle en fait le « montage » — et à l'égard des diverses techniques d'enregistrement en général, représente l'une des barrières les plus infranchissables du conflit des générations. Il a absolument tort ; le montage ne nuit pas à la ligne générale ; au contraire, le bon montage crée la bonne ligne, et peu importe qu'on ait utilisé des collures toutes les deux secondes ou aucune pendant toute une heure, du moment que le résultat *semble* faire un tout cohérent. Après tout, lorsqu'on achète une voiture, on ne se préoccupe pas de savoir combien de pièces ont été nécessaires à sa fabrication. La seule chose qui importe est qu'elle fonctionne de manière sûre.

Ce qui dérange Sir Adrian en réalité, c'est que, dans la mesure où le montage scinde les divers éléments d'un problème particulier, il transcende aussi bien les angoisses physiques que les problèmes de coordination qui sont liés à ce problème. Il semble écarter l'idée que l'homme nu et non assisté puisse être à lui-même son meilleur avocat — le moins garanti des dogmes de l'après-Renaissance — et c'est de cette manière que le montage peut paraître antihumain.

Certes, nous avons souvent tendance à confondre le sens de l'humain avec la manière dont les problèmes de l'homme sont traditionnellement résolus par des instants d'illumination individuelle, et c'est cette croyance quasi mystique dans les pouvoirs de l'instant exceptionnel et du défi surmonté qui conduit les gens de la génération de Sir Adrian à se méfier de la technologie de l'enregistrement. Il y a cinquante ans, la plupart des gens pensaient que l'enregistrement était essentiellemnt une mise en archives, le meilleur moyen de rappeler les façons de la génération de grand-papa. Il n'y a bien sûr rien de mal à cela, et c'est effectivement là un de ses objectifs. Mais il est lui-même tout autre chose.

Je fais en général un travail de montage assez élaboré sur les voix des personnages que j'interviewe pour mes documentaires radio. Quand je parviens à mes fins, je défie qui que ce soit de trouver dans le résultat de ma « chirurgie » autre chose qu'une synthèse cohérente et rigoureuse des personnages. Cela dit, il est évident que le travail à effectuer dépend de la qualité de ce qui a été dit par le personnage en question, et si rien de décisif n'a été dit, il est probable que le meilleur portrait à faire consisterait à laisser intact le document recueilli. Si par exemple on a buté sur quelqu'un qui s'exprime ainsi : « Ouais, ben, j'aime mieux pas répondre, pas, à une question comme ça, hein ! pass-que on sait jamais, y' a c' qui plaît et c' qui plaît pas, pas vrai ? Alors, pour ce qui est de répondre, tout c' que j' peux dire, c'est p't-être bien qu'oui, p't-être bien qu'non. »

Devant ce genre de réponse, il serait tentant de ne rien couper et de garder le portrait intact. Par contre, si on trouve dans la réponse quelque chose comme « être ou, euh, euh, ne pas être », le tout intimement mêlé, je crois sincèrement que le montage doit éliminer le « euh, euh ».

Glenn Gould interviewe Glenn Gould au sujet de Glenn Gould

Dans ce texte, très révélateur du génie de son auteur, Glenn Gould se met lui-même en scène, et nous voyons apparaître par allusion et avec humour le personnage de légende avec ses phobies : l'horreur du contact physique et des poignées de main, l'hypocondrie ; et, plus profondément, le théoricien d'une humanité épurée, le moraliste austère et convaincu qui a su, en faisant fi de la recherche stérile des honneurs et des plaisirs mondains, mettre en accord sa vie et sa foi : le « dernier des puritains ».

Ce texte fut publié par plusieurs revues américaines, dont High Fidelity Magazine *de février 1974.*

Glenn Gould. — M. Gould, je crois savoir que vous êtes plutôt du genre — pardonnez-moi l'expression — dur à cuire en ce qui concerne les interviews.

Glenn Gould. — Vraiment ? Je n'étais pas au courant.

G.G. — C'est pourtant le bruit qui court parmi les gens des médias, mais je voulais seulement vous rassurer en vous promettant d'exclure toute question qui pourrait vous paraître sortir des limites de ce dont vous voudrez bien nous faire part.

G.G. — Je n'arrive pas à voir quel genre de problème pourrait déranger notre propos.

G.G. — Pour être tout à fait clair, puis-je vous demander tout de suite s'il est des sujets à ne pas aborder?

G.G. — Non, vraiment aucun, sauf la musique, bien sûr!

G.G. — Je ne veux pas revenir sur ma parole, Mr. Gould, d'autant que votre participation à cette interview n'a jamais été vraiment confirmée contractuellement, si ce n'est par une poignée de main.

G.G. — Vous parlez au sens figuré...

G.G. — ... bien entendu; mais j'avais imaginé que l'essentiel de cette interview toucherait des problèmes relatifs à la musique.

G.G. — Croyez-vous que cela soit à ce point important? D'après ma propre philosophie de l'interview — et vous savez que j'en ai fait pas mal comme interviewer — on parvient aux révélations les plus riches par le biais de questions qui n'ont qu'un rapport indirect avec le domaine spécialisé de la personne interviewée.

G.G. — Par exemple?

G.G. — Eh bien, au cours de la préparation de mes documentaires radio, j'ai interviewé un théologien au sujet de la technologie, un géomètre au sujet de William James, un économiste au sujet du pacifisme, et une mère de famille au sujet du marché des objets d'art.

G.G. — Mais vous avez aussi sans doute interviewé des musiciens sur la musique?

G.G. — A l'occasion, et surtout pour les mettre à l'aise devant le micro. Mais il est bien plus intéressant de parler par exemple avec Pablo Casals de la notion de mode ou d'air du temps, qui n'est d'ailleurs pas sans rapport avec la musique; ou avec Léopold Stokowski des perspectives de voyage interplanétaire, ce qui vous en conviendrez est quelque peu une digression...

G.G. — Laissez-moi procéder par l'affirmative. Y a-t-il un sujet que vous aimeriez discuter tout particulièrement ?

G.G. — Mais certainement ! Que diriez-vous de la situation politique au Labrador ou des droits des aborigènes en Alaska ?

G.G. — Je préférerais tout de même commencer notre discussion avec quelque chose qui ait au moins trait aux arts.

G.G. — Dans ce cas, nous pourrions examiner la question des droits des aborigènes vue à partir d'une perspective ethnomusicologique.

G.G. — Je dois avouer que je préfèrerais un point de départ plus conventionnel, Mr. Gould. Vous devez bien savoir qu'il est une question virtuellement obligée concernant votre carrière. C'est celle de la controverse que vous avez soulevée en cessant de donner des concerts pour ne plus communiquer que par l'intermédiaire des médias. Il nous faut au moins y faire allusion.

G.G. — Je dois vous dire que tout cela implique des considérations morales plutôt que musicales. Mais si vous tenez absolument à revenir sur le sujet, allons-y.

G.G. — Vous affirmez, et je cite, que l'enregistrement et les médias en général représentent l'avenir...

G.G. — C'est exact...

G.G. — ... et qu'inversement, la salle de concert, de récital, ou d'opéra, représente le passé : votre propre passé mais plus généralement aussi le passé de la musique.

G.G. — C'est bien cela, encore que mon seul contact professionnel passé avec l'opéra ait été un accès de bronchite que j'ai attrapée en jouant au vieux Festspielhaus de Salzbourg. Comme vous le savez, il s'agit d'un édifice parcouru de toutes sortes de courants d'air et...

G.G. — Nous pourrions peut-être parler de votre état de santé à un moment plus opportun, M. Gould. En attendant, j'espère que vous me pardonnerez si je dis que des affirmations du genre de celle que j'ai rap-

portée plus haut ont quelque chose d'intrinsèquement autojustificateur. Après tout vous avez choisi d'abandonner la scène publique des concerts il y a environ dix ans...

G.G. — Neuf ans et onze mois très exactement à la date où nous parlons.

G.G. — ... et vous conviendrez que la plupart des gens qui se retirent d'une carrière quelle qu'elle soit de manière aussi radicale, s'appuient toujours, qu'ils le veuillent ou non, sur l'idée que l'avenir est de leur côté.

G.G. — Il est bien sûr très encourageant de le penser. Mais je voudrais revenir sur votre utilisation du terme « radical ». Il est certain que si j'ai fait le plongeon, c'est à partir de la conviction que — étant donné l'état de l'art — une immersion totale dans les médias représentait une conséquence logique de mon propre développement, et j'en reste convaincu. Mais franchement, en dehors des idées qu'on aime se faire de ce que représentent le passé et l'avenir, les motivations les plus fortes qui entraînent de tels « départs » ou, pour employer vos propres termes, de telles retraites, n'ont rien de « radical ». Ce ne sont que des tentatives pour résoudre le désagrément et les inconvénients du présent.

G.G. — Je ne suis pas sûr d'avoir bien saisi votre pensée, M. Gould.

G.G. — Eh bien, par exemple, il me semble qu'un mal de gorge est la meilleure motivation qui pousse à inventer un médicament approprié. Et bien sûr, une fois le médicament sous brevet, on est tout à fait libre de décider que l'invention représente le présent tandis que le mal de gorge représente le passé. Mais tant que la maladie est présente, il est à peu près impossible de penser en ces termes. Inutile de préciser que dans le cas de ma bronchite à Salzbourg, le médicament était...

G.G. — Pardonnez-moi de vous interrompre, M. Gould. Nous reviendrons sur vos mésaventures salzbourgeoises en temps voulu, mais j'aimerais pour l'instant que vous développiez votre métaphore. Dois-je comprendre que votre retrait de la scène et votre engagement consécutif dans les médias ont été motivés par l'équivalent musical d'un mal de gorge ?

G.G. — Trouveriez-vous cela répréhensible ?

G.G. — Pour être franc, je trouve que c'est une attitude parfaitement narcissique. De plus, cela me paraît en contradiction avec votre affirmation du caractère essentiellement moral de votre décision.

G.G. — Je ne perçois pas la contradiction, à moins bien sûr que vous ne teniez en soi l'inconfort pour une vertu positive.

G.G. — Mes opinions ne sont pas l'objet de cette interview, M. Gould, mais je vous répondrai malgré tout. Le problème n'est pas une question de confort ou d'inconfort, d'agrément ou de désagrément. Je crois tout simplement que tout artiste digne de ce nom doit être prêt à faire sacrifice de sa personne.

G.G. — Dans quel but ?

G.G. — Pour préserver les grandes traditions de la pratique musicale et théâtrale, pour maintenir la noble responsabilité hiérarchique de l'artiste face à son auditoire. J'ai l'impression que vous ne vous êtes jamais permis de savourer le privilège qui devrait être le vôtre de communiquer avec un public...

G.G. — A partir d'une position de pouvoir et de domination ?

G.G. — Plutôt dans une ambiance et un décor qui révèlent votre humanité dans sa vérité pure et nue, dépourvue de retouches.

G.G. — Avec pourtant toute la mise en scène du déguisement et de la queue de pie !

G.G. — Je vous en prie, M. Gould, ne laissons pas notre dialogue dégénérer au niveau d'un badinage gouailleur. Il est évident que vous n'avez jamais su jouir d'un rapport personnel avec l'auditeur.

G.G. — J'aurais tendance à penser qu'en fait de rapport personnel, le succès impliquait plutôt un rapport de 1 à 2 800 dans une salle bourrée à craquer.

G.G. — Les statistiques ne sont pas mon fort. J'ai essayé de poser une question toute franche...

G.G. — ... à laquelle je vais essayer de répondre de même. Pour moi, le rapport auditoire-artiste est un rapport de 0 à 1 et c'est là que l'objection morale entre en jeu.

G.G. — Je comprends mal, M. Gould. Pourriez-vous revenir là-dessus ?

G.G. — D'abord, je ne me satisfais pas des implications hiérarchiques contenues dans la terminologie dissociant le « public » et l' « artiste ». Mais si on y a recours, je trouve qu'on devrait concéder à l'artiste — pour son propre bien comme pour celui de son public — le droit à l'anonymat. On devrait le laisser opérer en secret, sans qu'il soit concerné par elles ni même conscient des exigences supposées du marché, lesquelles exigences disparaîtront simplement dès lors qu'un nombre suffisant d'artistes y seront suffisamment indifférents. Une fois ces exigences disparues, l'artiste abandonnera le sens fallacieux d'une prétendue responsabilité « publique » et son « public » renoncera à un rôle de dépendance servile.

G.G. — Et « les deux jamais ne se rencontreront » !

G.G. — Au contraire, ils seront en contact, mais à un niveau autrement significatif que celui qui relie la scène à l'avant-scène.

G.G. — M. Gould, je comprends bien la satisfaction rhétorique que vous procurent vos développement idéalistes sur cet échange des rôles. Vous avez d'ailleurs consacré pas mal d'interviews à ce concept « d'auditoire créatif » avec ses connotations « macluhanesques ». Mais vous oubliez trop facilement que l'artiste, aussi hermétique que soit son style de vie, reste en fait un personnage autocratique, une sorte de dictateur social bienveillant. Vous oubliez aussi que son public, quelle que soit la richesse de l'appareillage électronique qui est offert à son choix, se trouve toujours à l'extrémité finale de la réception. Toute votre quête néomédiévale d'anonymat pour l'artiste resitué au point 0, et toute votre idéologie panculturaliste verticale au profit du « public » n'y changeront rien.

G.G. — Puis-je m'exprimer maintenant ?

G.G. — Bien sûr. Je ne souhaitais pas du tout m'emporter, mais je tiens beaucoup à l'idée de...

G.G. — ... de l'artiste Superman ?

G.G. — Ce n'est pas très fair-play, M. Gould.

G.G. — ... ou de l'interlocuteur comme contrôleur des conversations ?

G.G. — Il n'est pas nécessaire d'être provocant ! Je n'attendais évidemment pas de réponse conciliante de votre part, puisque vous mettez en jeu des positions philosophiques à l'égard de ces problèmes. J'espérais tout de même qu'une fois au moins, vous auriez pu admettre avoir fait l'expérience d'un rapport vrai, de 1 à 1, de l'artiste avec l'auditeur. J'avais espéré que vous confesseriez avoir été le témoin personnel du phénomène magnétique d'attraction qui existe entre un grand artiste présent en chair et en os au travail devant son public.

G.G. — Oh, mais j'ai fait cette expérience !

G.G. — Vraiment ?

G.G. — Absolument et je n'hésite pas à le dire. Il y a bon nombre d'années, je me trouvais justement à Berlin alors que Herbert von Karajan dirigeait pour la première fois la *Cinquième Symphonie* de Sibelius avec la Philharmonie de Berlin. Comme vous le savez, Karajan tend, surtout dans le répertoire post-romantique, à diriger les yeux fermés et à donner à sa « gestique » de baguette des contours chorégraphiques excessivement convaincants. L'effet de tout cela a été pour moi l'une des expériences musicales et dramatiques indélébiles de mon existence.

G.G. — Vous apportez très efficacement de l'eau à mon moulin, M. Gould. Je sais que cette interprétation, ou du moins sa version enregistrée ultérieure, a joué un rôle important dans votre vie.

G.G. — Vous voulez dire à cause de son utilisation dans l'épilogue de mon documentaire radio *The Idea of North*[1] ?

G.G. — Exactement ; et vous avez admis que cette expérience indélébile était sortie d'un face à face avec un auditoire et pas simplement du résultat désincarné et prévisible d'un disque, aussi bon fût-il.

G.G. — Oui, sans doute, mais je dois vous dire que je ne faisais pas partie du public. En fait, je m'étais réfugié derrière la paroi vitrée de la cabine de radio qui donne sur la scène. Ma position me permettait de voir le visage de Karajan et donc d'établir un rapport entre chacune de ses mimiques extatiques et le résultat sonore produit. Ce n'était pas le cas du public sauf lorsqu'une indication donnée de droite ou de gauche lui laissait apercevoir son profil. Mais l'important, c'était que la cabine de radio représentait pour moi un élément d'isolation, pas seulement vis-à-vis du public dont j'étais membre en un sens, mais aussi vis-à-vis de l'orchestre et de son chef.

G.G. — Vous vous raccrochez à des symboles, mon pauvre ami !

G.G. — Peut-être bien. Mais je dois souligner — entre nous bien sûr — que lorsque vint le moment d'incorporer cette *Cinquième* de Sibelius par Karajan à *The Idea of North*, je révisai toute la dynamique de l'enregistrement pour qu'elle corresponde à l'ambiance du texte qu'elle était censée accompagner. Pareille liberté est évidemment le produit de... comment dire, d'une irrévérence enthousiaste caractéristique d'un rapport de 0 à 1.

G.G. — Ce serait plutôt pour moi le produit d'un manque pervers de scrupules. Je suis cependant conscient du fait que The Idea of North *était une aventure expérimentale de radio dans laquelle la parole humaine était traitée presque comme un instrument de musique.*

G.G. — C'est exact.

G.G. — Et où vous faisiez se chevaucher à l'occasion les voix de trois ou même quatre individus.

1. Première partie d'une série de programmes radiophoniques contrapuntiques réalisée par Glenn Gould et intitulée : *la Trilogie de la Solitude.*

G.G. — Oui.

G.G. — Cette expérimentation à partir de votre propre matériau me semble tout à fait légitime ; mais il n'en va pas de même de votre manière de traiter ou de maltraiter le matériau de Herr von Karajan. Après tout, vous avez admis que son interprétation avait été pour vous une expérience « indélébile », et au même moment vous avouez ouvertement avoir tripoté quelque chose dont toutes les nuances avaient été sans doute soigneusement et préalablement choisies. Et tout cela pour répondre...

G.G. — ... à mes propres besoins du moment...

G.G. — ... qui correspondaient au moins à un projet spécifique ?

G.G. — Je l'admets. Mais chaque auditeur a un projet spécifique ne serait-ce que parce qu'il essaie toujours de faire coïncider son expérience musicale avec son style de vie.

G.G. — Accepteriez-vous qu'on en fasse autant avec vos propres disques ?

G.G. — Dans le cas contraire, j'aurais échoué dans les objectifs que je m'étais fixés.

G.G. — Il s'ensuit que vous acceptez le fait qu'aucun critère esthétique véritable n'a besoin d'être appliqué par l'auditeur à vos propres interprétations telles que vous les avez conçues.

G.G. — Vous savez, je n'ai aucune certitude quant aux mérites « esthétiques » de la *Cinquième* de Sibélius par Karajan telle que je l'ai entendue en cette occasion mémorable. En fait, la beauté du moment tenait en ce que j'étais incapable de dire si c'était ou non une « bonne » interprétation, tout en sachant que j'étais le témoin d'une expérience intensément émouvante. J'avais simplement réussi à écarter tout jugement esthétique. J'aimerais que ce soit toujours le cas, surtout lorsque c'est l'œuvre ou le travail d'un autre qui est en question. Par nécessité et pour des raisons pratiques, je me sens obligé d'appliquer de tout autres critères à mon propre travail, mais...

G.G. — M. Gould, êtes-vous en train de dire que vous ne portez jamais de jugements esthétiques ?

G.G. — Non, quoique j'aimerais bien pouvoir le dire, car cela attesterait d'un degré de perfection spirituelle que je n'ai pas réussi à atteindre. Cependant, et pour reprendre le cliché à la mode, j'essaie autant que je le peux de ne porter que des jugements moraux et de réserver les jugements esthétiques à l'évaluation de ma propre production.

G.G. — Je me sens forcé, M. Gould, de vous accorder le bénéfice du doute.

G.G. — Merci de votre bonté.

G.G. — ... Et d'espérer que vous êtes sincère et fidèle à ce que vous affirmez.

G.G. — On ne peut guère qu'essayer.

G.G. — Sur ce, nous voici devant tant de bifurcations possibles que je ne sais plus trop quelle direction donner à cette interview.

G.G. — Pourquoi ne pas prendre la signalisation la plus vraisemblable, et j'essaierai de vous suivre...

G.G. — Dans ce cas, la question la plus évidente serait : si vous ne portez pas de jugements esthétiques sur les autres, que dites-vous de ceux qui portent des jugements esthétiques sur votre propre travail ?

G.G. — Oh, quelques-uns de mes meilleurs amis sont des critiques, quoique je ne sois pas certain que je les laisserais jouer sur mon piano !

G.G. — Mais, il y a seulement quelques instants, vous appliquiez le terme de « perfection spirituelle » à un état dans lequel tout jugement esthétique serait suspendu.

G.G. — Je ne voudrais surtout pas donner l'impression que cela constitue le seul critère d'un tel état.

G.G. — Je comprends bien. Mais serait-il juste de dire que d'après vous la mentalité critique tend à mettre en péril l'état de grâce ?

G.G. — Ce serait bien présomptueux de ma part. Comme je vous l'ai dit, quelques-uns de mes meilleurs amis sont...

G.G. — ... des critiques, je sais ; mais vous esquivez la question.

G.G. — Ce n'était pas délibéré. Il me semble simplement qu'il ne faut pas généraliser surtout si l'on doit mettre en jeu de très éclatantes réputations.

G.G. — M. Gould, vous nous devez ainsi qu'à nos lecteurs, une réponse.

G.G. — Vraiment ?

G.G. — J'en suis convaincu. Voulez-vous que je répète la question ?

G.G. — Ce n'est pas nécessaire.

G.G. — Vous pensez donc que les critiques représentent une espèce moralement compromise ?

G.G. — Le mot « compromis » implique que...

G.G. — Je vous en prie, M. Gould, répondez à ma question. C'est bien ce que vous pensez ?

G.G. — Comme je l'ai dit, je...

G.G. — Est-ce ce que vous pensez, oui ou non ?

G.G. — (pause) Oui.

G.G. — Évidemment ! Et je suis sûr que vous vous sentez mieux de l'avoir enfin admis.

G.G. — Humm, pas pour l'instant.

G.G. — Mais cela ne tardera pas.

G.G. — Croyez-vous ?

G.G. — Il n'y a aucun doute ! Mais maintenant que vous avez fini par énoncer votre opinion avec tant de netteté, je dois signaler que vous ne vous êtes pas privé vous-même de signer de temps à autre des écrits critiques. Je me souviens même d'un texte que vous avez écrit sur Petula Clark et qui...

G.G. — ... qui contenait une quantité telle de jugements esthétiques que je devrais en rougir aujourd'hui. Il s'agissait en fait essentiellement d'une critique morale dans laquelle j'utilisais en quelque sorte Miss Clark pour faire des observations sur un milieu social.

G.G. — Vous pensez donc pouvoir réussir à dissocier la critique esthétique — méthode que vous réprouvez — et la fixation d'impératifs moraux valables pour une société prise comme un tout ?

G.G. — Je crois que oui. Évidemment, il existe toutes sortes de zones intermédiaires. Imaginons par exemple que j'aie le privilège de résider dans une ville où toutes les maisons sont peintes en gris...

G.G. — Pourquoi en gris ?

G.G. — Il se trouve que c'est ma couleur préférée.

G.G. — Il s'agit d'une couleur plutôt négative, non ?

G.G. — C'est pourquoi je la préfère. Imaginons pour notre démonstration qu'un individu ait soudain décidé de peindre sa maison en rouge vif...

G.G. — ... détruisant par là la symétrie urbaine.

G.G. — C'est probablement à cela que cela aboutirait, mais vous abordez le problème d'un point de vue esthétique. La conséquence profonde d'un tel acte, du fait que d'autres habitants tendraient à peindre leur maison avec des couleurs criardes similaires, serait presque inévitablement d'encourager un climat de compétition et corollairement de violence.

G.G. — J'en déduis que selon votre palette personnelle, le rouge indique une tendance à l'agressivité.

G.G. — Il me semble que tout le monde est d'accord là-dessus ! Mais il y a pour l'instant imbrication d'esthétique et de morale. La personne qui la première aurait repeint sa maison en rouge pourrait parfaitement avoir été motivée par une préférence esthétique. Il serait coupable de ma part de vouloir lui tenir rigueur de ses goûts. Par contre, il serait de mon devoir d'essayer de la persuader qu'en s'abandonnant à des préférences esthétiques personnelles, elle représente un danger moral pour l'ensemble de la communauté.

G.G. — Vous rendez-vous compte que vous commencez à parler comme un personnage sorti d'un roman de George Orwell ?

G.G. — Le monde orwellien ne me fait pas particulièrement peur.

G.G. — Et savez-vous de plus que vous êtes en train de définir et de défendre un type de censure qui va contre toute la tradition de la pensée occidentale depuis la Renaissance ?

G.G. — Tout à fait. C'est d'ailleurs cette tradition qui a mis le monde occidental au bord du chaos. Cet étrange attachement à la liberté de mouvement et de langage est un phénomène très spécifiquement occidental ; il provient de l'idée occidentale qu'on peut sans inconvénient dissocier la parole de l'acte. Il semble prouvé — voyez ce que dit McLuhan dans *La Galaxie Gutenberg* — que des gens à peine lettrés acceptent beaucoup moins bien cette distinction.

G.G. — Il est aussi dit dans la Bible que vouloir le mal, c'est faire le mal.

G.G. — Absolument. Seules les cultures qui, accidentellement ou délibérément, n'ont pas connu la Renaissance prennent l'art pour la menace qu'il est en réalité.

G.G. — L'U.R.S.S. répondrait-elle à un tel critère ?

G.G. — Tout à fait. Les Soviétiques utilisent des méthodes quelque peu abruptes, il est vrai, mais leurs préoccupations sont absolument justifiées.

G.G. — Qu'en est-il de vous ? Est-ce que certaines de vos activités ont jamais violé la rigueur de vos principes, et donc selon vous « menacé » la société ?

G.G. — Oui.

G.G. — Aimeriez-vous en parler ?

G.G. — Pas particulièrement.

G.G. — Même pas rapidement, à titre d'exemple ? Vous avez, sauf erreur, fait la musique du film Abattoir N° 5 *?*

G.G. — Et alors ?

G.G. — Eh bien, tout au moins selon des critères soviétiques, on pourrait ranger le film tiré du livre de Mr. Vonnegut parmi les productions socialement destructives.

G.G. — J'ai bien peur que vous n'ayez raison. Je me souviens même d'une jeune femme me disant un jour à Leningrad que Dostoïevski, « quoiqu'un très grand écrivain était malheureusement un esprit pessimiste ».

*G.G. — Or le pessimisme, combiné avec des relents d'hédonisme, était bien la marque d'*Abattoir N° 5.

G.G. — Oui, mais c'est l'aspect hédoniste du film plutôt que son caractère pessimiste qui m'a souvent empêché de dormir.

G.G. — Vous n'approuviez donc pas le film ?

G.G. — J'admirais follement la qualité de sa facture.

G.G. — Ce n'est pas exactement la même chose que de l'aimer.

G.G. — Pas du tout.

G.G. — Vous n'êtes donc pas partisan des théories stravinskiennes de l'art défini comme un jeu et une technique ?

G.G. — En aucune façon. L'art est tout sauf cela.

G.G. — Que dites-vous des théories qui envisagent l'art comme substitut de la violence ?

G.G. — Je n'y crois pas plus qu'à tout ce qui dénie l'idée de perfectibilité de l'homme.

G.G. — Qu'en est-il donc de la théorie de l'art comme expérience transcendantale ?

G.G. — Des trois théories que vous avez citées, c'est la seule qui m'attire.

G.G. — Auriez-vous une théorie à vous ?

G.G. — Oui, mais elle ne sera pas pour vous plaire.

G.G. — Je me sens assez fort pour l'entendre.

G.G. — Eh bien, je crois qu'il faut donner à l'art la chance de sa propre disparition. Il nous faut accepter l'idée que l'art n'est pas forcément quelque chose d'innocent, qu'il est même quelquefois potentiellement destructeur. On devrait analyser les domaines où il est le moins nocif, les utiliser comme ligne de conduite, et ajouter à l'art une composante qui lui permette de présider à sa propre désuétude...

G.G. — Humm...

G.G. — Car vous savez, les diverses théories actuelles de l'art — vous en avez énuméré quelques-unes — ne sont pas sans analogie avec le mouvement contre la bombe atomique de sainte mémoire.

G.G. — Vous n'êtes sûrement pas contre ce mouvement ?

G.G. — Non, mais étant donné que je ne connais pas l'existence de mouvement qui désapprouve l'arrachage des ailes de libellules par les enfants, je ne peux pas non plus y participer. Tant que l'on ne reconnaîtra pas l'indivisibilité des deux phénomènes (le danger de l'extermination nucléaire, comme celui de la cruauté envers les animaux), tant que l'agression verbale et l'agression physique ne seront pas perçues comme les deux faces d'une même médaille, celle de la compétition, tant qu'on ne verra pas que chaque position esthétique a un corollaire moral, je continuerai à écouter la Philharmonie de Berlin derrière une paroi vitrée.

G.G. — Vous ne vous attendez donc pas à ce que votre souhait de mort de l'art s'accomplisse à perspective humaine ?

G.G. — Non, et d'ailleurs je ne pourrais pas vivre sans la *Cinquième Symphonie* de Sibelius.

G.G. — Et pourtant, vous parlez tout à fait comme un réformateur du XVIe *siècle.*

G.G. — Je me sens très proche de cette tradition. Dans l'un de mes meilleurs écrits...

G.G. — Voilà bien un jugement esthétique, s'il en est !

G.G. — Mille excuses ! Je vais essayer de le formuler différemment. En une autre occasion, je me suis décrit comme « le dernier puritain »...

G.G. — M. Gould, il me reste quelques questions à vous poser. Au point où nous en sommes parvenus, la plus pertinente que je puisse trouver est la suivante : y a-t-il une autre carrière que vous aimeriez envisager outre celle qui ferait de vous un membre frustré de la censure ?

G.G. — J'ai souvent pensé que j'aimerais m'essayer à être détenu dans une prison.

G.G. — Vous trouvez qu'il s'agit là d'une carrière ?

G.G. — Mais certainement, à condition bien sûr d'être entièrement innocent.

G.G. — Vous a-t-on jamais suggéré que vous pourriez souffrir d'un complexe de Mychkine ?

G.G. — Non, et je ne suis pas en mesure d'accepter le compliment. C'est que, comme je l'ai indiqué, je n'ai jamais vraiment compris l'obsession pour la liberté qui prévaut dans le monde occidental. Autant que je puisse en juger, la liberté de mouvement se réduit le plus souvent à la mobilité ; la liberté d'expression n'est la plupart du temps qu'une forme socialement acceptée d'agression verbale. L'incarcération serait donc un test idéal à quoi mesurer notre vraie mobilité intérieure, notre vraie force spirituelle. Elle nous ouvrirait une option véritablement créative et humaine.

G.G. — Mr. Gould, il y a là une contradiction dans les termes !

G.G. — Je ne trouve vraiment pas. Il existe d'ailleurs une génération plus jeune que la nôtre... Vous avez à peu près mon âge, n'est-ce pas ?

G.G. — J'imagine...

G.G. — Il existe donc une jeune génération pour qui le principe de compétition n'est pas une composante inévitable de la vie.

G.G. — Vous n'allez tout de même pas essayer de me convaincre des vertus d'une sorte de communisme néo-tribal ?

G.G. — Non, et d'ailleurs la compétition entre tribus est probablement à l'origine de l'abîme où nous nous trouvons. Comme je vous l'ai dit, je ne mérite pas qu'on m'applique le complexe de Mychkine.

G.G. — Votre modestie est légendaire, M. Gould ; mais qu'est-ce qui vous amène à cette conclusion ?

G.G. — Le fait que j'imposerais certainement à mes geôliers des exigences dont un esprit réellement libre devrait pouvoir se passer.

G.G. — Quelles sortes d'exigences ?

G.G. — Ma cellule devrait être peinte en gris...

G.G. — Je ne pense pas que cela poserait de problème particulier.

G.G. — D'après ce que je sais, le dernier cri en matière de réforme pénale est d'utiliser des couleurs primaires.

G.G. — Oh, je vois !

G.G. — Et bien entendu, il me faudrait avoir la maîtrise du système de chauffage et de conditionnement de l'air. Les orifices de ventilation par le plafond seraient hors de question — comme je l'ai indiqué, je suis sujet aux bronchites — et si un système de ventilation incontrôlable individuellement était utilisé, le régulateur d'humidité devrait...

G.G. — M. Gould, pardonnez-moi encore de vous interrompre, mais vous avez plusieurs fois indiqué que vous aviez souffert une expérience traumatisante au Festspielhaus de Salzbourg...

G.G. — Je ne voulais absolument pas laisser entendre qu'il s'était agi d'une expérience traumatisante. Au contraire, ma bronchite était tellement sévère que j'ai pu annuler un mois entier de concerts, me retirer dans les Alpes et mener une existence idyllique dans la plus totale solitude.

G.G. — Je vois. Puis-je faire une suggestion ?

G.G. — Bien sûr.

G.G. — Ainsi que vous le savez, le vieux Festspielhaus était à l'origine une académie d'équitation, et l'arrière du bâtiment s'encastre sur une colline.

G.G. — C'est tout à fait exact.

G.G. — Comme vous êtes évidemment un homme de symboles — et vos fantasmes de détention, j'en suis sûr, ne sont rien d'autre — il me semble que le Festspielhaus — le Felsenreitschule —, avec son décor kafkaïen à l'appui d'une montagne, avec la mémoire d'une mobilité équestre hantant son passé, et qui de plus est situé dans la ville natale d'un compositeur que vous avez fréquemment critiqué, au risque de compromettre vos propres critères de jugement...

G.G. — Si j'ai critiqué les œuvres de ce compositeur, c'est parce qu'elles sont le reflet d'une vie hédoniste.

G.G. — Quoi qu'il en soit, M. Gould, le Festspielhaus est un endroit où un homme comme vous, à la recherche du martyre, se doit de retourner.

G.G. — Du martyre ? Qu'est-ce qui a bien pu vous donner cette impression ? Je ne pourrais en aucun cas y retourner.

G.G. — Je vous en prie, M. Gould, essayez de comprendre. Il ne saurait exister de manière plus significative de mortifier la chair, de proclamer la transcendance de l'esprit, ni de mise en scène métaphorique qui mette mieux en valeur votre propre style de vie hermétique, qui définisse plus éloquemment votre quête autobiograhique du martyre. Vous finirez bien par y venir, j'en suis convaincu.

G.G. — Croyez-moi, je ne recherche rien de tel !

G.G. — Oui, oui, M. Gould, il vous faut absolument retourner sur les planches du Festspielhaus, et affronter à nouveau volontairement et même joyeusement la tempête de vents et d'applaudissements frénétiques qui font rage sur cette scène. C'est alors et alors seulement que vous aurez accompli les desseins sacrificiels auxquels vous aspirez si évidemment.

G.G. — Ne vous méprenez pas, je vous en conjure. Je suis touché par votre attention ; mais c'est que, selon le mot immortel d'un personnage de M. Vonnegut, « je ne suis pas encore prêt ».

Discours à l'occasion d'une remise de diplômes de fin d'année

A ma connaissance, il n'est que deux cérémonies officielles auxquelles Glenn Gould ait accepté de participer. L'une, lorsqu'il fut fait Docteur Honoris Causa de l'Université de Toronto et à l'occasion de laquelle il prononça un discours sur « la Musique et son avenir électronique », qu'il développa par la suite dans son essai sur les « Perspectives de l'Enregistrement ». L'autre, pour une remise de diplômes de fin d'année au Conservatoire Royal de Toronto, qui lui permit d'exposer quelques-unes de ses idées philosophiques à des étudiants. Le texte de son discours, prononcé le 11 novembre 1964 est conservé dans le Bulletin of the Royal Conservatory of Music of Toronto.

J'ai bien conscience qu'en acceptant le rôle de donneur de conseils, à l'occasion d'une remise de diplômes de fin d'année, je sacrifie à une vénérable tradition. Cependant, c'est un rôle qui n'est pas sans me faire peur, pour une part parce qu'il s'agit de quelque chose qui est neuf pour moi ; mais aussi parce que je suis fermement convaincu que les conseils gratuits sont généralement beaucoup plus nocifs que bienfaisants. En de telles occasions, le donneur de conseils est censé décrire à ceux qui l'écoutent le genre de monde auquel il seront confrontés. Mais ce monde est celui de son expérience à lui, et ne pourra jamais s'assimiler au monde qui pourrait devenir celui de ses auditeurs. Je sais aussi qu'il est de coutume de vous proposer des solutions qui se sont avérées valides dans le cadre de l'expérience de l'orateur, en les accommodant de quelques anecdotes du genre : « Quand j'avais votre âge... », ou pire encore : « Si j'avais votre âge... »

J'ai décidé de rejeter cette méthode, du simple fait de l'absence de communauté de nos expériences respectives , qui rendrait inutile tout conseil pratique que je pourrais être amené à vous donner. Bien plus, si je pouvais résumer en une phrase ce que je vous souhaite en pareille occasion, cela reviendrait à essayer de vous convaincre de la futilité qu'il y a à vivre en tenant compte de trop près des conseils d'autrui.

Alors, de quoi puis-je vous parler sans me contredire, sans contredire mon sentiment au sujet de la futilité des conseils donnés dans des circonstances telles que celles d'aujourd'hui ?

Peut-être d'une simple suggestion qui n'appelle pas démonstration, et donc très probablement rejet, mais qui consiste à donner une perspective à la manière dont vous envisagez certains faits déjà en votre possession et d'autres sur lesquels vous choisirez ultérieurement de porter votre attention. Il s'agit de vous suggérer de ne jamais perdre de vue que tous les aspects de la connaissance qui est ou sera la vôtre ne sont possibles qu'en vertu de leur rapport avec la négation, avec ce qui n'est pas ou semble ne pas être. Ce qu'il y a de plus impressionnant chez l'homme, probablement la seule chose qui excuse sa folie et sa brutalité, est le fait qu'il ait inventé le concept de ce qui n'existe pas. « Inventé » n'est peut-être pas exactement le mot qu'il faut, sans doute vaudrait-il mieux dire « découvert » ou « assumé », mais « inventé » exprime sinon avec précision, du moins avec force, la grandeur impliquée par les essais de fournir une explication de l'humanité, par antithèse avec ce que l'humanité n'est pas. La faculté que nous avons de faire notre propre portrait en nous en rapportant à ce qui est l'antithèse de notre propre expérience est précisément ce qui nous permet une mesure autre que mathématique du monde dans lequel nous vivons ; (encore que sans le négatif nous n'irions pas loin en mathématiques.) Elle nous ouvre à une mesure philosophique de nous-mêmes ; elle nous fournit un cadre dans les limites duquel définir ce qui nous semble positif. Ce cadre peut représenter beaucoup de choses. Il peut représenter la maîtrise de soi et la retenue. Il peut représenter un abri qui nous protège de toutes les directions poursuivies par le monde qui est extérieur à nous-mêmes ; des directions qui peuvent être par ailleurs cohérentes et valides, mais dont notre expérience cherche à se protéger.

Il peut représenter le plus arbitraire des prix à payer pour élaborer les systèmes purement artificiels encore qu'absolument indispensables que nous construisons dans le but de nous gouverner nous-mêmes, socialement, moralement, artistiquement. L'intégration du négatif dans nos vies minimise par comparaison tout autre concept ayant pu être l'objet de spéculation de la part de l'homme tout au long de l'histoire de sa pensée.

C'est dans ce cadre que nous pouvons espérer nous améliorer, car il nous fournit des structures à l'intérieur desquelles notre pensée peut fonctionner au moment précis où il nous permet de mesurer notre fragilité. Nous avons besoin de cette barricade à l'abri de laquelle le système que nous nous sommes créé peut trouver sa propre logique en intégrant ce qu'il a d'incertain, de fragile et de tâtonnant.

Vous vous apprêtez à entrer — c'est ce qu'on dit dans ce genre d'effrayantes occasions — dans le monde de la musique. Comme vous le savez, la musique est la moins scientifique des sciences, la moins substantielle des substances. Personne n'a jamais vraiment fourni une explication complètement satisfaisante de certains des éléments les plus évidemment élémentaires de ce qu'est la musique. Personne ne nous a jamais vraiment expliqué pourquoi nous appelons « haut » haut et « bas » bas. Ce que nous appelons haut et bas, tout le monde peut nous l'expliquer. Mais personne n'a jamais réussi à nous dire la raison pour laquelle cette chose si peu scientifique et si peu substantielle que nous appelons musique nous émeut et nous affecte si profondément. Plus on pense à ce phénomène parfaitement étonnant qu'est la musique, plus on saisit à quel point sa manière d'opérer est le produit d'une construction purement artificielle de la pensée systématique. Ne vous méprenez pas : lorsque je dis artificiel, je n'ai pas à l'esprit quelque chose de mauvais, mais simplement quelque chose qui n'est pas forcément naturel, tout en réservant l'idée que, projeté à l'infini, ce quelque chose pourrait bien se révéler naturel. Mais, pour autant que nous le sachions, l'artifice du système est la seule chose qui nous fournisse un instrument pour mesurer la manière dont nous réagissons à la musique.

Il est évidemment possible que cette réaction soit elle aussi simulée et artificielle. Peut-être tout le complexe système de l'éducation musicale n'est-il destiné à rien d'autre qu'à cultiver chez ceux qui y prennent part des réactions à une chaîne symbolique d'événements sonores — et non pas des événements réels produisant des réactions réelles, mais des événements simulés produisant des réactions simulées. Si tel est le cas, nous sommes comme des chiens de Pavlov : nous frémissons lorsque nous reconnaissons un accord de treizième en suspension ; et nous nous détendons lors de la résolution d'un accord de septième de dominante, parce que nous savons que c'est ce qu'on attend de nous, parce que nous avons été éduqués à réagir de la sorte. Peut-être est-ce aussi parce que nous sommes impressionnés par notre propre faculté de réaction. Peut-être l'exercice même de la musique n'est-il rien d'autre que la manifestation d'une opération-réflexe.

Le problème commence dès qu'on oublie le caractère artificiel de tout cela ; dès qu'on néglige de rendre hommage à ce qui fait croire à notre esprit, ou à nos réflexes, que la musique est une donnée analysable ; dès que nous devenons tellement impressionnés par la stratégie de notre pensée systématique que nous oublions qu'elle est en rapport avec son contraire, qu'elle est façonnée dans le moule de la négation, qu'elle ne représente qu'une assurance minime face au vide de la négation qui l'entoure.

Et lorsque cela survient et que nous oublions ces données, toutes sortes de failles mécaniques apparaissent, qui disloquent les fonctions de la personnalité humaine.

Lorsque ceux qui pratiquent un art tel que la musique deviennent captifs des présupposés positifs d'un système et négligent l'immensité du territoire de la négation à partir duquel un système se construit, ils écartent d'eux-mêmes le ravitaillement d'inventions dont l'idée créatrice dépend ; car l'invention est en fait une incursion prudente dans le domaine de la négation qui s'étend aux pourtours du système, à partir d'une position solidement campée dans le système.

La plupart d'entre vous auront, j'imagine, à un moment ou à un autre, une activité d'enseignement ; il me semble que c'est dans ce rôle qu'on est le plus exposé aux dangers de ce que j'appellerai la pensée positive.

Il me sied mal de parler d'enseignement. Il s'agit d'une activité à laquelle je ne me suis jamais adonné et à laquelle je n'imagine pas que j'aie le courage de m'adonner jamais. La responsabilité qu'elle implique me paraît terrifiante et j'aurais tendance à préférer m'y soustraire. C'est néanmoins une responsabilité à laquelle bon nombre d'entre vous seront confrontés ; j'inclinerais à penser que la qualité de votre enseignement dépendra de la façon dont votre méthode sera déterminée par la singularité et le caractère unique de votre contact avec chacun de vos étudiants. Si l'ennui, la fatigue, l'accumulation des années, triomphaient de l'ingéniosité spécifique avec laquelle vous abordez chaque problème, vous seriez menacés d'asservissement aux attributs apparemment positifs du système. Dans un livre où étaient réunis ses écrits de critique musical, George Bernard Shaw expliquait qu'il avait à une époque eu l'ambition de devenir baryton, ayant cru y être naturellement disposé. Il y avait été encouragé par un charlatan très exalté, un de ces fossiles ambulants de la théorie de la musique qui avait déjà pris la mère de Shaw à son piège et qui prétendait être détenteur de « La Méthode ». Après avoir été exposé quelques mois à « la méthode » en question, Bernard Shaw, devenu incapable de chanter la moindre note, se tourna définitivement vers la machine à écrire.

Loin de moi l'idée de vous inciter à minimiser l'importance de la théorie dogmatique ; ni de vous engager à déployer vos facultés d'investigation au point de compromettre la foi réconfortante que vous pourriez avoir dans les systèmes selon lesquels vous avez été enseignés et auxquels vous restez sensibles. En revanche, je vous appelle à prendre garde de ne pas oublier que les systèmes selon lesquels nous organisons notre pensée et tentons de la transmettre aux générations ultérieures ne représentent que la plate-forme première d'une activité positive et autonome qui n'a de validité qu'en tant qu'elle s'efforce de rendre crédible le vaste domaine sous-jacent des possibilités humaines non encore organisées.

Ceux d'entre vous qui deviendront interprètes et compositeurs ne seront sans doute pas aussi vulnérables, ne serait-ce que parce que le marché sur lequel ils exerceront leur activité a un appétit insatiable pour les nouvelles idées, ou tout au moins pour de nouvelles variations sur de vieilles idées. De plus, comme interprète ou compositeur, vous existerez très probablement, ou devriez vous efforcer d'exister, pour et par vous-mêmes, dans une mesure beaucoup plus grande qu'il n'est donné à vos collègues pédagogues de le faire. Vous serez moins constamment exposés au genre de questions auxquelles il est tentant d'apporter des réponses toutes faites. Le risque de voir vos idées musicales se raidir sera moins grand. Mais la solitude qu'il est en votre pouvoir d'acquérir et qu'il est de votre devoir de cultiver, car la contemplation est une grâce dont on doit pouvoir tirer parti, ne vous sera utile que dans la mesure où vous saurez substituer aux questions posées par l'élève à un maître des questions que vous vous poserez à vous-mêmes. Vous devez essayer de découvrir jusqu'où vous saurez tolérer de vous remettre vous-mêmes en question. Vous devez essayer de reconnaître le point au-delà duquel l'exploration créatrice, par laquelle il s'agit d'accroître la perception de votre monde intérieur, risque de paralyser l'imagination en la confrontant à un trop grand nombre de possibles, à des spéculations sans fin. L'essentiel et le plus difficile est de trouver le point d'équilibre entre les applications pratiques de la pensée systématique et les conduites spéculatives de l'instinct créateur.

Je ne peux m'empêcher de vous rapporter une histoire qui m'est arrivée lorsque j'avais treize ou quatorze ans. Je n'oublie pas que je me suis interdit de vous raconter des anecdotes, mais celle qui va suivre se rattache à ce dont nous venons de discuter, et comme cela a eu une influence déterminante sur ma manière de réagir à la musique, et que je deviens vieux et la proie de sentiments nostalgiques, il va bien vous falloir l'entendre.

Un jour, j'étais en train de travailler au piano la *Fugue K. 394* de Mozart, lorsque la femme de ménage de mes parents se mit à passer l'aspirateur juste à côté de mon piano. Il en résulta que, dans les passages forte, la musique lumineusement diatonique de Mozart dans laquelle celui-ci imite délibérément la technique de Sébastien Bach, fut submergée d'un halo de vibrato, le genre d'effet qu'on ressent lorsqu'on chante en prenant son bain, qu'on a les oreilles pleines d'eau et qu'on secoue la tête de droite et de gauche, tout à la fois. Et dans les passages piano, je n'entendais carrément plus rien de ce que je jouais. Bien entendu, je sentais une relation tactile avec le clavier, qui est lui-même chargé de tant d'associations acoustiques. Je pouvais donc imaginer ce que je faisais, mais sans vraiment l'entendre. La chose étrange était que soudain tout se mettait à sonner mieux que ce n'était le cas sans l'aspirateur. En particulier, les endroits qui sonnaient mieux que tout autre étaient précisément ceux où je ne pouvais plus m'entendre du tout. Depuis, et aujourd'hui encore, lorsque pour une raison ou pour une autre j'ai besoin d'acquérir rapidement l'empreinte tactile d'une partition nouvelle que j'ai déjà en tête, je simule l'effet de l'aspirateur en plaçant aussi près que possible du piano toutes sortes de sources sonores opposées, quelles qu'elles soient. Ce peut être le son d'un western qui passe à la télévision, ou un disque des Beatles. Peu importe, du moment qu'il s'agit de quelque chose de bruyant. Car ce que j'ai appris de la rencontre fortuite de Mozart et de l'aspirateur, c'est que l'oreille interne de l'imagination est un stimulant beaucoup plus puissant que tout ce qui peut provenir de l'observation extérieure.

Vous n'avez pas besoin d'imiter ce qu'il y a d'excentrique dans cette expérience pour prouver la vérité des conclusions que j'en tire. Il vous suffira de pénétrer et de rester dans les profondeurs du paysage intérieur de votre propre imagination. Il ne s'agira pas d'y trouver une solution de remplacement à ce qui pourrait apparaître comme la réalité de l'observation extérieure ni même l'appendice d'un processus d'acquisition et d'action positives, car ce n'est pas ainsi que l'imagination est la plus utile. Ce qu'elle peut faire est de servir comme d'une sorte de « no man's land » entre le champ premier de l'action positive, du système et du dogme auxquels vous avez été exercés, et le vaste arrière-plan de la négation qui débouche sur un champ immense de possibles, et qu'il faut explorer sans relâche. C'est lui qui est la source d'où surgit l'idée créatrice.

L'enregistrement et ses perspectives

Personne n'avait jamais pris Glenn Gould au sérieux lorsque, à plusieurs reprises, au cours de sa brillante carrière publique, il avait laissé entendre que celle-ci ne serait pas de longue durée, et qu'il allait bientôt l'interrompre volontairement et définitivement. Deux ans après son dernier récital à Chicago le 28 mars 1964, Glenn Gould exposait sa philosophie de la communication dans l'essai magistral qui va suivre, publié dans High Fidelity Magazine en avril 1966.

En marge de ce texte, on trouvera des extraits d'entretiens contradictoires sur les thèmes essentiels de ce vaste sujet, conduits par Glenn Gould lui-même avec diverses personnalités du monde de la musique, de l'enregistrement et de la communication :

— Milton Babbitt, *le pionnier de la musique électronique aux États-Unis, professeur de composition à l'Université de Princeton ;*

— Schuyler Chapin, *alors vice-président du Lincoln Concert de New York ;*

— Aaron Copland, *l'un des principaux compositeurs américains ;*

— John Culshaw, *alors directeur artistique de la compagnie Decca ;*

— B. H. Haggin, *doyen des critiques de disques américains ;*

— Lord Harewood, *qui fut un temps le directeur artistique du Festival d'Edimbourg ;*

— Goddard Lieberson, *alors président des disques CBS ;*

— Enoch Light, *directeur d'orchestres de variétés ;*

— John McClure, *directeur artistique de CBS ;*

— Marshall McLuhan, *le sociologue de la communication ;*

— George Marek, *directeur général des disques RCA ;*

— Richard Mohr, *directeur musical de RCA ;*

— Denis Stevens, *le musicologue et pionnier du renouveau de la musique ancienne ;*
— *et enfin, le grand chef d'orchestre* Leopold Stokowski.

Il y a quelque temps, et sur un mode spontané, j'avais émis la prédiction que le concert public tel que nous le connaissons aujourd'hui n'existerait plus d'ici un siècle et que les médias électroniques auraient alors intégralement remplacé les fonctions qu'il remplit. Je n'avais aucunement l'impression de dire là quoi que ce soit de particulièrement extrémiste ou prophétique. Cela m'apparaissait en effet d'une évidence criante qui ne faisait que souligner l'un des effets périphériques du développement de la technologie. Or il se trouve que jamais rien de ce que j'ai dit n'a été aussi abondamment cité ni si âprement discuté. La fureur qui en résulta est à mon avis symptomatique d'un trait fondamental de l'esprit humain — encourageant d'ailleurs même s'il a parfois un aspect frustrant — qui consiste à n'accepter qu'avec réticence les conséquences d'une nouvelle technologie. J'ignore s'il s'agit là de quelque chose de positif ou de négatif, de corrigible ou d'incurable. C'est sans doute que l'escalade de l'invention doit toujours être tempérée par quelque réticence émotionnelle et que le scepticisme accompagne nécessairement le progrès. Sans doute est-ce aussi la raison pour laquelle l'idée même de progrès est aujourd'hui, comme jamais dans le passé, mise en question.

Tel qu'il est, le concert est devenu désuet. La plupart des villes ne peuvent pas s'offrir les plus grands interprètes et je ne vois pas l'avantage qu'il y aurait à voir un artiste de second ordre plutôt que d'en entendre un de premier plan.

Lieberson

En dépit de tous les progrès accomplis dans le domaine de la reproduction sonore, aucun disque ne m'a encore permis d'entendre ce que j'entends au concert, ou dans ma tête lorsque je lis une partition.

Marek

Il est évident que ce genre de résistance instinctive n'a pas qu'un côté négatif. La réflexion suscitée par les effrayantes trouvailles atomiques de Los Alamos — le désir de tuer le monstre qu'ils avaient créé — est à porter au crédit des pionniers de l'âge nucléaire ; bien plus d'ailleurs que les bienfaits dont cette génération croyait pouvoir être porteuse. En outre, si la révolte contre les ramifications de l'ingéniosité de l'homme est inévitable ou même essentielle au fonctionnement de son génie, cette résistance n'a peut-être en soi rien de mauvais. Avant de finir par l'accepter, on ne fait que contempler avec amusement cette indécision qui éclaire la fragilité malgré tout continue de l'homme.

Quoi qu'il en soit, je ne vois guère de champs d'activité et d'effort contemporain plus révélateurs de la confusion avec laquelle l'homme technologique évalue les implications de ses propres succès que celui où est débattu le problème de la musique face à un avenir qui passe par l'enregistrement. Il en va là de même que dans tous ces domaines où l'effet d'une nouvelle technologie n'a pas encore été mesuré. L'examen de l'influence du phénomène de l'enregistrement n'est pas que spéculation sur l'avenir. Il doit également prendre en compte le passé. L'enregistrement touche à des concepts au travers desquels le passé doit être réévalué, ainsi qu'à des notions de l'avenir qui à leur tour remettront en question la validité même de l'évaluation.

A coup sûr, les aspects conservatoires de l'enregistrement ne sont pas exclusivement au service de la musique. « Ce que nous demandons avant tout à la machine est d'avoir une mémoire », disait un personnage somnolent et pontifiant du film de

L'enregistrement et non le concert ou la salle de théâtre pousse un artiste à donner le meilleur et le plus intense de lui-même.

Culshaw

Jean-Luc Godard, *Une femme mariée.* A l'âge électronique, il est possible de placer, à l'abri d'un ordinateur-dépositaire qui mette en fiche la mémoire de l'humanité pour nous en affranchir et laisser libre cours malgré elle à nos facultés d'invention, l'ensemble des connaissances qui était autrefois l'objet attentif des chroniques universalistes des scoliastes médiévaux. C'était d'ailleurs devenu dès le début du Moyen Age un objectif aussi encombrant qu'impossible à atteindre. Mais en limitant nos recherches à l'effet de l'enregistrement sur la musique, nous isolons un art inhibé par la spécialisation hiérarchique de son passé immédiat, un art qui n'a pas la mémoire claire de ses origines, et donc un art qui a grandement besoin des deux dimensions de l'enregistrement : l'archivage et la diffusion. Comme le notait succinctement un rapport récent du département de musicologie de l'Université de Toronto proposant la création d'un système phonographique informatisé : « Que nous le voulions ou non, le disque microsillon incarne désormais la réalité musicale de notre époque. »

En ce qui concerne le passé immédiat, le débat sur l'enregistrement se concentre sur la question de savoir si oui ou non la technologie électronique est en mesure de présenter la musique de manière telle qu'elle puisse menacer la survie du concert public. En dépit de l'impressionnant appareil statistique visant à démontrer le contraire (« Troisième année consécutive de salles combles à l'opéra : un succès pour la ligue féminine de soutien à l'art lyrique »), je réaffirme ici que le concert, pour l'auditeur comme pour l'interprète, en tant qu'institution sociale aussi bien que comme sym-

Pour moi, la chose la plus importante appartient au concert : c'est l'élément imprévu, c'est le hasard. Le grand inconvénient de l'enregistrement est qu'il est toujours identique. Aussi beau soit-il, je ne pourrais vivre en sa compagnie exclusive — même pour ma propre musique — avec des nuances fixées définitivement.

Copland

bole du mercantilisme musical, est mort ; qu'au vingt et unième siècle, tel le volcan de Tristan da Cunha, espérons-le, il dormira. Je réaffirme également que, grâce à sa disparition, la musique pourra devenir, bien davantage qu'elle ne l'est aujourd'hui, la source d'expériences infiniment plus riches. La génération actuelle, encore soumise à l'humiliation du solfège dans les lycées, sera la dernière à atteindre sa majorité en étant persuadée que le concert est l'axe autour duquel tourne le monde de la musique.

Il ne l'est pas : si d'ailleurs on considère la brièveté du temps pendant lequel le concert public a pu sembler prédominant, la merveille est qu'on ait pu accepter qu'il le fût jamais. Pour s'assurer de sa perpétuation, on n'hésite cependant toujours pas, du côté des managers, à consentir un effort substantiel d'investissements (« A louer : ensemble de six auditoriums — acoustique superbe garantie — s'adresser à J. Rockfeller ») et il faut bien reconnaître que c'est défier l'ensemble de « l'establishment » musical que de prédire son obsolescence. Mais on n'insistera jamais assez en affirmant que le sort de l'événement public n'est qu'une incidente par rapport à l'avenir de la musique, avenir qui mérite autrement plus d'attention que la stabilité financière des salles de concert. L'influence de l'enregistrement sur cet avenir n'affectera pas simplement l'interprète et l'impresario, mais aussi les compositeurs, les ingénieurs, les techniciens, les critiques et les historiens. Par-dessus tout, il affectera l'auditeur vers lequel finalement toute cette activité est dirigée. C'est à l'examen de quelques-uns de ces changements que sont consacrées les réflexions qui suivent.

CHANGEMENT DE L'ACOUSTIQUE

Si nous devions faire l'inventaire des prédilections musicales les plus caractéristiques de notre génération, nous découvririons que presque chaque rubrique de cette liste est en fait directement dépendante de l'enregistrement. Tout d'abord l'auditeur d'aujourd'hui est habitué à associer l'interprétation musicale à des sons dotés de caractéristiques qui, il y a deux générations, n'étaient ni accessibles à la profession, ni demandées par le public ; la clarté analytique, une sorte de présence ou de proximité presque tactile du son. Depuis quelques dizaines d'années, l'écoute de la musique a cessé d'être cette occasion, requérant une excuse ou un habit de soirée, à laquelle on accordait, lorsqu'elle se présentait, une dévotion quasi-religieuse ; la musique est devenue une donnée permanente de notre vie. A mesure que notre dépendance à son égard croissait, la déférence que nous lui portions déclinait en un sens. Il y a deux générations, ceux qui allaient au concert préféraient que leur expérience occasionnelle de la musique soit accompagnée d'une splendeur acoustique rappelant autant que possible la réverbération d'une caverne que les pionniers de l'enregistrement d'alors s'efforçaient de reproduire et que les architectes s'essayaient à mettre en œuvre dans les salles de concert : les cathédrales de la symphonie. Nous avons aujourd'hui l'expérience d'un rapport plus intime à la musique, du fait de l'enregistrement, et nos préférences acoustiques tendent vers une présence impartiale et directe, avec laquelle il nous soit possible de

Je n'arrive pas à croire que des gens préfèrent effectivement se rendre dans des salles de concert, éprouvantes intellectuellement, socialement et physiquement. S'ils ont laissé échapper quelque chose, ils ne peuvent revenir en arrière. Alors qu'il est possible chez soi d'écouter comme on l'entend, de manière stimulante et dans des conditions confortables. Je n'ose pas imaginer ce que serait la littérature aujourd'hui s'il fallait se rassembler dans de vilaines salles pour lire des romans projetés sur un écran.

Babbitt

vivre chez nous un quotidien sans guère de cérémonial.

On s'attend apparemment à ce qu'on en fasse autant dans les salles de concert. Il se trouve que, en fait d'auditoriums, parmi la prodigieuse série de catastrophes d'après-guerre, certains (le Philharmonic Hall du Lincoln Center, le Royal Festival Hall de Londres, etc.) n'ont rien fait d'autre que de s'approprier les caractéristiques du studio d'enregistrement, conçu en fonction du microphone, et dont les vertus spécifiques se retournent contre la salle de concert. La preuve en est que, une fois l'auditoire renvoyé chez lui et les micros sainement calés à proximité de l'orchestre, le Philharmonic Hall, comme nombre de puzzles acoustiques de son espèce, est capable de performances tout à fait étonnantes en matière d'enregistrement.

Pour se rendre compte de l'ampleur du changement, il est une comparaison très instructive : celle que l'on peut faire entre les enregistrements originaires d'Amérique du Nord et d'Europe occidentale et ceux qui ont été réalisés en Europe centrale et orientale. Dans ces dernières, pour des raisons économiques aussi bien que géographiques, aller au concert garde un cachet social traditionnel, alors que dans le milieu suburbain très mélangé de l'Amérique du Nord, on s'en est depuis longtemps débarrassé pour reporter tout son orgueil social sur des sonnettes de porte à douze tons, l'interphone des chambres d'enfant, ou la stéréo installée dans le sauna. Il suffit de comparer le son réverbéré typiquement continental présent dans les disques enregistrés par Konwitschny à Dresde ou (quoique cela contredise quelque peu les présupposés géographiques de mon argumen-

Beaucoup de gens vont au concert et s'attendent à y entendre les magnifiques exécutions qu'ils connaissent par le disque. Ils y découvrent la déplaisante réalité d'une acoustique naturelle. Un bon enregistrement du Concerto pour violoncelle *de Dvorak donne toute sa présence prépondérante au soliste, alors qu'en concert il est souvent noyé par l'orchestre. Mais je crois aussi que la plupart des gens trouvent dans le concert l'occasion d'une aventure, d'une expérience quasi sportive, autrement stimulante et satisfaisante que l'écoute répétée d'un même disque.*

Chapin

tation) dans ceux de Van Beinum avec l'orchestre du Concertgebouw, avec celui des enregistrements réalisés par Toscanini dans les années 30 et 40 au studio 8 H de la NBC ou de ceux de Georges Szell au Severance Hall de Cleveland, pour se rendre compte de l'ampleur des modifications apportées par l'attitude nord-américaine face à l'enregistrement, et de ce qu'elle a pu imposer aux plus résolus des chefs d'orchestre usant de la baguette comme d'un martinet.

La comparaison est encore plus parlante entre les disques d'Herbert von Karajan avec l'orchestre Philharmonia de Londres pour EMI et ceux qu'il réalisa pour DGG à Berlin. Tous ceux de la dernière catégorie (je pense par exemple à la *Vie d'un Héros* datant de 1959 où cuivres et timbales sont si distants qu'ils sont presque inaudibles) laissent à penser que l'équipe de production a fait tout son possible pour que l'auditeur se croie au concert. A l'inverse, les enregistrements d'EMI fournissent à Karajan une acoustique qui, aussi éloignée soit-elle de celle de la musique de chambre, adhère tout au moins à une philosophie de l'enregistrement selon laquelle il est futile d'essayer de reproduire les sonorités de la salle de concert par une limitation délibérée des techniques particulières au studio.

On trouve un témoignage encore plus flagrant de ce curieux anachronisme dans quelques récitals de Sviatoslav Richter enregistrés en Europe de l'Est, telle son interprétation fulgurante des *Tableaux d'une Exposition* de Moussorgsky à Sofia en Bulgarie. Voilà un grand artiste dont l'interprétation incomparable a été mise en boite par des techniciens décidés à ce que leurs microphones restent parfaitement neutres

Je pense que le disque a déjà remplacé le concert pour bon nombre de gens et qu'il a changé les habitudes de beaucoup d'autres. Si on pousse ce phénomène jusqu'à son extrême, à savoir le remplacement total des concerts par l'enregistrement, cela sera un désastre. Car alors, il n'y aura plus d'artistes qui émergent, qui essaient leurs interprétations dans des salles, qui fassent carrière. Ce serait désastreux et pour le concert, et pour le disque.

Harewood

Il est évident que ma manière de diriger est différente pour un enregistrement ou pour un concert. Dans un enregistrement, on essaie d'exprimer la nature physique et émotionnelle de la musique de telle sorte qu'elle soit éloquente et qu'elle amène les idées du compositeur dans la salle de séjour.

Stokowski

par rapport à l'événement qu'il s'agissait de préserver. Ni intrusion, ni dissection, ni amplification d'aucune sorte. Le jeu superbement lucide de Richter est l'objet d'un sabotage dû à l'utilisation obséquieuse des micros. On nous restitue le son tel qu'il a dû être perçu par les auditeurs du poulailler, et encore ! Contrairement à leurs collègues nord-américains, conscients de servir un public pour qui la découverte de la musique s'est produite en grand partie par l'intermédiaire du disque, et qui estiment crucial leur rôle dans le succès du produit final, les techniciens de production de Sofia, installés dans les coulisses de quelque palais de réjouissances municipales, ne revendiquent aucune autonomie pour leur métier. Ils l'exercent en espérant qu'il ne sera rien d'autre que le complément effacé de l'interprétation de Richter.

Le son produit en Amérique du nord et en Europe occidentale tend vers l'analyse et le détail, ignorés par l'éloignement microphonique typique de l'Europe centrale. De ce fait, l'enregistrement a dégagé ses propres conventions qui ne sont pas nécessairement conformes aux traditions découlant des limites acoustiques de la salle de concert. Ainsi, lorsque nous entendons Brünnhilde sur disque, nous nous attendons à une voix bénéficiant sinon d'amplification, du moins d'une ampleur qui domine sans peine le velours de l'orchestre wagnérien. Nous exigeons qu'un mirador sonore suive à la trace la voix de filigrane du violoncelle solo d'un concerto. Tout cela contrevient aux possibilités acoustiques de la salle de concert ou d'opéra. Car le microphone, par ses capacités d'analyse, a exploité l'environnement psychologique qu'implique le dialogue concertant. D'où le fait que la production de la *Tétralogie* réalisée pour Decca par un maître tel que John Culshaw réunit intensité, action et mobilité sonore, de manière plus efficace que ne saurait le faire la meilleure des saisons à Bayreuth.

UN RÉPERTOIRE INEXPLORÉ

On peut ajouter une autre rubrique à notre catalogue d'engouements contemporains : la récente et stupéfiante renaissance de la musique pré-classique. Comme les techniques d'enregistrement d'Amérique du Nord et d'Europe occidentale s'adressent à des gens qui écoutent de la musique essentiellement chez eux, il n'est pas tellement surprenant que la création d'archives enregistrées se soit emparée de domaines relevant historiquement de la *Hausmusik*, ni qu'elle ait été le principal instrument de la remise à l'honneur des formes baroques, depuis la fin de la dernière guerre. Ce répertoire — avec toutes ses fantaisies contrapuntiques, ses effets antiphoniques, son utilisation d'instruments qui cliquettent et qui cornent et qui s'adressent directement au micro — était fait pour la stéréo. Ce prodigieux catalogue de cantates et de concerti grossi, de fugues et de partitas, a été le formidable noyau musical de l'engouement néo-baroque de notre époque. Une certaine quantité de cette musique a ensuite retrouvé le chemin de la salle de concert et a ré-attiré l'attention de son public, à la suite de travaux musicologiques souvent considérables.

Jay Hoffman, sans doute le dernier impresario de concert à mériter ce titre autrefois prestigieux, a offert à son auditoire

Ayant aujourd'hui à notre disposition la possibilité d'utiliser des micros multiples, il nous faut prendre garde de ne pas devenir des chirurgiens. Il est important d'avoir des micros d'appoint pour les basses et pour les vents, mais la plupart des compositeurs ont écrit pour des sections instrumentales plutôt que pour des instruments individualisés dans le cadre de l'orchestre, et nous devons trouver un équilibre entre ces diverses sections. Le micro ne doit pas devenir trop analytique.

Light

new-yorkais, tous les soirs de la semaine de Noël 1964, les différentes versions publiées du *Messie* de Haendel. Mais cette exactitude d'érudit n'a pu naître que grâce à l'existence d'une abondance discographique qui a permis à de telles œuvres d'être étudiées en grande quantité dans la plus grande intimité, et dans les meilleures conditions acoustiques.

D'un point de vue musicologique, l'effort consacré par l'industrie du disque à l'exploration des musiques de la Renaissance et de la pré-Renaissance est d'encore plus grande valeur. Pour la première fois, le musicologue, et non l'interprète, est devenu la figure centrale pour la réalisation de ce répertoire vierge. A la place d'exécutions disséminées et la plupart du temps historiquement incorrectes en concert d'une messe de Palestrina, d'une chanson de Josquin ou de quelque autre morceau considéré encore approchable et pas trop dangereusement prétonal, les archivistes du disque ont établi une nouvelle perspective sur l'histoire de la musique.

Il était inévitable que l'interprète fût stimulé par le défi posé par ce répertoire méconnu. La nature des techniques de studio l'a également encouragé à s'approprier des caractéristiques qui tendaient depuis un siècle ou deux à être hors de son domaine réservé. Le type de contact qu'il a avec le répertoire à enregistrer résulte souvent d'une analyse intense à partir de laquelle il prépare son interprétation de l'œuvre. Très vraisemblablement, il ne s'attaquera plus à nouveau pour le restant de ses jours à cette même œuvre. Au cours d'une vie passée dans les studios d'enregistrement, il sera nécessairement mis en contact avec un répertoire bien plus vaste que ce ne serait le

L'idéal pour le micro est de donner l'illusion de la salle de concert ou plutôt l'illusion de l'illusion de la salle de concert, car il est impossible de transférer la salle de concert dans les dimensions de la salle de séjour. Ce qu'il est possible de faire, c'est d'enregistrer une œuvre de sorte que les gens croiront être au concert lorsqu'ils l'entendront chez eux.

Mohr

cas s'il ne faisait que donner des concerts. Le penchant actuel de nombre de compagnies de disques est aux intégrales, et l'on attend de l'interprète qu'il s'attaque à des productions de gigantesque envergure, qu'il aurait naturellement tendance à éviter au concert. On lui demande d'étudier un répertoire qui serait économiquement ou acoustiquement inadapté à l'audition publique, comme par exemple l'intégrale de l'œuvre pour piano de Mozart que Walter Gieseking a enregistrée pour EMI.

Mais surtout, cette nouvelle attitude permet à l'interprète d'établir un contact avec une œuvre qui ressemble exactement au rapport que le compositeur entretient avec son œuvre à lui.

L'analysant, la disséquant de la manière la plus minutieuse et la plus approfondie, elle devient une part vitale de son existence pour une période relativement brève. Il peut ensuite passer à autre chose, à la satisfaction d'une autre curiosité. Une telle œuvre ne sera plus pour lui l'objet d'une confrontation quotidienne. Son analyse de la composition ne sera plus soumise aux risques de distorsion d'une trop longue exposition, ni son interprétation surchargée de complaisances destinées à courtiser le deuxième balcon, comme c'est presque toujours le cas avec les œuvres sans cesse reprises du répertoire de concert.

Il se peut évidemment que cette tendance à la constitution d'archives du passé tente l'interprète et son auditoire en tant que moyen d'esquiver le contact avec les problèmes inhérents à la musique de notre époque. On est en droit d'imaginer qu'un phénomène tel que l'engouement actuel pour le baroque est un refuge commode pour ceux qui ont le sentiment d'être des

Personnellement, je n'aime pas la mode actuelle qui consiste à placer des micros de manière rapprochée, même pour le piano. Je préfère la perspective. Je ne crois pas que l'ingénieur doive s'interposer entre le compositeur, l'interprète et l'auditeur, et qu'il doive vous faire entendre une flûte ou une trompette à brûle-pourpoint. Je crois qu'on en reviendra bientôt aux bons vieux jours avec moins de micros plantés plus loin, qui donnent de la perspective et qui permettent d'écouter avec ses propres oreilles. Si un compositeur veut écrire une œuvre différemment, il devrait l'appeler quatuor pour quatre instruments et quatre micros ; cela sonne tout autrement que des instruments seuls.

Lieberson

émigrés de l'intérieur face au monde frénétiquement changeant de la musique moderne. Mais au même moment, il est certain que les nouvelles traditions d'interprétation nées du contact avec un répertoire qui doit sa résurrection au microphone ont eu une influence gigantesque sur la manière dont est interprété le répertoire contemporain, et qu'elles ont engendré une génération d'interprètes tout à fait disposés à répondre aux exigences spécifiques du micro.

Les enregistrements de Robert Craft, son prodigieux travail prospecteur au bénéfice de la trinité viennoise, Schoenberg, Berg et Webern (pour ne pas parler de Don Carlo Gesualdo da Venosa) nous renseignent magnifiquement sur la manière dont des interprétations préparées en fonction du micro peuvent être influencées par des considérations technologiques. Pour Craft, le chronomètre et la colleuse sont des outils de travail aussi bien que l'objet d'une inspiration qu'une génération précédente de manieurs de la baguette préférait rechercher dans les scènes, les effets de manches, les accès de colère et les hurlements. Il est très instructif de comparer l'approche que pouvait avoir Craft des œuvres pour orchestre de Schoenberg, en particulier de ses essais post-romantiques de jeunesse comme la *Nuit transfigurée* ou *Pelléas et Mélisande*, avec celles de maestros plus vénérables, telle l'interprétation romantiquement incandescente de *Pelléas* de Winfried Zillig datant de 1949.

Craft applique le ciseau du sculpteur à ces vastes complexes orchestraux du jeune Schoenberg et opère par plateformes successives, dans une démarche très baroque. Il semble deviner que son auditoire — installé à la maison, proche des hauts-parleurs — est prêt à le laisser disséquer cette musique et à la lui présenter selon un angle conceptuel très personnel. Tout cela est rendu possible par les circonstances privées et concentrées de l'écoute. L'interprétation de Craft a la vivacité et la précision d'une mécanique mue par une direction assistée ou ralentie par des freins à air. Par comparaison, Zillig épaissit ce même *Pelléas* de rubatos nonchalants et d'une sensualité langoureuse, comme s'il semblait considérer que la clarté est l'ennemie du mystère. Son interprétation dérive très clairement et directement de l'expérience de la salle de concert. Ses caractéristiques sont le résultat des compensations intuitives nécessaires à la solution d'un dilemme acoustique.

Cet exemple débouche sur une question plus vaste et qui nous est posée par les techniques du studio d'enregistrement. C'est à dessein que j'ai choisi de l'illustrer par l'exemple d'une œuvre du répertoire du XXe siècle représentant la tendance la moins propre au traitement microphonique. La question n'est en effet pas de savoir si la dissection analytique de Craft est appropriée à ce type de répertoire, ou s'il vaut encore la peine d'essayer de présenter la musique post-romantique dans les salles de concert. Il s'agit seulement de se rendre au fait que, pour le meilleur ou pour le pire, l'enregistrement a définitivement modifié notre idée de ce qui convient à l'interprétation de la musique.

Maintenant que les gens ont accès à une telle quantité de littérature musicale grâce au disque, ils peuvent comparer et détecter les similarités structurelles et même tonales entre l'ancien et le nouveau. On entend souvent parler de la « musique totalement organisée » de notre époque. Mais dans une large mesure, il en allait de même de certaines disciplines anciennes comme le motet totalement isorythmique où tous les rythmes exacts étaient spécifiés. De la même manière, on pourrait soutenir que le jeune Stockhausen est plus proche de Dunstable que d'aucun compositeur intermédiaire. Pour s'en rendre compte, on a besoin de bons enregistrements de Dunstable, lesquels ne sont pas légion.

Stevens

VIVE LA COLLURE

De toutes les techniques particulières à l'enregistrement en studio, aucune n'a fait autant l'objet de controverses que celle du montage. Même si l'on tient compte du fait que l'enregistrement de mouvements entiers de symphonies ou de sonates en une seule prise reste de pratique relativement courante, la grande majorité des enregistrements de nos jours consistent en une collection de segments de bande magnétique de durée variable à partir d'un vingtième de seconde. Considéré superficiellement, l'objet du montage est de corriger des accidents ayant pu survenir à l'enregistrement. Grâce à lui, un phrasé mal contrôlé, une double croche incertaine peuvent être réparés — sauf cas de résonance et autres circonstances similaires de déséquilibre acoustique — par un raccord minime, ou par un segment de ce raccord fait pour couvrir le moment fautif. Le lobby anti-disque dénonce le montage comme une technique malhonnête et déshumanisante qui élimine la valeur et le sens du risque, sur lequel, on doit le concéder, quelques-unes des traditions les plus malsaines de la musique occidentale sont effectivement fondées. Le même lobby prétend également que le montage aboutit au sabotage de la conception architecturale unifiée dont l'interprète est supposé être le détenteur.

Il me semble qu'on peut opposer à cela deux faits. Le premier est que nombre des prétendues vertus de la « conception unifiée » de l'interprète n'ont pas de rapports plus inhérents à la musique que la psychologie de terreur et d'excitation consolidée par des décades d'exposition aux poulaillers des théâtres de Parme ou d'ailleurs. Récemment, le mensuel anglais *Records and Recordings* citait Claudio Arrau qui disait en substance qu'il n'autoriserait jamais la publication de disques enregistrés en

Les enregistrements d'archives ont, je l'espère, un avenir. Mais l'industrie du disque ne continuèra à en produire que si le fait est avéré. Je crois que l'enregistrement devrait évoluer dans une direction analogue à celle du livre de presse universitaire. J'ai déjà essayé d'intéresser des fondations à ce problème. Il me semble qu'une sorte d'entrepôt central de tous les enregistrements ésotériques correspondrait bien à la vocation d'une fondation.

Lieberson

concert car, à son avis, ce dernier suscitait chez l'interprète l'utilisation de stratagèmes destinés à satisfaire les exigences psychologiques et acoustiques propres à cet environnement, et s'avéraient irritants et anti-architecturaux dès lors qu'on les soumettait à des auditions répétées. En second lieu, on ne peut jamais faire le montage d'un style. On ne peut monter que des segments déjà dotés d'une conception stylistique ; que cette conception ait précédé ou suivi l'enregistrement (la remise en question d'une interprétation après enregistrement étant un autre des bienfaits du studio par les possibilités qu'il offre de transcender le temps) importe peu. Ce qui importe, c'est qu'elle existe, et non la méthode par laquelle on y aboutit.

Une expérience personnelle récente donnera sans doute une bonne idée de ce que j'appelle une décision conceptuelle obtenue après enregistrement. Il y a environ un an, alors que j'enregistrais les dernières fugues du premier volume du *Clavier bien tempéré*, j'en arrivai à l'une des courses d'obstacles contrapuntiques de Bach : la *Fugue en la mineur*. Il s'agit d'une œuvre plus difficile à réaliser au piano que la plupart des autres fugues de Bach, en ce qu'elle est faite de quatre voix intensément actives qui occupent avec détermination le registre central du clavier, zone de l'instrument la plus problématique pour faire entendre de manière vraiment indépendante les différentes voix. J'enregistrai huit prises de cette fugue. Sur le moment, deux de ces prises furent considérées satisfaisantes, d'après les notes du directeur artistique. Toutes deux, la sixième et la huitième respectivement, étaient des prises d'un seul tenant ne requérant aucun insert, ce qui n'a rien d'un

Dans la présentation de la musique ancienne, l'exécution précède souvent la connaissance de la partition. Souvent il n'existe quelque part qu'un manuscrit, qu'il serait difficile de rendre accessible au public, tandis qu'un enregistrement peut au moins donner une idée de ce qu'il contient. En tant que musicologue, je trouve un intérêt constant aux enregistrements, car ils me permettent d'entendre des partitions qui n'ont pas été jouées depuis le XIIIe *ou le* XIVe *siècle. Mais ils posent aussi des problèmes : les pochettes de disques contiennent rarement une information suffisante.*

Stevens

exploit, étant donné que la Fugue ne dure qu'un peu plus de deux minutes. Quelques semaines plus tard, cependant, réécoutant dans une salle de montage les résultats de cette session, nous découvrîmes, en passant les prises 6 et 8 plusieurs fois l'une après l'autre, qu'elles étaient toutes deux affectées d'un défaut dont nous n'avions pas été conscients au moment de l'enregistrement : elles étaient monotones.

Chaque prise utilisait un style différent de phrasé pour le sujet de trente et une notes de cette Fugue, licence tout à fait compatible avec la liberté improvisatoire du style baroque. La Prise 6 traitait le sujet en legato, d'une manière solennelle et un rien pompeuse. La Prise 8 au contraire était jouée en staccato, et donnait une impression de légèreté et d'espièglerie. Il se trouve que la *Fugue en la mineur* s'adonne à tout un jeu de strettes et de procédés d'imitation rapprochée, de sorte que le traitement du sujet détermine l'atmosphère générale de l'œuvre. Une sobre réflexion nous fit décider que ni la sévérité teutonique de la Prise 6, ni la jubilation débridée de la Prise 8 ne pouvaient en aucune sorte représenter nos meilleures pensées au sujet de cette fugue. Quelqu'un remarqua alors que, en dépit de la grande différence de caractère des deux prises, elles avaient été jouées à un tempo presque identique (ce qui est tout à fait curieux, car le tempo général d'une interprétation dépend presque toujours du type de phrasé adopté). Nous décidâmes de tourner cela à notre avantage et de créer une interprétation finale en faisant alterner les deux prises.

Le passage à l'acte était sans problème. Il était clair que l'allure quelque peu péremptoire de la Prise 6 convenait parfaitement à

Parlant de la moralité du montage, je ne vois pas quelle objection on pourrait faire au fait que Toscanini n'aime pas la manière de jouer du hautbois dans la première prise, ni celle de la flûte dans la deuxième prise, et qu'on monte ensemble le meilleur des deux prises. Le résultat sera toujours de Toscanini. Si j'ai des réserves morales à formuler quant à ce genre de procédure, elles ne sont que des vestiges du passé, et je devrais pouvoir m'adapter aux possibilités du présent. Cependant, je n'arrive pas à approuver l'idée du contre ut de Schwarzkopf monté dans l'enregistrement de Flagstad.

Haggin

l'exposition et à la conclusion très affirmées de la Fugue, tandis que le caractère plus effervescent de la Prise 8 offrait une détente bienvenue pour les épisodes modulants centraux de l'œuvre. On fit donc deux collures rudimentaires, pour raccorder la Prise 8 à la Prise 6 à la quatorzième mesure. Ultérieurement, le retour à la tonalité de la mineur nous ramenait également à la Prise 6. Par ce montage, on aboutissait à une lecture de cette fugue infiniment supérieure à tout ce qui aurait pu être réalisé au studio au moment de l'enregistrement. Bien entendu, rien n'interdit en principe d'aboutir à une telle variété d'articulation en procédant à partir d'une conception préétablie. Mais sa nécessité a peu de chance d'apparaître dans le feu d'une séance d'enregistrement, et encore moins au moment d'un concert. Tandis qu'une calme réflexion post-opératoire permet très souvent de transcender les limites que le fait de jouer impose à l'imagination.

Lorsque l'interprète fait usage de ces possibilités de décision éditoriale a posteriori, son rôle perd de son caractère compartimenté. En quête de perfection, il écarte les hasards et les compromissions de son métier. L'interprète, relais entre le compositeur et l'auditeur, est après tout quelqu'un qui dispose d'une connaissance spécialisée. Cette connaissance s'applique à la réalisation ou à l'actualisation de symboles sonores notés. Il est donc tout à fait naturel qu'il assume une responsabilité éditoriale et il est inévitable que tôt ou tard les fonctions d'interprète, de directeur artistique et d'ingénieur du son finissent par se confondre jusqu'à un certain point. De fait, si nous reprenons l'exemple sus-mentionné de la *Fugue en la mineur*, il paraît impossi-

Le montage n'est pas une question morale ; pas plus que le nombre de machinistes utilisés en coulisse au théâtre, ou la quantité de corrections apportées à un livre avant publication. C'est le produit qui compte. Le consommateur ne devrait être concerné que par ce qu'il entend et par sa réaction à ce qu'il entend. Il ne peut se plaindre, légitimement, que si la qualité du produit final est affectée par le montage, si la ligne générale est endommagée par des inserts perceptibles.

John McClure

ble que l'auditeur soit en mesure de discerner à quel moment l'autorité duquel a fini par prévaloir. De la même manière, le spectateur de cinéma le plus perspicace ne saurait établir si une séquence particulière de scènes ou de plans dépend du jeu de l'acteur, des nécessités de la salle de montage ou du schéma préétabli du metteur en scène. Il était donc inévitable que le résultat final d'une interprétation finisse par échapper à la responsabilité exclusive de l'interprète. Il est vrai que ce dernier est plus que dédommagé par le pouvoir éclatant que lui offre la responsabilité éditoriale, dès lors qu'il s'en saisit.

Le montage se situe à la limite de l'immoralité car il existe beaucoup d'artistes qui n'arrivent pas à donner en scène ce qu'ils donnent sur disque.

Mohr

LE DISQUE ET LE « DIRECT »

Les caractéristiques énumérées dans notre inventaire représentent le passé transposé à l'âge de l'électronique. Mais même si elles dressent une liste impressionnante d'idées actuelles sur la manière dont la musique devrait être interprétée, il n'en ressort pas de claire direction sur la voie dans laquelle les méthodes d'enregistrement de l'avenir pourraient s'engager. Il est très probable que les préférences engendrées par la reproduction phonographique — clarté de la définition, dissection analytique par le microphone, universalité du répertoire — détermineront pour une large part le type de son dont nous aimerons voir entourées nos expériences musicales. Mais il est douteux que l'industrie phonographique s'intéresse toujours et par priorité aux archives du passé, quel que soit le soin qu'on mette à les embaumer, même si pendant longtemps encore l'industrie en question consacre une bonne partie de son activité à mettre sur le marché les chefs d'œuvre consacrés qui forment notre tradition musicale. Avant d'examiner les diverses ramifications qui pousseront sur les racines de l'enregistrement de l'avenir, j'aimerais discuter ici certains arguments qui ont la vie dure et qui ne tendent pas tellement à contester qu'à dénigrer l'influence de l'enregistrement sur le répertoire et sur la hiérarchie de la profession musicale.

Comme ces arguments se recouvrent assez souvent, il est parfois difficile de discerner le champ de protestation auquel chacun s'applique. En regroupant le tout sous le titre général d' « idéalisme humanitaire », on peut y distinguer trois sous-espèces qui se résument ainsi :

1o — *L'argument de morale esthétique :* Elisabeth Schawarzkopf prête sa voix à un contre ut défaillant de l'enregistrement de *Tristan et Isolde*, par ailleurs chanté par Kirsten Flagstad, et des puristes, pour qui la musique est le dernier sport sanguinaire, hurlent leur indignation et leur fureur à l'idée d'avoir été privés d'une mise à mort.

2o — *L'œil contre l'oreille :* une doctrine qui célèbre l'existence d'une communion mystique entre le concertiste et son auditoire (le compositeur n'est que rarement mentionné). Cette théorie a une vague prétention scientifique et ses avocats la soutiennent à coup d'arguments fondés sur une prétendue acoustique « naturelle » et autres phénomènes du même type.

3o — *L'automation :* une croisade commune aux dirigeants des syndicats de musiciens et aux typographes, et qu'ils mènent avec un dédain semblable à celui que peuvent avoir les pompiers pour la locomotive diesel. Au milieu de la prolifération d'enregistrements sonores qui annihilent virtuel-

Voilà le dilemme : vous faites une prise extraordinairement belle d'un mouvement, mais celle-ci contient deux ou trois défauts : ici l'émission d'un cor n'a pas été parfaite, là les pizzicati n'étaient pas tout à fait ensemble. Vous faites une nouvelle prise, mais pour une raison ou une autre, l'orchestre et le chef n'atteignent pas le même sommet d'expression. Que faites-vous ? Si vous êtes raisonnable, vous corrigez les quelques erreurs de la première prise par des inserts — évidemment aussi courts que possible — de la moins bonne prise, et vous obtenez un résultat bien meilleur que celui que vous obtiendriez normalement au concert.

McClure

lement les méthodes d'écoute antérieures, la Fédération Américaine des Musiciens s'efforce de promouvoir la devise : « La Musique en direct sonne mieux », qui a une validité au moins aussi profonde et absolue que « Omo lave plus blanc ».

Ainsi que je l'ai indiqué, ces arguments se recoupent et on les avance ensemble lors de la célébration d'événements qui offrent l'occasion de combats d'arrière-garde. A cet égard, rien ne fut plus propice que la publication récente et massive d'enregistrements de concerts publics qui sont à cheval sur deux mondes, sans vraiment être chez soi dans aucun. Il s'agit par là d'affirmer l'idéal humaniste du concert ; ces enregistrements rejettent (nous dit-on !) le montage et autres procédés mécaniques, comme le diable. Eux au moins, sont « moraux » ; pour attester leur caractère direct, ainsi que l'héroïsme non automatisé de ceux qui y participent, on se débrouille en général pour qu'une quantité suffisante de quintes de toux y figurent, quitte à ce qu'elles couvrent tous les pianissimi de la partition.

Ils ont en outre une autre fonction qui est en fait l'essence de leur attrait : ce sont des documents que l'on peut dater. Faits à une époque déterminée, ils la représentent sans conteste possible. Ils déjouent l'objectif perçu comme dangereux parce qu'insaisissable que s'efforce d'atteindre la musique enregistrée et qui est de transcender le temps. A quelque époque que ce soit, on pourra les soumettre à un examen critique négatif ou louangeur, en tant que documents solidement localisés dans le temps, ce qui fournira à leur sujet une ample information, ainsi d'ailleurs qu'un rapport émotionnel immédiat. C'est en pensant à

Le montage présente une grande tentation dès lors que vous savez pouvoir arriver à quelque chose d'impeccable. Vous ne pouvez vous empêcher de vouloir le faire. Il s'agit sans doute d'une aspiration humaine à la perfection. Reste qu'il est aussi possible d'aboutir à quelque chose d'absolument parfait et d'absolument ennuyeux.

Mohr

un artiste hollandais aujourd'hui disparu et qui, ayant choisi de se travestir en Vermeer, fut littéralement martyrisé pour son refus d'accepter l'hypocrisie sous-jacente à cette question de datation historique, que j'aime donner à ce phénomène le nom de syndrome de Van Meegeren.

Hans Van Meegeren était un faussaire et un artisan que j'ai depuis longtemps placé tout en haut sur la liste de mes héros personnels favoris. En fait, j'irais jusqu'à dire que l'extraordinaire farce morale que fut son procès résume à la perfection la confrontation entre deux systèmes de valeur : celui qui revendique pour l'auteur l'identité et la responsabilité personnelle — et qui est typique de tout l'art de la Renaissance à nos jours —, et celui qui admet une pluralité de valeurs — et qui découle des techniques électroniques. Dans les années 30, Van Meegeren avait décidé de se consacrer à l'étude de la technique de Vermeer. L'ayant maîtrisée, il peignit toute une série de toiles qu'il fit vendre — pour des raisons évidemment plus destinées à satisfaire son ego que la rapacité des marchands de tableaux — comme s'il s'agissait d'authentiques chefs d'œuvre de Vermeer dont on avait depuis longtemps perdu la trace. Son succès d'avant-guerre fut tel qu'il continua sous l'occupation allemande à vendre des toiles en grande quantité à des collectionneurs privés du Troisième Reich. A la libération, on l'accusa de collaboration, ainsi que d'avoir participé à la liquidation de trésors artistiques nationaux. Pour sa défense, Van Meegeren confessa être l'auteur des trésors en question, qui perdaient dès lors toute valeur d'après les critères du monde présent. Cet aveu déclencha la fureur des critiques et des historiens qui avaient

Même si on mettait à ma disposition tout ce qui est possible dans la fabrication d'un disque, je souhaiterais toujours écouter quelques interprétations en public. Il se passe là parfois quelque chose qui n'aura jamais lieu en studio. Une exécution de concert, ou son enregistrement, peut avoir des qualités — malgré toutes ses imperfections — préférables au résultat du montage d'une série de prises faites en studio.

Haggin

authentifié les fruits de son travail. Il fut alors condamné pour contrefaçon d'œuvres d'art et mourut quelque temps plus tard en prison.

L'évaluation d'une œuvre d'art d'après les informations qu'on possède à son sujet est la plus aberrante des méthodes de jugement esthétique. Elle consiste en fait à esquiver toute estimation autonome, affranchie des jugements antérieurs. Elle est tyrannique, mais de plus, dès lors qu'elle se trouve confrontée à des données chronologiques confuses, dès lors qu'elle ne peut plus se référer à des renseignements historiques bien déterminés pour l'analyse de son objet, elle devient inutilisable et plonge ses tenants dans une sorte d'hystérie. La tempête qui accueillit le témoignage conflictuel de Van Meegeren, le fait qu'on fît de lui tantôt le héros, tantôt le méchant de la même farce, un savant puis un fraudeur, montre le niveau d'authenticité esthétique des expertises successives.

Dans un article récent, j'entrepris de démontrer le caractère aberrant de pareilles évaluations, en imaginant l'exemple suivant. Admettons qu'on soumette à la critique une improvisation dont le style et la texture fassent raisonnablement penser qu'elle ait pu être composée par Joseph Haydn. A condition qu'elle ait été brillamment réalisée et qu'elle soit tout à fait haydnienne, j'indiquais dans ce même article qu'on lui attribuerait la valeur d'une œuvre de Haydn aussi longtemps que l'auditeur resterait persuadé qu'elle avait été effectivement composée par Haydn. Si, pourtant, tout en lui reconnaissant une grande ressemblance avec Haydn, on disait qu'elle était en fait une œuvre de jeunesse de Mendelssohn, sa valeur déclinerait. Au fur

Le fait d'enregistrer des concerts en public est injustifiable. C'est une méthode paresseuse — et bon marché — de faire des disques. Il n'y a pas d'excuse pour le faire, sauf s'il s'agit d'un artiste — encore doit-il être important — vieux ou malade, qu'il n'y aura pas d'autre occasion d'enregistrer. Dans ce dernier cas, on a le devoir de préserver le concert en tant que document historique. Mais je doute vraiment que qui que ce soit joue réellement mieux en présence d'un public. Certains artistes le croient, mais c'est seulement qu'ils se sentent mieux. Écoutez l'enregistrement d'un concert où l'auditoire a été comblé, et vous verrez qu'il n'était pas si fantastique que cela. Ce n'était qu'un événement ressenti comme tel ; ç'aurait pu aussi bien être un enterrement ; et les gens sont émus et excités à l'idée d'y avoir pris part. Si quelqu'un achète le disque, il croit qu'il a été roulé s'il n'a pas la même réaction d'enthousiasme que le et à mesure qu'on l'attribuerait à des compositeurs de plus en plus proches de notre époque — quel que soit leur talent et leur signification historique — les mérites de cette même petite pièce tendraient à diminuer avec chaque nouvelle identification. Admettons par contre qu'on indique que cette œuvre de hasard, de coordonnées géographiques et temporelles accidentelles, n'était pas due à Haydn mais à un compositeur d'une ou deux générations antérieures (disons Vivaldi), la même œuvre deviendrait — du fait de l'audace du génie anticipateur qu'on lui prêterait alors — une des compositions charnières de l'histoire de la musique.

Et l'on goberait tout cela, faute de savoir se prononcer sur la valeur d'une musique considérée en tant que telle. Notre sens de l'histoire est prisonnier d'une méthode d'analyse qui privilégie les moments isolés de bouleversement stylistique, considérés comme pivots d'une évolution idiomatique. De ce fait, nos jugements de valeur sont largement fonction du degré auquel nous croyons nous assurer que tel ou tel artiste a participé aux bouleversements de son époque. Notre jugement sera encore plus flatteur si l'artiste en question a anticipé de quelques bouleversements. Confondant évolution et accomplissement, nous nous refusons à prendre en considération des valeurs qui ne s'identifient pas à une métaphore stylistique.

Le syndrome de Van Meegeren appuie parfaitement notre propos en ce que les arguments qu'on oppose aux perspectives offertes par l'enregistrement reposent sur des critères analogues. Ils ont besoin de l'étai de données historiques confirmées, sans lequel leur système d'évaluation s'effondre.

public des deux ou trois mille personnes présentes, et il préfère ne pas appliquer ses facultés critiques ordinaires. Comme le chien de Pavlov, il est conditionné.

Culshaw

Le disque ne leur fournit que rarement les points d'ancrage requis, car l'électronique tend à supprimer les références historiques. Dès que nous réussissons à contraindre une œuvre d'art à entrer en conformité avec l'idée que nous pouvons avoir de ce qui convient à sa chronologie, nous croyons être en mesure de lui attribuer, arbitrairement s'il le faut, un cadre qui nous permette de la décrire et de l'analyser. En général, l'analyse esthétique se limite au cadre, au contexte, et évite la manipulation de l'objet lui-même. Ce fait seul, écartant la frivole propagande de tout l'appareil des relations publiques, suffit à expliquer l'acceptation de l'événement publiquement enregistré. Indirectement, l'objet réel de cette acceptation est un système irrémédiablement périmé d'analyse esthétique. Ce système est incapable de contribuer à quoi que ce soit à l'ère de l'électronique, et pourtant c'est le seul dont soient instruits la plupart des porte-parole des arts.

Les enregistrements de studio évacuent de tels critères. Le facteur date devient là quelque chose de vague. Bien sûr, certaines compagnies croient devoir mentionner solennellement la date d'enregistrement sur les disques qu'elles publient. Bien entendu, lorsque tel n'est pas le cas, le numéro du disque, sauf hypothèse de nouvelle gravure, donnera aux aficionados une indication approximative de date. Mais même alors, il est vraisemblable que la musique contenue sur ce disque aura été le résultat de sessions tenues à des semaines, des mois, voire des années d'intervalle. Ces sessions auront pu avoir lieu dans différentes villes, dans différents pays ; elles auront pu être enregistrées avec un matériel et un personnel technique différents. Les interprètes qui y ont participé auront pu, entre l'enregistrement de la première et celui de la dernière note, évoluer considérablement quant à leur propre conception du répertoire considéré. Un enregistrement de cette sorte aura pu poser des problèmes contractuels quasi insolubles, mais sa gestation complexe aura été parfaitement conforme à la nature même du processus de l'enregistrement.

Peut-être est-ce mon imagination, mais il me semble parfois qu'il y a plus d'électricité dans une exécution publique. Plus de fausses notes aussi bien sûr, mais si l'artiste est en forme, le concert est plus authentique, plus vivant. Beaucoup de musiciens sont inhibés en studio dès que la lampe rouge s'allume.

Mohr

Conforme également à l'évolution nécessaire de l'interprète, engendrée par les implications du phénomène de l'enregistrement. Dès lors que les privilèges longtemps considérés sacro-saints de l'interprète sont abolis pour se mélanger aux responsabilités du monteur et du compositeur, le syndrome de Van Meegeren cesse d'être un motif d'accusation. Il illustre au contraire de manière tout à fait pertinente les principes esthétiques de notre époque. Le rôle du faussaire, du fabricant anonyme de produits non authentifiés devient l'emblème de la culture électronique. Et lorsqu'on honorera le faussaire pour l'habileté de sa main, au lieu de l'invectiver pour son âpreté, les beaux-arts seront enfin devenus partie intégrante de notre civilisation.

LE COMPOSITEUR EN TANT QU'INTERPRÈTE

Tous les artistes créateurs admettent volontiers qu'ils n'ont que dédain pour la compréhension très restreinte de leur public pour leurs œuvres, et que leur seul juge est la postérité. Pour des compositeurs, l'enregistrement fait de cette menace une réalité. Pour peu qu'ils disposent de quelque compétence interprétative, l'enregistrement leur donne la certitude que la postérité ne les jugera pas que sur leurs œuvres, mais aussi sur leur interprétation de ces œuvres. Depuis l'avènement du phonographe, les impresarios ont été séduits par l'idée de permettre aux compositeurs d'éterniser, en la précisant, leur notation. Au début, cela n'alla guère plus loin que la transcription besogneuse, approximative et maladroite, que Mahler réalisa pour le piano d'extraits de son *Knaben Wunderhorn.* Une dizaine d'années plus tard, on requérait pour le catalogue des œuvres complètes. Un Richard Strauss allait y figurer en dirigeant son *Bourgeois gentilhomme,* cette œuvre prodigieuse. Mais son interprétation était affligée d'une indolence d'esprit si méprisante qu'aucun chef d'orchestre préoccupé du renouvellement de son contrat ne devait oser continuer sur cette voie.

Récemment pourtant, dans un souci d'archivage, quelques grandes compagnies de disques se décidèrent à enregistrer certains des plus grands compositeurs d'aujourd'hui dans des interprétations qui devaient soutenir en tous points la comparaison avec celles qui figuraient déjà au catalogue. Songeons seulement aux magnifiques réalisations de Benjamin Britten. Elles ne contiennent rien des timidités qu'on associe bien souvent au compositeur exécutant. En Amérique, Stravinsky prenait la baguette et enregistrait l'essentiel de son œuvre pour CBS. (Aaron Copland est aujourd'hui embarqué sur un projet similaire.)

Les mérites de Stravinsky comme chef d'orchestre ont été longtemps discutés. Mais tandis qu'il avance d'année en année dans cette tâche monumentale, il devient

La seule justification de l'enregistrement d'un concert public est que celui-ci soit un événement historique non répétable. Autrement, je suis contre ! La plupart des critiques et des gens préfèrent aujourd'hui les enregistrements de studio soigneusement préparés. Je ne puis qu'y souscrire.

McClure

de plus en plus évident que son sens de la propulsion rythmique, son cynisme mélodique et sa réticence au rubato sont des caractéristiques d'interprétation qui reflètent le cœur même de Stravinsky en tant que compositeur. La question se pose toutefois de savoir quelle action inhibitrice auront ces documents authentiques sur d'autres chefs d'orchestre. Ne les empêcheront-ils pas de chercher à révéler de nouvelles facettes ou de nouvelles combinaisons de facettes déjà connues de l'œuvre stravinskienne ? Notre curiosité concernant les Sonates de Beethoven ne deviendrait-elle pas autre qu'académique si les catalogues de disques nous offraient l'interprétation du compositeur ? Or, si l'on en juge d'après les tentatives de Stravinskiens aussi disparates que Bernstein ou von Karajan (ce dernier ayant été singulièrement et peu charitablement maltraité par un article de Stravinsky pour son interprétation du *Sacre*, laquelle est pourtant la plus imaginative, et même la plus « inspirée » qui soit, dans la mesure où l'on peut accoler ce mot à cette œuvre), l'influence des enregistrements du compositeur n'est en rien décisive. Il se peut d'ailleurs que le « Stravinsky de Stravinsky » fournisse une sorte d'échafaudage à partir duquel d'autres chefs d'orchestre se sentiront contraints d'ériger leurs propres interprétations de ses œuvres.

J'aurais tendance à penser que ces témoignages enregistrés par le compositeur débouchent sur une question tout autre. Plus qu'une source d'inspiration ou d'inhibition pour les générations d'interprètes à venir, leur influence devrait tendre à décourager le maintien de la tradition de l'interprétation en tant qu'art indépendant. Après tout, il n'y a aucune raison pour que l'inter-

Le degré d'influence de l'enregistrement par un compositeur chef d'orchestre de sa propre musique sur les générations à venir dépend de ses qualités en tant que chef d'orchestre. Gustav Mahler et Richard Strauss étaient aussi bons chefs d'orchestre que compositeurs, mais nous n'avons pas d'enregistrement de Mahler et ceux de Strauss sont très primitifs. La réputation de Beethoven et de Brahms comme chefs d'orchestre n'était guère flatteuse, et je sais d'expérience que Debussy et Ravel, tous deux d'extraordinaires compositeurs, étaient de très médiocres chefs. On ne voit pas bien ce que leurs enregistrements auraient pu apporter. Mais même pour un musicien dont le talent de compositeur égalerait le talent de chef, l'influence qui serait la sienne dépendrait de ce qu'on voudrait bien en tirer. J'ai répété et dirigé la Cinquième *de Beethoven des centaines sinon des milliers de fois. J'en connais chaque note. Et pourtant,*

prète s'attache exclusivement à une fréquentation du passé. La réémergence de l'interprète-compositeur pourrait bien être le début de la fin de cette séparation des fonctions consécutive à la Renaissance, qui a été si évidemment le lot de la musique tonale.

chaque fois que je rentre chez moi après l'avoir jouée, j'aperçois de nouvelles possibilités dans la partition. Une œuvre de ce type n'est pas immobile. Tel un arbre, elle continue de croître.
Stokowski

UNE MUSIQUE DE L'AVENIR, SOUS L'INFLUENCE DE L'ÉLECTRONIQUE

Même pour les œuvres contemporaines destinées à des forces instrumentales conventionnelles, il saute aux yeux que la reproduction électronique a une énorme influence, aussi indirecte ou subliminale fût-elle, sur certains compositeurs. Paul Hindemith, par exemple, avec son modernisme de « Bauhaus » et son jovial style linéaire qui fait parfois tant penser à un jubilé contrapuntique de la pré-Renaissance, est un compositeur dont les œuvres conviennent naturellement au microphone. Les enregistrements d'œuvres de nombreux autres compositeurs de tendance conservatrice comparable ont fait apparaître des équilibres virtuellement impossibles à atteindre lors d'auditions publiques. La *Petite Symphonie concertante* de Frank Martin fournit un exemple éclatant à cet égard. Avec ses oppositions de tutti aux cordes et de soli de harpe, de clavecin et de piano, elle présente des sonorités qui, une fois entendues dans l'enregistrement magnifique des ingénieurs du son de DGG, interprétée par Ferenc Fricsay, ne pourront plus jamais satisfaire qui que ce soit dans une salle de concert.

Quant aux œuvres qui utilisent l'électronique, non seulement pour leur reproduction mais comme procédé de composition, elles représentent l'aboutissement de quelques idées dominantes manifestées par les méthodes de composition du XXe siècle. La musique électronique est un art juvénile qui en est encore à ses premiers pas incertains, qui singent les sonorités des instruments conventionnels, hésitant comme un enfant entre la sécurité et le confort offerts par ses parents et sa curiosité pour toutes les possibilités ouvertes par les techniques intrinsèquement électroniques à partir desquelles seront élaborées de nouvelles prémisses de l'art de la composition. Marshall McLuhan a fait l'observation suivante : « La signification d'une expérience précède d'une génération l'expérience elle-même. Le contenu de nouvelles situations privées ou générales se trouve dans la situation précédente. Il a fallu attendre les premières étapes de la culture mécanisée pour reconnaître les valeurs agraires. Les premiers planteurs ont célébré la chasse. La culture électronique naissante (l'époque du télégraphe et du téléphone) a fait de la machine une forme d'art. » C'est sans doute pour cette raison que les partitions électroniques les plus accessibles sont celles qui (comme *Electre*, la superbe musique de ballet de Henri Pousseur) superposent des textures instrumentales et vocales conventionnelles et des sources sonores produites électroniquement.

L'inconvénient unique, et de surcroît provisoire, de telles œuvres de compromis est de créer un climat d'acceptation publique qui encourage la prolifération de récitals exécutés par des batteries de haut-parleurs stéréophoniques, autre genre d'exhibitions modernes organisées par des imprésarios ultra-conservateurs persuadés que chaque auditorium est une cathédrale Saint-Marc en puissance avec ou sans Gabrieli appointé. Le nouveau public de ces concerts est aussi éloigné d'une authentique participation électronique que ces lécheurs de vitrines de la fin des années 40 qui s'entassaient devant les boutiques de télévision où quelques postes étaient en démonstration.

J'espère que mes enregistrements de mes propres œuvres n'empêcheront pas d'autres exécutions. Il est avéré que l'on n'obtient pas toujours le tempo souhaité, même si l'on fait des progrès avec l'expérience.

Copland

Quelles que soient les limites actuelles de la musique électronique, quel que soit l'aiguillon de l'action rétroactive par laquelle elle a pu inspirer des formes plus conventionnelles d'activité musicale, beaucoup des méthodes qui lui sont particulières se sont transférées avec une aisance remarquable vers les idiomes vocaux et instrumentaux conventionnels. Les motifs à notes répétées accompagnés de crescendos et de diminuendos mesurés, le parallélisme dynamique entre les effets éloignés et rapprochés d'une même configuration, les ritardandos et accelerandos quasi mécaniques, et par-dessus tout les possibilités d'attaque et d'interruption parfaitement contrôlées du son : toutes ces techniques ont été empruntées par les idiomes post-weberniens qui ont eu une influence décisive sur l'écriture musicale de notre époque. De fait, l'influence de ces phénomènes dérivés de l'électronique est si répandue, qu'ils apparaissent jusque dans nombre d'œuvres de compositeurs dont l'hostilité à la bande magnétique est avouée. Consciemment ou non, ils sont utilisés en raison de la fascination qu'éprouve le musicien créateur devant une telle attitude, symbole autocratique du processus de composition.

L'« autocratie » prise dans ce sens n'est

pas pour autant synonyme d'autorité à sens unique. Le compositeur ne pourra plus à vrai dire se maintenir dans le splendide isolement que semblaient annoncer les premiers balbutiements de l'électronique. Les possibilités de réflexion après coup offertes par le montage et leurs effets sur l'exécution pourraient bien engendrer un nouveau type d'exécutant qui deviendrait alors un technicien doublé d'un interprète dont les réalisations d'intentions et de représentations graphiques seront aussi essentielles à la réputation du compositeur que la dévotion du virtuose itinérant des temps anciens. L'autocratie, entendue comme description du processus de composition, ne fait donc que suggérer la possibilité pour le compositeur d'insérer sa responsabilité à chaque étape de la procédure qui aboutit à la représentation sonore de son intention.

L'un des premiers musiciens à saisir la signification de l'enregistrement dans le processus de la composition fut Arnold Schoenberg. En 1928, lors d'un dialogue avec Erwin Stein, il notait les faits suivants : « Un nombre très réduit d'entités sonores suffisent en radiophonie à l'expression de toute pensée artistique ; le disque et les autres instruments de reproduction mécanique sont en train de créer des sonorités d'une clarté telle qu'il sera bientôt possible d'écrire pour eux des œuvres bien moins lourdement instrumentées. » Volontairement ou non, l'évolution du style de Schoenberg démontre sa compréhension du médium et de ses implications. Il est difficile de songer à certaines de ses œuvres, en particulier celles où il expérimentait pour la première fois la technique dodécaphonique (la *Sérénade op. 24* ou le *Septuor op. 29* par exemple) sans voir à

L'existence d'enregistrements par les compositeurs de leur propre musique ne tend pas à inhiber les générations suivantes. Tout d'abord, je n'ai pas encore rencontré de chef d'orchestre inhibé. De plus, il ne prêtera pas plus d'attention à la version du compositeur qu'aux notations inscrites dans son manuscrit. Il n'y a d'ailleurs pas de raison qu'il le fasse. Suivre à la lettre les intentions enregistrées ou écrites d'un compositeur n'a qu'un intérêt de curiosité. Il est intéressant de savoir comment il s'y prend pour faire telle ou telle chose, mais ce n'est pas forcément la meilleure manière. Cela ne fait que nous renseigner sur le système nerveux d'une personne particulière.

Lieberson

quel point leurs combinaisons instrumentales splendidement excentriques s'appliquent à la dissection mobile du microphone. Qu'on les approuve ou qu'on les repousse, les théories défendues par Schoenberg, principal révolutionnaire de la musique du XXe siècle, ont acquis une telle influence et font tellement partie du paysage musical contemporain que, du fait de l'acuité de l'analyse moléculaire qu'elles proposent, leur effet sur la musique des deux dernières générations a été aussi profond que celui de Sigmund Freud sur la psychologie de drugstore. En simplifiant outrageusement, on peut dire que les théories de Schoenberg s'attachent à faire ressortir la signification des rapports musicaux les plus ténus qui forment le substrat continu du phénomène sonore, et qui ne peuvent être perçus avec la clarté nécessaire que par l'intercession de moyens électroniques. Là où Schoenberg s'efforçait d'énoncer des règles conduisant à un choix, d'autres compositeurs ont préféré déléguer au hasard le privilège de la sélection. Malgré des intentions divergentes, les deux manières de procéder ont ceci de commun qu'elles repoussent la condition ambiguë qui était l'essence même du compositeur romantique du XIXe siècle. A l'heure actuelle, les quelques essais de la musique aléatoire, ce triomphe de la quasi-improvisation, font penser que les privilèges décisionnels sont ostensiblement abandonnés à l'interprète. Mais il est raisonnable d'imaginer qu'ils ne resteront pas l'apanage exclusif de l'interprète-monteur. Qui dit qu'ils ne pourraient pas être délégués directement à l'auditeur ? Il serait absurde d'écarter d'entrée de jeu l'idée que l'auditeur

Ceux d'entre nous qui composent à l'aide d'un ordinateur s'entendent parfois poser la question suivante : « Vous prenez toutes les décisions concernant l'ordinateur, mais vous n'aimeriez pas qu'un interprète prenne des décisions autres ? »

Beaucoup de compositeurs n'ont pas d'objection à collaborer avec des interprètes pour tout ce qui concerne le tempo, le rythme, la dynamique ou le timbre. Mais demandez-leur s'ils permettraient à un interprète de prendre des décisions au sujet de la hauteur du son. Ils vous répondront toujours : « Non, la hauteur du son est invariable. » Certains d'entre nous ont une attitude analogue à l'égard d'autres aspects de la musique traditionnellement considérés comme secondaires, mais que nous considérons comme fondamentaux. Quant à l'avenir de la musique électronique, il me semble évident que ses ressources uniques constituent la garantie de son utilisation. Car puisse finir par devenir son propre compositeur.

L'AUDITEUR PARTICIPANT

Au centre du débat technologique, on trouve donc un nouveau type d'auditeur. Il s'agit d'un auditeur qui participe plus et mieux à l'expérience musicale. L'émergence de ce phénomène au milieu du xxe siècle est la plus éclatante réussite à mettre au crédit de l'industrie phonographique. L'auditeur en question ne se contente plus d'analyser passivement ; il est devenu un associé dont les goûts, les préférences et les penchants modifient dès maintenant, ne fût-ce que périphériquement, l'objet auquel il prête son attention. L'avenir de l'art musical découlera en partie de l'accroissement de sa participation.

Au même moment, il représente bien entendu une menace. Sans y avoir été convié, il vient prendre sa place au banquet des arts. Il est un usurpateur potentiel de pouvoir, dont la présence menace le décor hiérarchique familier de l'establishment musical. N'est-ce pas attenter aux règles de la bonne conduite que d'émettre l'hypothèse que le public puisse s'affranchir de la position servile dans laquelle il rendait hommage au statut bien établi du monde musical ? que d'un jour à l'autre il puisse prendre sa part du processus de décision, domaine jusqu'alors réservé aux spécialistes ?

Le mot-clé est ici le « public ». Les expériences par lesquelles le public entre en contact avec de la musique transmise électroniquement ne font pas partie du domaine public. On pourrait très utilement leur appliquer l'axiome paradoxal suivant :

elle a fait reculer les frontières de la musique en l'éloignant des limites des instruments acoustiques et de la capacité coordinatrice de l'interprète, pour s'en remettre aux limites quasi infinies de l'instrument électronique. Les seules limites qu'elle rencontrera seront celles de la perception humaine.

Babbitt

cette musique capable d'atteindre en théorie une masse sans précédent d'auditeurs, aboutit en fait à un nombre illimité d'écoutes se déroulant en privé. Ce paradoxe conduit à la possibilité pour l'auditeur d'exprimer des préférences, d'imposer à l'œuvre sa propre personnalité, dans la mesure où il enrichit son expérience auditive de toutes les facultés de modifications électroniques qui sont à sa disposition. S'il s'en empare, il transforme l'œuvre et sa relation à l'œuvre. D'artistique, son expérience devient environnementale.

Aussi limité soit-il, la manipulation des cadrans et des boutons est un acte interprétatif. Il y a quarante ans, tout ce que l'auditeur pouvait faire consistait à mettre en marche ou à éteindre son tourne-disque — et éventuellement, s'il était très perfectionné, à en ajuster un tout petit peu le volume. Aujourd'hui, la diversité des contrôles qui sont à sa disposition nécessite de sa part une capacité de jugement analytique. Encore ces contrôles ne sont-ils que des dispositifs de réglage très primitifs en comparaison des possibilités de participation qui seront offertes à l'auditeur lorsque les actuelles techniques très sophistiquées de laboratoire seront intégrées aux appareils domestiques.

Il serait par exemple relativement simple de mettre à la disposition de l'auditeur des options de montage qu'il pourrait exercer à discrétion. Un pas décisif dans cette direction pourrait être opéré à l'aide du procédé suivant : il existe aujourd'hui une machine qui permet de dissocier vitesse et hauteur du son. On ne sait toujours pas le faire sans une légère détérioration de la qualité sonore. Il n'en reste pas moins qu'avec cette machine, il est possible de mettre bout à

On ne peut pas empêcher le possesseur d'un disque de se rendre ridicule en trafiquant la version d'un grand artiste. Mais s'il a juridiquement le droit de fabriquer une bande composite, il n'en a ni le droit moral ni le droit artistique. Une œuvre d'art, qu'elle soit création ou interprétation, a une intégrité à laquelle personne, et moins que tout autre l'auditeur n'a le droit d'attenter. Les droits de l'auditeur s'arrêtent à son écoute.

Haggin

bout des segments d'interprétations d'une même œuvre réalisées par plusieurs artistes et enregistrée à des tempos différents. Imaginons par exemple que quelqu'un aime dans la version de Bruno Walter de la *Cinquième Symphonie* de Beethoven son interprétation de l'exposition et de la récapitulation du premier mouvement, mais qu'il préfère celle de Klemperer pour le développement, laquelle utilise un tempo notablement divergent (il se trouve que j'aime les deux versions d'un bout à l'autre dans leur intégralité, mais c'est une question de goût). La question de la corrélation hauteur de son-vitesse ne se posant plus, il devient possible de tailler dans la version de Klemperer les quelques mesures voulues pour les insérer dans celle de Bruno Walter, sans qu'il se produise ni altération de tempo, ni fluctuation de la hauteur du son. On pourrait en théorie appliquer sans restriction ce procédé pour reconstruire une interprétation. Rien n'empêche le connaisseur qui voudrait s'y dédier de devenir son propre monteur et d'exercer de ce fait les actes interprétatifs vers lesquels l'entraîne son tempérament pour recréer une version idéale qui soit la sienne.

L'enregistrement n'est pas sans analogie avec les techniques de reprographie. Après des siècles de centralisation, la production de livres et d'imprimés s'est soudain trouvée décentralisée. Le lecteur peut à l'aide de la machine à photocopier assumer le rôle d'auteur ou d'éditeur, en faisant un montage d'une multitude de sources. La tendance de cette technologie et de l'électronique en général est d'adapter la réponse aux besoins exacts du lecteur ou de l'auditeur.

Mac Luhan

VERS UN BRASSAGE DES STYLES

Les nouvelles prérogatives de l'auditeur ne sont qu'un des aspects de la nouvelle alliance à laquelle le phénomène de l'enregistrement ouvre la voie. Il aura sur la juxtaposition sans entraves de toute une série d'idiomes un effet similaire à celui qu'André Malraux dans les *Voix du silence* attribue aux reproductions de tableaux. L'un des résultats de cette permissivité stylistique consistera à porter un regard plus tolérant vis-à-vis des sous-produits artistiques provenant de cultures dont nous considérons, d'un œil occidental, qu'elles sont chronologiquement « désynchronisées ». La transmission d'événements et de sons d'un bout à l'autre de notre planète nous a contraints à reconnaître qu'il n'existait pas une seule et unique tradition musicale, mais bien plutôt de nombreuses musiques qui ne se réfèrent pas toutes à notre définition du mot tradition.

Considérons un instant la Russie. Voilà un pays, tardivement éveillé à la tradition culturelle de l'Europe occidentale, pour lequel, aussi récemment que dans les dernières années du XIXe siècle, le Shangri-La représentait la plus extraordinaire des expériences artistiques. Sans faire aucunement partie des courants de la pensée occidentale, de telles expérimentations provenaient d'une culture dont l'orientation tendait vers un ordre chronologique radicalement différent, car après s'être développée pendant des siècles dans un cocon quasi nationaliste, elle cherchait à protéger son immunité face aux modes et aux mœurs de l'occident. N'ayant pas participé à l'aventure de la Renaissance, l'Empire de toutes les Russies trouvait un substitut à la Renaissance dans l'importation de ces « ententes de couture » du Siècle des Lumières. Depuis, il a vacillé entre les tentations d'un rendez-vous avec les traditions de l'Occident et la tendre espérance d'une fidélité à la mémoire de son passé.

Les chefs-d'œuvre hautainement originaux d'un Moussorgsky — avec leur harmonie volontairement maladroite, leur brutale simplicité masquant une grande complexité, leur dédain pour les tentations de

Je crois que l'auditeur devrait s'abstenir de manipuler ses appareils de reproduction ; s'il veut rentrer dans le champ, qu'il apprenne à jouer d'un instrument.

J'aimerais que les appareils soient standardisés de telle sorte qu'on puisse empêcher que le volume même soit changé. Alors, et alors seulement, on entendrait ce que l'artiste a voulu. Dans le cas contraire, et à l'extrême, on pourrait n'avoir qu'une partition destinée à être jouée mécaniquement. Un mode d'emploi permettrait à l'acheteur d'établir son propre tempo et ses propres nuances. N'importe qui pourrait s'autoriser à interpréter Beethoven.

Lieberson

l'approbation mondaine des salons — sont de toute évidence la confirmation implicite du message contenu dans l'extraordinaire exhortation du Père Zossima des *Frères Karamazov* : « Il en est qui soutiennent que le monde se trouvera de plus en plus uni dans une communauté fraternelle à mesure qu'il abolira les distances et laissera s'envoler libre la pensée. Hélas, n'ajoutez pas foi en une telle union. » Étonnante prescience de la culture électronique !

Du fait des possibilités de transmission simultanée, par les canaux de radio et de télévision en particulier, l'art d'un pays comme celui-là nous est rendu, à nous gens de l'extérieur, presque trop aisément accessible. Les média nous engagent à des comparaisons entre les sous-produits d'une telle culture et ceux auxquels donne naissance notre propre et très différente orientation. Il suffit que nous trouvions que cette culture s'exprime en des idéologies qui nous apparaissent archaïques pour que nous la condamnions comme démodée, stérile, puritaine ou accablée de toutes sortes de limites dont nous nous croyons émancipés. La transmission simultanée nous fait mettre au rebut une fascination de caractère touristique pour des lieux exotiques et éloignés, et donner libre cours à un sentiment d'impatience devant ce qui nous apparaît comme attardé chez les gens d'en face. Dans cette perspective, le concept de MacLuhan de « village global » — impliquant une simultanéité de réponse de MacMurdo à Murmansk, et de Taïwan à Tacoma — a quelque chose d'alarmant. Sous quel prétexte n'existerait-il pas à Mac Murdo quelque excentrique, déconnecté et « désynchronisé », qui redonne vie au ton

Si on donnait à l'auditeur les moyens de confectionner une exécution en montant des segments d'enregistrements de divers musiciens, il finirait par s'en lasser aussi vite que d'autres disques, car une fois qu'elle aura été réalisée, la bande restera la même. Prenons l'exemple de la musique électronique. Ceux qui s'y adonnent commencent déjà à se lasser de ce qu'ils font, car il s'agit de quelque chose d'irrévocable. La meilleure preuve en est que de plus en plus ils mélangent à leurs bandes des éléments vivants.

Copland

d'*ut majeur* à un point que Mozart n'aurait pu rêver ?

Les média ne sont ici en cause que dans la mesure où ils tendent à reproduire des sons et des images en direct. Il faudrait toujours avoir à l'esprit que l'objet enregistré suscite des réactions psychologiques très différentes. Alors que la réception simultanée fait apparaître des différences jugées au jour le jour, sur une base comparative et donc compétitive, la conservation du son et de l'image engendre un calme de bibliothèque : une réflexion dépassionnée sur la condition d'une société et l'acceptation de conceptions chronologiques à facettes multiples. A vrai dire, les deux utilisations possibles de la transmission électronique — l'une tendant à éclairer les événements du présent, l'autre permettant un réexamen futur sans fin du passé — se servent mutuellement d'antidote. L'enregistrement autorise le recul historique, la compréhension après coup. Il est l'indispensable contrepoison qui combat la tolérance pernicieuse causée par la transmission simultanée. A l'inverse de la réception simultanée qui provoque comparaisons improductives et conformité, la préservation d'archives et le différé conduisent au détachement, au non-conformisme, à la distanciation et au recul historiques.

L'avenir verra à mon avis le contraire d'une participation accrue de l'auditoire. Il restera toujours quelques bricoleurs qui sondent des profondeurs inconnues de l'art et de la science, mais notre société se compose essentiellement de « preneurs » et non de créateurs.

Chapin

Il manquait un chaînon essentiel dans l'histoire de l'évolution de l'auditeur-consommateur-participant. C'est à mon avis dans le produit le plus décrié de l'univers électronique qu'on est susceptible de le trouver. Il s'agit de la musique de fond sonore, autrement appelée Muzak. On trouve en elle l'argument le plus convaincant en faveur du brassage des styles. Ce phénomène aussi critiqué que fort mal compris donne pourtant à la musique contemporaine la possibilité de faire pénétrer ses objectifs à l'intérieur d'une société d'absorption, d'audition et de consommation. Il renferme toute une encyclopédie, une sorte de compilation exhaustive de tous les clichés appartenant à la musique de la post-Renaissance, astucieusement accoutrés de doucereuses formules, et sur lesquels repose la musique de fond. De plus, le catalogue en question dispose d'un index qui permet d'établir des liens entre des expériences stylistiques diverses, sans avoir à se préoccuper de distinctions chronologiques. En moins de dix minutes de musique de fond dans un restaurant, on a toutes les chances d'entendre un résidu de Rachmaninov et une bouffée de Berlioz procédant directement et sans ambages de la lie de quelque sirop debussyste. En réalité, toute musique jamais écrite est susceptible de fournir la base d'un fond sonore. En en liant les diverses sauces à volonté, l'auditeur concoctera le ragoût dont il se nourrit.

Le champ stylistique utilisé par la musique de fond offre une variété sensiblement plus grande de citations idiomatiques que celui auquel les musiciens dits « sérieux » de notre époque souscrivent à l'aide d'idéologies disparates. Sans doute la musique des émissions publicitaires de télévision ne dépasse-t-elle pas, lorsqu'elle s'y aventure, les clichés de l'impressionnisme. Par contre, on trouve toutes sortes de films d'horreur de seconde zone en provenance d'Hollywood qui exploitent des idiomes très avancés (voir la musique de Leonard Rosenman pour *Cobweb,* rejeton tout à fait typique du dodécaphonisme schoenbergien). Comme matériaux de fond sonore, nombre de partitions significatives sont ac-

Grâce à l'enregistrement, la musique du monde devient accessible à tout moment comme une encyclopédie. On est en train d'élaborer une vaste encyclopédie de toutes les musiques. On ne peut plus parler de musique au singulier, ni comme d'un langage international. L'enregistrement nous a appris que le vieux cliché favori du XIXᵉ siècle — la musique langage universel — ne tient plus.

Mac Luhan

ceptées par un auditoire qui les éviterait telle la peste comme musique de concert.

Ces partitions y parviennent bien entendu sous le couvert de la neutralité. L'un des axiomes de la composition de musique de fond est que son succès est en proportion inverse de la conscience qu'en a l'auditeur. Elle s'efforce de s'harmoniser avec le plus grand nombre de situations et d'ambiances possibles, et de minimiser la conscience que nous pourrions avoir de son intention et de son empreinte. En réalité, elle ne réussit qu'en fonction de la suspension des valeurs esthétiques conventionnelles.

Il existe une corrélation intéressante entre la neutralité et le caractère non obstrusif de son vocabulaire sonore, et le fait qu'elle ne soit pour l'essentiel transmise que par enregistrement. Il s'agit là en fait de deux aspects complémentaires d'un même phénomène. A l'inverse du concert, l'enregistrement ne dépend pas de l'humeur d'une occasion particulière, mais s'appuie au contraire sur un ensemble de circonstances générales ; il trouve donc dans la musique de fond de quoi exploiter sans scrupule des références stylistiques dont le champ est incroyablement vaste. En inscrivant dans le cadre contemporain des références linguistiques provenant de temps anciens, il les replace dans un contexte qui leur accorde une participation subdivisée et où elles retrouvent une nouvelle validité.

La musique de fond a subi des attaques sur plusieurs fronts. Pour les Européens, elle est l'un des symptômes de la décadence américaine. Pour les Américains, elle est le produit de la conformité mégalopolitaine. Elle n'est en fait acceptée pour ce qu'elle est que par des sociétés qui n'ont pas été en

Je suis contre la musique de fond, même lorsqu'elle est bonne. Les compositeurs veulent qu'on écoute leur musique, et non pas qu'on prête attention à autre chose pendant qu'elle est branchée. J'aimerais bien connaître le type très malin qui a vendu à des hommes d'affaires l'idée de mettre de la musique dans les ascenseurs. Quel bien cela peut-il faire à qui que ce soit d'entendre quatre ou huit mesures de quelque chose en montant quelques étages ?

Copland

contact continu avec la tradition musicale occidentale.

La musique de fond confirme évidemment tous les critères d'après lesquels ceux qui s'opposent à la technologie musicale déterminent leur jugement. Le fait que sa substance musicale se fonde dans une sorte de compote stylistique, et qu'elle soit produite en studio, l'empêche de se définir par rapport à des données historiques précises. Le personnel impliqué dans sa fabrication est presque toujours anonyme ; elle est le produit d'une bonne dose de superpositions de sources sonores électroniquement confectionnées, et devient pour toutes ces raisons une cible tentante pour les adeptes de thèses condamnant la prétendue immoralité esthétique de l'automation et du syndrome de Van Meegeren. Mais cette cible, aujourd'hui protégée par des considérations commerciales plutôt qu'esthétiques, est immunisée contre l'attaque.

Ceux qui voient dans la musique de fond la réalisation sinistre d'une méthode de contrôle de l'environnement de type Orwellien présupposent qu'elle est capable d'embrigader tous ceux qui y sont exposés sous la bannière de son gigantesque cliché. Mais là est précisément la question ! C'est justement parce qu'il peut infiltrer nos existences de tous côtés que le résidu des clichés de tous les idiomes employés dans la musique de fond devient une part intuitive de notre vocabulaire musical. Il en découle que pour vraiment attirer notre attention, une expérience musicale, quelle qu'elle soit, doit être de nature tout à fait exceptionnelle. Le reste du temps, armé du glossaire ingénieux que lui fournit sans qu'il le sache la musique de fond, l'auditeur est à même de faire l'expérience associative di-

Si la qualité de la musique de fond était meilleure, non seulement cela pourrait rendre plus agréable la vie des gens dans les bureaux, les usines et les magasins, mais cela leur donnerait une idée des diverses formes de l'expression musicale. Cela aurait aussi et par conséquent un effet sur leur manière de jouir de la musique au concert. Plus on rendra la musique accessible aux gens dans leur vie quotidienne, plus ils apprécieront l'expérience musicale exceptionnelle de la salle de concert. Mais je crois qu'il faudrait remplacer le sirop musical qu'on entend partout aujourd'hui par quelque chose de plus tonique.

Light

recte de tout le vocabulaire accumulé depuis la Renaissance, chose qu'aucun cours de musique, aussi inventif soit-il, ne saurait lui procurer.

LE RÔLE DE LA MUSIQUE À L'ÈRE ÉLECTRONIQUE

Nous avons vu comment le développement de l'électronique entraînait une participation de plus en plus active de l'auditeur au phénomène musical, ainsi que la désagrégation progressive des distinctions vénérables qui structuraient la hiérarchie musicale et séparaient compositeurs, interprètes et auditeurs. Cela contredit-il le fait que depuis la Renaissance la séparation des fonctions par spécialisation a été réservée aux seuls professionnels, et que le statut médiéval du musicien, créant et interprétant de la musique pour son propre plaisir, a depuis longtemps été supplanté par l'orgie de sophistication musicale qui est la nôtre ? A mon avis, il n'y a pas là de contradiction.

La contribution collective du professionnel et du profane au processus créateur fait effectivement penser au monde de la pré-Renaissance, caractérisé par une participation largement unilatérale. Mais il est aisé et trompeur d'établir des parallèles, de croire que toute l'aventure de la Renaissance et du monde qu'elle a créé ne sont qu'une gigantesque erreur historique. Toujours est-il que nous ne retournons pas à une culture médiévale. Il serait dangereusement et outrageusement simplificateur d'imaginer que, sous l'influence des média électroniques, nous pourrions rétrograder jusqu'à une condition voisine du monoli-

Nous entendons tant de musique partout et tout le temps dans les trains, les avions et les restaurants, que notre perception est engourdie. Nous risquons de la perdre, de la même manière que nous sommes insensibilisés à la violence stupide qui nous est déversée à la télévision ou au cinéma. J'adore le cinéma et m'y rends souvent. Je suis convaincu du gigantesque potentiel de la télévision. Mais le caractère nocif du développement des techniques modernes est évident. Du moins pouvons-nous couper la télévision ou quitter la salle si le film ou le concert sont mauvais. Mais il est impossible de sortir de l'avion une fois en vol.

Stokowski

thisme culturel de la pré-Renaissance. Il est hautement improbable que la technologie électronique nous fasse aller dans une direction autre que celle d'une croissante complexité ; et l'enchevêtrement affiché des responsabilités dans le processus créateur qui se développe de nos jours ne doit pas faire conclure au déclin de la nécessité de techniques spécialisées.

Ce qui surviendra plutôt, c'est une prolifération de nouveaux champs de participation. L'exécution de chaque expérience particulière requérant la contribution d'un bien plus grand nombre de participants. En raison de cette complexité et du fait que tant de niveaux variés de participation se fondront dans le résultat final, les concepts d'information individualisés qui jusqu'alors définissaient la nature de l'identité de l'auteur deviendront bien moins imposants. On n'aboutira évidemment pas à une telle réduction de l'identité sans quelques soubresauts de la part de ceux qui se cabrent devant ses implications. Après tout, à quoi servent ces bataillons d'attachés de presse et de publicité, ces officines de relations publiques, sinon à essayer d'asseoir l'identité d'artistes et de producteurs dans une société où la reproduction est omniprésente et où l'identité, considérée comme information au sujet des auteurs, signifie de moins en moins ?

Ce qu'il y a de plus encourageant dans ce processus de désintérêt à l'égard du facteur identité dans le mécanisme créateur, c'est qu'il instituera un climat dans lequel les données biographiques et les présomptions chronologiques ne constitueront plus la pierre angulaire des jugements esthétiques, car ils s'appliqueront à un environnement. En fait, toute cette question de l'in-

Avant l'imprimerie, le scribe ressemblait à un auteur en ce qu'il lui était loisible de couper dans Platon, Aristote ou Esope. Ce qu'il choisissait d'assembler ou d'arranger devenait livre. Il n'était pas que le copiste, il était l'auteur. Sous cet aspect primitif, le scribe est aujourd'hui de retour avec la technologie dont on dispose à présent.

MacLuhan

dividualité de la situation créatrice selon laquelle l'acte créateur est le résultat d'une opinion individuelle, l'absorbe et la conditionne, sera soumise à une reconsidération radicale.

Je crois que le fait que la musique soit un facteur tellement omniprésent dans notre environnement conduira ultérieurement à ce qu'elle assume un rôle aussi immédiat, utilitaire et familier que celui que le langage joue dès à présent dans la conduite de notre vie quotidienne. Pour qu'il en aille ainsi, pour que la musique devienne l'équivalent du langage de tous les jours, il faut que les styles, les habitudes, les maniérismes, les trucs, les occurrences statistiquement les plus fréquentes, en un mot les clichés qui lui sont propres, deviennent familiers et soient reconnus par chacun. La reconnaissance massive du quotient de clichés d'un vocabulaire n'implique pas que leur trivialité nous fasse courir un risque de saturation. Nous n'apprécions pas moins les grandes œuvres de la littérature sous prétexte que nous parlons tous les jours la langue dans laquelle il se trouve qu'elles ont été écrites. Le fait qu'une bonne partie de nos conversations quotidiennes soit consacrée aux banalités fastidieuses de la civilité communément acceptée et du temps qu'il fait n'engourdit pas un instant notre appréciation des potentialités merveilleuses de la langue que nous utilisons. Elle l'avive au contraire. Elle nous fournit l'arrière-plan nécessaire à partir duquel se dessine le relief plus acéré du produit de l'imagination des grands artistes. Je suis convaincu qu'à l'ère de l'électronique la musique occupera une place beaucoup plus essentielle dans nos vies ; qu'elle les transformera de manière d'autant plus pro-

Les enregistrements exercent sur nous tous, compositeurs, professeurs, musiciens, un effet qu'il est difficile d'évaluer. La musique qui est disséminée, discutée, et donc imitée à la plus vaste échelle, est celle qui est fournie par le disque. La musique qui n'est que publiée est fort mal connue. On ne saurait souligner à quel point le climat musical général de notre époque est déterminé par le fait que l'œuvre de Webern est aujourd'hui intégralement disponible sur disque, et qu'il en ira bientôt de même de Schoenberg.

Babbitt

fonde qu'elle cessera d'en être un élément décoratif.

Si ces transformations sont suffisamment profondes, il se peut que nous soyons finalement contraints de redéfinir la terminologie à l'aide de laquelle nous exprimons nos pensées au sujet de l'art.

Le mot « art » lui-même, aussi vénérable soit-il, est chargé de connotations imprécises sinon désuètes. Il se pourrait bien, à vrai dire, qu'il devienne tout à fait inadéquat pour décrire un environnement et des situations.

Dans le meilleur des mondes possibles, l'art serait superflu. La thérapie apaisante et fortifiante qu'il propose n'aurait plus de patients auxquels s'appliquer. La spécialisation professionnelle qu'implique sa conception deviendrait présomption et la généralité de son applicabilité une offense. L'auditoire serait alors devenu l'artiste. La vie serait devenue art.

Glenn Gould et le piano

Un critique allemand, Hans Heinz Stückenschmidt, affirmait après un concert de Glenn Gould à Berlin que celui-ci était le plus grand pianiste depuis Busoni.

On s'est longtemps interrogé sur sa stupéfiante maîtrise pianistique, et on l'a souvent sollicité de s'exprimer au sujet de la technique du piano. La question ne revêtait pour lui qu'un intérêt tertiaire, mais il s'est néanmoins décidé à donner quelques précisions sur le problème dans l'interview qui suit.

Keyboard Magazine, *août 1980.*

Question. — Il y a quelques années, dans une interview, vous avez dit la phrase suivante : « Il existe des artistes qui croient que l'originalité est fonction de la brutalité avec laquelle ils brisent les règles. Je ne pense pas que cela soit vrai, mais bien plutôt que l'originalité est fonction de la subtilité avec laquelle vous adhérez à des prémisses légèrement différentes de celles qu'on attend de vous. »

Dans cette perspective, j'aimerais connaître les prémisses auxquelles vous adhérez.

G.G. — La première est d'essayer d'oublier que je joue du piano. Lorsque je veux faire ressortir un dessin structurel qui est bien ancré dans mon esprit, je fais tout pour que rien de spécifiquement pianistique ne vienne s'y insérer. Prenons un exemple. Ces derniers temps, j'ai fait le montage des *Sonates opus 2* de Beethoven, que j'ai récemment enregistrées. Il se trouve que j'ai une véritable passion pour les premières Sonates de Beethoven, ce qui n'est pas le cas pour celles de la seconde période, l'*Appassionata* ou la *Waldstein*. Et ma passion se rapporte au fait qu'il est virtuellement possible de transcrire pour trio, quatuor ou quintette à cordes toutes ces Sonates de jeunesse, sans y rien changer ou presque. En conséquence, vers trois heures ce matin, après huit ou neuf heures de montage sur l'*Opus 2,* j'étais au bord de l'hallucination, imaginant que chaque phrasé devait ressembler à ce que pourraient être des coups d'archet. Ma tendance profonde est de penser la musique horizontalement plutôt que par blocs verticaux. Je me fixe donc pour règle première de résister aux tentations qu'offre le piano, à ce qu'on pourrait appeler ses « ressources naturelles ». Évidemment, cela ne veut pas dire que j'évite systématiquement d'utiliser la pédale. Au contraire, la pédale peut à l'occasion aider à s'approcher de la sonorité du quatuor à cordes ou de l'orchestre. Mais j'ai toujours essayé, en tout cas dès que je suis sorti de ma période d'adolescence, d'écarter l'idée que la musique que je jouais était une musique faite en soi pour le clavier, et de lui donner plutôt une sonorité de type orchestral ou de quatuor. Cette manière de procéder suppose en général l'élaboration et l'application d'un système de phrasé qui pourrait convenir au violon ou au violoncelle. Tout cela provient de ce que je suis persuadé du fait que pour la majorité des compositeurs importants (par opposition aux compositeurs à orientation pianistique) le piano n'est qu'un substitut. Il permet de jouer de la musique qui autrement serait réalisée par un quatuor ou un orchestre. Je crois qu'il y a peu de compositeurs de qualité qui aient écrit pour le piano sans avoir à l'esprit une autre combinaison sonore ; ce qui conduit parfois à des résultats désastreux. Les compositeurs qui ont travaillé en utilisant les combinaisons sonores de l'orchestre post-wagnérien et en croyant les adapter au piano se sont fourvoyés la plupart du temps. Mais ce n'était certainement pas le cas de Beethoven. Le seul moment où l'écriture de piano de Beethoven ne me plaît pas du tout correspond à sa seconde manière, car il devient trop pianistique. Je trouve que là il a perdu son temps, musicalement et pianistiquement, contrairement à ce qui se passe pour ses premières puis, par la suite, pour ses dernières œuvres.

Mais si je me souviens bien, dans l'interview que vous citiez, l'idée exprimée ne concernait pas tant les prémisses que l'originalité.

Je disais que chez Moussorgsky, contrairement à Mendelssohn, l'originalité s'affirmait avec un fort coefficient de surprise. J'essayais en réalité de réfuter l'idée que tout ce qui est de quelque conséquence en musique doit avoir une coloration se rapportant à l'esprit d'une époque. Or mon attitude envers le piano, ou plutôt contre le piano, n'est pas sans analogie avec tout cela. L'opinion conventionnelle veut que le répertoire de piano intéressant à jouer corresponde en gros à l'apport pianistique du XIXe siècle : disons tout ce qui va de Mozart ou Beethoven jusqu'à Ravel ou Rachmaninov. Je dois dire que ce n'est pas ainsi que j'envisage la chose. Pour moi, la musique la plus merveilleuse qu'on puisse jouer au piano est celle du XVIe siècle, et elle fut écrite pour le virginal.

Question. — Donc toutes les formules que vous utilisez à l'appui de votre attitude antipianistique — le staccato, les accords arpégés, etc. — ont pour origine le fait que vous expérimentez d'autres possibilités d'instrumentation.

G.G. — C'est tout à fait vrai. La fascination que j'éprouve à l'égard du staccato par opposition au legato est partiellement due, pour en revenir à la comparaison Mendelssohn-Moussorgsky, à ce que je veux réserver le legato à des moments isolés de caractère exceptionnellement intense. Il se trouve que j'adore la clarté, la netteté de texture qu'on obtient lorsque le toucher prédominant est « détaché ». Dans cette sonorité où le détaché est prédominant, chaque note occupe son propre espace qui la sépare de la suivante. Lorsqu'on lui injecte un élément de legato, il se passe alors quelque chose de très émouvant, une sorte de courbe émotionnelle qui ne peut guère survenir si l'on considère au départ que le piano est un instrument destiné de par sa nature à produire du legato, et que plus le son est épais, meilleur il est.

En ce qui concerne mon habitude d'arpéger des accords qui ne sont pas écrits pour être arpégés, permettez-moi de dire que je ne le fais pas dans le but d'irriter les critiques musicaux. Je le fais pour essayer de fournir une certaine quantité d'informations de telle sorte que chaque composante séparée appartenant au bloc vertical d'un accord donné ait son poids spécifique. Cela est particulièrement vrai des régions les plus basses du clavier où se trouve un dangereux potentiel de laideur sonore, surtout dans le répertoire rococo, à l'époque de Mozart et de Haydn, lorsque les accords ont commencé à remplacer la fonction d'un mode de pensée contrapuntique. Mais — et c'est là encore plus important — si la musique est de bonne qualité, et si le compositeur sait ce qu'il fait, une telle écriture harmonique doit avoir de manière au moins embryonnaire une idée contrapuntique sous-jacente. On doit envisager l'accord comme la somme simultanée de plusieurs directions linéaires qui, même si elles ne sont pas spécifiquement énoncées comme dans une composition baroque, sont présentes malgré tout. Le sens d'une direction par laquelle une note d'un accord garde un rapport avec la note d'un autre accord situé deux mesures auparavant doit subsister. En arpégeant l'accord, on peut lui donner un poids qui permet d'établir ce sens d'une direction linéaire, ce qui est exclu lorsqu'on se contente de simplement plaquer quatre notes simultanément. Très souvent, c'est évidemment impossible, par exemple lorsqu'il s'agit de souligner une structure strictement harmonique requérant un bel et solide accord qui, arpégé, sonnerait de manière parfaitement ridicule.

Question. — Ne croyez-vous pas que l'auditeur n'est guère conscient des implications contrapuntiques des accords arpégés et qu'il les perçoit plutôt comme un roulement de timbales ou un élément d'accentuation rythmique ?

G.G. — Si on refuse d'aller dans les profondeurs, c'est effectivement souvent là ma seule intention : j'arpège un accord pour donner un fort élément rythmique à quelque chose qui autrement aurait tendance à s'affaisser rythmiquement.

Mais si vous permettez que j'en revienne à votre première question, j'aimerais continuer à parler de prémisses et passer à la seconde de celles-ci : à mon avis, la manière d'envisager le piano comme un instrument fait pour le legato, qui s'est accentuée tout au cours du XIXe siècle, a constitué un obstacle à une façon de faire de la musique qui permette à l'auditeur, moyennant un minimum de perspicacité, de la battre comme un chef d'orchestre. On a toujours eu tendance à penser que, puisqu'un piano est inerte et ne peut se mettre à discutailler comme les musiciens d'un orchestre avec leur chef lorsqu'on lui impose un rubato dont il ne veut pas, on devait pouvoir se permettre à peu près n'importe quoi avec lui. C'est le « se permettre à peu près n'importe quoi » qu'on appelle avec grandiloquence « la grande tradition ». Pour ma part, j'ai toujours trouvé que c'était là un élément très inquiétant de la tentation pianistique. Dans la plupart des cas, on peut éviter ce genre de rubato, à moins qu'il fasse en soi partie d'un plan structurel clair. L'imposer au piano parce qu'il peut le faire me semble absurde, en tout cas pour ce qui touche à la période classique, Mozart, Beethoven et autres.

En revanche, une vraie propulsion rythmique, indépendamment du tempo choisi, est un élément essentiel. Si après avoir fait beaucoup de montage, comme ces derniers jours, je m'aperçois que l'espace entre un accord A et un accord B ne donne pas une subdivision exacte de quadruples croches, je me mets à la recherche d'une prise qui me la fournisse, et j'en fais le montage.

Question. — Étant donné que vous ne manifestez pas d'enthousiasme exagéré pour le rubato, dans quelles circonstances faites-vous preuve d'un peu de souplesse rythmique ?

G.G. — Il est vrai que je tends à favoriser des tempi assez inexorables. Mais dans la conversation avec Bruno Monsaingeon au sujet de Mozart qui a été publiée avec le coffret de mon intégrale des Sonates de Mozart, j'explique que plus on s'écarte d'un plan modulatoire conventionnel, plus on s'éloigne de la position conventionnelle par rapport à la tonique sur le cycle des quintes dans une œuvre donnée, plus il me semble justifié de se départir radicalement de la norme rythmique et motorique initialement établie. Et j'utilisais pour illustrer mon propos l'exemple de la *Sonate opus 10, nº 2,* de Beethoven, dans le premier mouvement de laquelle, contrairement à toute attente, la récapitulation commence en *ré* majeur au lieu de *fa* majeur. C'est un moment tellement magique que, même en l'absence d'indication dans la partition d'un tempo différent voulu par Beethoven, j'ai toujours joué cet endroit comme si soudain on observait la terre vue d'un satellite, comme si on observait la Sonate à partir d'un point situé hors d'elle-même.

Question. — Pour obtenir de votre piano les résultats que vous en attendez, vous lui avez fait subir pas mal de transformations mécaniques. Avez-vous exécuté ce travail vous-même ?

G.G. — Non, je n'ai aucune compétence artisanale. Je n'aurais jamais su démonter et remonter un piano. Mais, au fil des ans, j'ai utilisé un très petit nombre d'instruments. Depuis 1960, environ

90 % de mes enregistrements ont été réalisés sur le même piano, un Steinway de 1938 ou 1939. On l'a modifié à plusieurs reprises pour essayer d'obtenir de lui le type de sonorité que je souhaitais pour un certain type de répertoire. Cependant, on n'a jamais bouleversé ses penchants innés. De par sa nature, il a toujours eu un son très brillant, ressemblant presque à celui d'un clavecin, et ma relation de travail avec lui a toujours été très heureuse. Je n'utilise que rarement d'autres instruments, et lorsque c'est le cas, c'est parce que j'ai dû expédier le mien à New York pour le faire réparer.

Question. — Mais c'est vous qui donnez vous-même vos instructions aux techniciens ?

G.G. — Sans aucun doute. Je fais de mon mieux pour leur donner une image verbale précise de ce que je souhaite. Franz Mohr, le chef d'atelier de chez Steinway, est fabuleux. Il a une parfaite compréhension de ce que je recherche dans un piano et sait l'obtenir. Comme je n'ai pas grand sens de la mécanique, cela me prend du temps de l'expliquer, mais Franz est un fantastique observateur. Il suffit que je lui joue quelque chose pendant une demi-heure pour qu'il soit en mesure de saisir exactement ce dont je me plains.

Question. — Quel genre de transformations lui avez-vous fait apporter ?

G.G. — Rien de très fondamental depuis de nombreuses années. Mais en 1972, le piano a fait une très mauvaise chute. Il a été si endommagé que j'ai cru qu'il était fini. Il a fallu très longtemps avant qu'il redevienne l'instrument merveilleux qu'il avait été. Nous y sommes enfin arrivés grâce à la volonté de Franz, qui était bien décidé à le reconstruire. Cela lui a pris sept ans, pendant lesquels j'ai fait la plupart de mes enregistrements sur d'autres pianos.

Au tout début, quand j'ai commencé à l'utiliser, nous avons essayé d'accentuer la tendance qu'il avait déjà à produire un son mince, clair et brillant. Je voulais aussi une mécanique bien plus légère que celle qu'on trouve généralement chez Steinway. On a rapproché les marteaux des cordes pour obtenir une attaque plus immédiate. Ce faisant, on perd évidemment un petit peu de volume, mais cela n'a pas d'importance pour l'enregistrement. Ce genre d'ajustement vous donne une meilleure maîtrise contrapuntique. Une fois qu'on s'y est fait, c'est un vrai bonheur.

Question. — Dans la même interview que nous citions plus haut, vous avez dit que vous pourriez enseigner à n'importe quel étudiant réceptif tout ce qu'il y avait à savoir du piano en une demi-heure. Quel serait le contenu exact de ce que vous diriez pendant cette demi-heure ?

G.G. — Là, je crois bien que je vais m'esquiver. Non pas que je croie que ce soit quelque chose d'irréalisable. Mais j'ai toujours évité de me retrouver dans une situation pédagogique quelconque, pas seulement parce que je ne suis pas sûr d'apporter une contribution utile, mais parce que je trouve qu'en explicitant le processus qui fonctionne pour soi, on encourt le risque de prendre une conscience trop claire de ce qu'on est en train de faire, ce qui est un facteur d'inhibition de la spontanéité du rapport mental qu'on a avec ce processus. Je ne voudrais pas que cela m'arrive. Malgré tout, je pense honnêtement que ce que je disais est vrai. J'avais d'ailleurs ajouté qu'il y fallait une condition : que la personne avec laquelle vous alliez passer cette demi-heure ait une mémoire parfaite et une concentration absolue. Mais je reste persuadé que d'un point de vue mécaniste, cette mystique du travail, seize heures par jour collé à son piano, est de la foutaise. C'est un complot de la part des professeurs de piano !

Comprenez-moi bien : je n'ai jamais voulu dire qu'il fallait rien moins qu'une vie entière pour réussir à vraiment penser la musique dans son rapport avec le fait qu'on joue du piano ; mais simplement qu'en ce qui me concerne l'aspect mécaniste de la chose a relativement peu d'importance ; qu'on doit pouvoir en faire le tour très rapidement. Une fois qu'on en est débarrassé, il s'agit d'en venir au problème essentiel qui est de donner un sens à la musique. Je n'ai donc pas cherché à insinuer qu'il existait un raccourci pour devenir un bon musicien. Bien au contraire. Disons que j'ai un tout petit peu exagéré en parlant d'une demi-heure. Il aurait sans doute été plus réaliste de dire quarante-cinq minutes. Toujours est-il qu'il s'agissait d'une déclaration anti-mécaniste et non pro-mécaniste.

Question. — Autrement dit, vous trouvez que c'est perdre son temps que de faire des gammes, des tierces et des sixtes ?

G.G. — Absolument.

Question. — Et vous pensez que le processus mécanique par lequel il faut bien passer devrait rester intuitif ?

G.G. — Pas exactement. Je suis personnellement très conscient de ce que je fais. Et c'est précisément pour cette raison que je trouve la sur-organisation dangereuse.

Par ailleurs, j'ai toujours pensé qu'il n'y avait rien de plus absurde que d'être l'esclave d'un instrument et de faire des gammes à longueur de temps. Tout d'abord, sauf à jouer un morceau qui n'est constitué que de gammes en ut majeur, chaque situation qu'on affronte est nouvelle. Mais bien plus que cela, lorsqu'il s'agit de faire passer de la musique sur un instrument, on doit être capable d'établir une connexion immédiate qui rend tout travail de ce genre inutile. Pas une seule fois dans ma vie, je n'ai inscrit un doigté sur une partition. Je sais que c'est ainsi que la plupart des gens opèrent, mais cela m'a toujours sidéré. Je n'arrive même pas à comprendre pourquoi en prendre la peine. En fait, cela m'exaspère de voir une partition autre que vierge de tout doigté. De temps à autre, par pure malice, je joue quelque chose d'après les doigtés inscrits par quelqu'un d'autre, pour voir ce qui se fait. Quelles drôles d'idées ces gens peuvent avoir ! C'est ridicule. Ou plutôt, pour être juste, cela me semble ridicule à moi, car je suis sûr que cela marche parfaitement pour celui qui les y a mis, de même que mes propres doigtés, si je les écrivais, sembleraient irrémédiablement personnels à qui que ce soit d'autre. Néanmoins, je crois sérieusement qu'on doit instantanément connaître le doigté applicable par la simple lecture d'une partition. Aucun besoin du piano pour cela. Bien sûr, à l'occasion, on peut tomber sur un passage diaboliquement maladroit, qui soit tellement contraire à la nature du clavier qu'il faille élaborer un petit système de doigté bien précis et spécifique. C'est rare mais cela arrive. Mais justement, c'est dans de tels cas qu'on ne peut attendre aucune aide d'une systématisation académique. Il s'agit de trouver une solution à chaque situation nouvelle telle qu'elle se présente. Mais l'idée de mettre un doigté pour chaque note ! Je n'ai jamais joué la même chose trois fois de la même manière. Que qui que ce soit procède autrement me paraît du domaine de l'inconcevable.

Question. — Donc, lorsque vous jouez un morceau, vous vous appuyez sur une mémoire analytique plutôt que musculaire.

G.G. — Évidemment ! Pour vous en donner un bon exemple, une bonne partie de l'année dernière, je n'étais pas satisfait de la répétition de la mécanique de mon piano. Franz était en vacances et ne pouvait venir le réparer tout de suite, mais des séances d'enregistrement étaient prévues au même moment. J'ai donc dû utiliser un autre piano, pratiquement neuf, qui venait d'arriver à Toronto : un très bon Steinway, mais typique de ce qu'on fait chez Steinway. Je ne cherche pas à dénigrer, mais le piano en question était complètement différent de ce à quoi je suis habitué. Il était hors de question d'utiliser le même type de doigtés. La mécanique avait un poids tout autre. Je n'arrive pas à imaginer de ne pas tenir compte de toutes les variables qui entrent dans l'équation du jeu, y compris des différences de mécanique. L'idée qu'il puisse exister une sorte de formule magique de doigté applicable en toutes circonstances est simplement ridicule.

Question. — Puisque les gammes ne vous semblent pas de bon conseil, que faites-vous lorsque vous n'avez pas joué pendant quelques semaines ? Il vous faut bien quelques heures pour vous remettre en doigts ?

G.G. — Jamais de la vie. Lorsque je n'ai pas touché le piano depuis longtemps (cela arrive d'ailleurs très fréquemment : il suffit que je n'aie pas d'enregistrement et que je sois occupé à d'autres projets divers), les meilleurs moments sont ceux où je me remets au piano. C'est en de tels instants que je prends vraiment du plaisir à jouer. Non pas que je déteste le reste du temps, mais il y a là une sorte d'accueil, de bienvenue, la joie de se retrouver chez soi.

Je n'ai jamais compris l'histoire des doigts rouillés dont on parle, car durant toutes ces semaines où je ne touche pas le piano, il ne se passe pas d'heure où je n'aie quelque musique en tête, qui se trouve instantanément traduite en un système de doigté spontané quelconque. Dès que je pense à quelque chose que je suis en train d'étudier dans une partition, je l'associe automatiquement à une approche tactile spécifique ; cela sans même en être conscient. C'est justement pour cela que je n'aime pas en parler à tort et à travers. Ce processus de pensée fait partie d'une image générale ; il est hors de doute qu'en même temps qu'un concept analytique, le cerveau intègre des considérations très pratiques lorsqu'on examine une partition. Par conséquent, l'idée d'aller se mettre au piano et de travailler pour aboutir à ce genre de résultat m'a toujours paru très étrange. Inversement, on peut fort bien se mettre au piano pour d'autres raisons. Ainsi, en vieillissant, je m'aperçois que j'ai tendance à me mettre plus fréquemment qu'auparavant au piano juste avant une séance d'enregistrement pour simplement lire une fois d'un bout à l'autre à l'instrument les partitions que je suis censé enregistrer. Cela permet de tester un certain nombre de problèmes d'équilibre structurel et de proportions.

Cependant l'objectif de ce genre de lecture de la première à la dernière note n'est pas de se donner les moyens de refaire quelque chose de comparable dans le studio d'enregistrement. Il ne s'agit pas d'entériner la mystique de la « grande ligne », prônée par ceux qui affirment le caractère illégitime sinon immoral de tout enregistrement fragmenté. Je crois très fermement qu'on doit être capable de couper en n'importe quel endroit le morceau qu'on est en train d'enregistrer, tout en sachant donner à chaque fragment une cohésion absolue avec la totalité de l'œuvre. Je crois qu'on doit être capable de faire fonctionner les inserts les plus infimes dans le contexte général de l'œuvre, précisément parce qu'on a à tout moment une vision complète de ce contexte, de la même manière qu'on a à tout moment une vision complète des doigtés utilisés. Affirmer le contraire reviendrait à dire qu'un acteur ne pourrait jouer *Hamlet* que d'un bout à l'autre, comme s'il était impossible d'extraire la tirade « To be or not to be » et de lui donner autant d'intensité et d'authenticité que celles qu'elle aurait dans le contexte intégral de la pièce. Prétendre cela serait évidemment absurde.

Question. — Cela veut-il dire que lorsque vous jouez une œuvre d'un bout à l'autre, vous ne vous concentrez pas sur la « grande ligne » ?

G.G. — Si bien sûr, et justement avec une concentration telle qu'ultérieurement, au moment de l'enregistrement, il ne me sera pas nécessaire de la jouer d'une traite et de dire qu'il est immoral de faire 162 collures. J'ai une vision si claire de la totalité que je peux très bien faire un insert N° 32, prise 17, qui n'est que de deux notes et jouer ces deux seules notes de manière à ce qu'elles se conforment parfaitement à la ligne générale que j'ai en tête.

Dès mes premiers enregistrements, j'ai été fasciné par l'idée qu'il était possible de procéder ainsi. Mais je ne l'ai pas vu faire avant 1961, lorsque j'enregistrai le *Concerto* de Schoenberg sous la direction de Robert Craft. Nous enregistrions à Massey Hall, ici même à Toronto, et Craft était en liaison téléphonique avec le directeur artistique en régie. Lorsqu'on nous appelait pour nous dire : « Il nous faut un insert à partir de deux mesures avant L », Craft n'avait pas besoin qu'on lui fasse entendre la prise pour connaître le tempo exact. Il avait la faculté la plus incroyable de se souvenir très précisément du contexte dans lequel l'insert serait finalement monté. Il ne s'agit pas d'une conscience simplement métronomique, mais d'une appréhension structurelle totale. Je n'ai jamais rencontré pareille faculté chez aucun autre artiste. De ce jour-là, j'ai décidé d'apprendre à en faire autant, parce que c'est là tout l'objet de l'idée d'enregistrement.

Question. — Si l'on vous invitait à faire une conférence à la Julliard School, iriez-vous ? Et que diriez-vous aux étudiants ?

G.G. — On ne m'a jamais officiellement invité, et de toute façon j'ai cessé de donner des conférences un ou deux ans après avoir abandonné les concerts. Par conséquent, la réponse serait sans doute non, au grand avantage de la Julliard School d'ailleurs. Pendant des années, j'ai effectivement fait bon nombre de conférences dans des universités variées, mais jamais elles n'ont eu pour sujet le piano ou la musique de piano. Deux d'entre elles ont été consacrées à l'évolution de l'allégro de sonate. Bien que je les aie illustrées d'extraits d'œuvres de Scarlatti, Karl-Philipp Emmanuel Bach, Beethoven, etc., je me souviens que la pièce de résistance consistait en ma propre transcription de la *Huitième Symphonie* de Bruckner. Je ne parlais donc jamais de musique de piano en soi, et ne l'ai jamais fait. S'il fallait que j'aille à la Julliard, je n'ai pas la moindre idée du sujet que j'aborderais.

Question. — Comme tous les pianistes qui sortent de Julliard ont tendance à se ressembler, et qu'en revanche vous ne ressemblez à aucun d'entre eux, vous pourriez peut-être leur donner quelques conseils sur la manière dont ils devraient cultiver leur individualité.

G.G. — J'imagine, mais c'est de la pure spéculation, que si je me trouvais dans une situation de ce genre, je dirais quelque chose comme ce qui suit : « Cessez de vous écouter les uns les autres. Essayez tout au moins de vous faire une idée à vous de chaque partition. Et n'hésitez pas à vous y conformer. Ce n'est qu'après avoir formulé clairement cette idée, sans vous référer à quelque prétendue tradition d'interprétation qu'on essaie de vous imposer, que vous pouvez vous mettre à écouter les autres, collègues et maîtres. » Il me semble que l'écoute des autres, pratiquée préalablement à la formulation d'un concept à soi, ou pire encore pour la remplacer, explique en grande partie ce qu'on donne pour être la continuité d'une tradition pianistique. Il s'agit d'un exercice qui garantit la difficulté qu'il y a pour un interprète à affirmer ce qu'il peut avoir d'intéressant comme individu.

A un certain âge, nous avons tous bien sûr des idoles : pianistiquement, ou peut-être plutôt antipianistiquement, quand j'étais enfant, mon idole était Arthur Schnabel. Il faut bien passer par cette étape, à condition d'en sortir ; car pour un artiste mûr, l'idée qu'il puisse exister un modèle ou un système de pensée auquel il faille adhérer à tout prix, que chaque disque ou interprétation doivent être écoutés pour connaître la vérité sur une œuvre, que plus on s'approche d'une sorte de tradition médiane d'interprétation, mieux on joue, est une idée saugrenue. Je me refuse à penser que l'acte recréateur soit essentiellement différent de l'acte créateur. C'est là le cœur du problème. Je n'imagine pas que quelqu'un puisse se dire : « Je vais faire cela parce que j'ai entendu X, Y ou Z le faire ; mais pour affirmer mon indépendance, je vais jouer l'essentiel comme X, en ajoutant simplement 10 % de ce que fait Y, et en adoptant sans doute le tempo de Z. Ce qui fait que mon interprétation sera légèrement différente des trois sus-nommées, et que personne ne pourra dire que cette combinaison particulière a déjà été essayée. »

Fondamentalement, c'est un processus tellement étranger à la perception de la musique en tant que structure, que cela me paraît littéralement absurde. J'entends bien qu'il existe certains paramètres sur lesquels les systèmes d'interprétation généralement avalisés sont censés reposer. Mais je pense qu'aucun paramètre académique de ce genre ne devrait être imposé — sauf ceux très fondamentaux qui s'appuient sur un sens de ce qui constitue la forme de l'histoire de la musique, à partir de laquelle on peut disposer de certains indices ; c'est ainsi que, pour en revenir au Beethoven de l'*Opus 2,* on sait qu'à l'époque il venait de terminer une série de trois Trios avec piano. Il était donc en train d'écrire de la musique de chambre. Pour moi, le mouvement lent de la *Sonate opus 2 nº 2* est l'un des plus beaux quatuors à cordes jamais écrits. Son paysage mental, et même son image tactile du clavier sont influencés dans cette œuvre par la musique de chambre. Il serait insensé de penser cette œuvre sans quelque référence à un système d'exécution qui implique des coups d'archet et un phrasé d'instrument à cordes.

Question. — Comment peut-on alors développer une approche individuelle de la musique chez un jeune interprète ? Peut-on même l'enseigner ?

G.G. — Je n'en sais rien. Comme je l'ai dit, je ne me suis jamais retrouvé dans une situation pédagogique. Si c'était le cas, ce que je ne souhaite pas, j'imagine que la seule chose à faire qui puisse être profitable serait d'utiliser un magnétophone, d'enregistrer l'étudiant, de lui faire entendre ce qu'il a joué et de lui dire : « Êtes-vous satisfait de ce que vous avez fait, de votre élocution, du rendu final ? Si vous envisagiez cette œuvre comme une œuvre littéraire, ou comme un film, pensez-vous que son allure d'ensemble (qui est plus que le tempo et implique une participation complète et une motivation structurelle) devrait être modifiée pour en faire une expérience plus intéressante ? etc., etc. »

Peut-être cela est-il fait. J'ai tellement peu de contact avec le monde de la pédagogie que j'ignore ce qui se fait. Peut-être ce que je dis là est-il de pratique si courante qu'il n'est même pas besoin d'en faire mention. Pour moi, il n'y a de révélation intéressante que provenant de l'observation de soi-même. La seule chose utile qu'un professeur puisse accomplir est d'exposer l'étudiant à une série de questions, de lui faire comprendre que des questions concernant ce qu'il fait peuvent être posées et que les réponses ne peuvent venir que de lui. Un professeur ne peut rien faire d'autre que de poser des questions, et de mettre l'étudiant dans une situation où il puisse se poser ses propres questions. Au-delà, un professeur n'est plus utile.

Question. — En discutant de ce problème, vous avez parlé de magnétophone et de film, avec lesquels vous avez eu beaucoup affaire depuis des années. Dans quelle mesure diriez-vous que votre manière de jouer a été influencée par l'intérêt que vous leur portez ?

G.G. — Dans une mesure très large, qu'il est naturellement impossible de quantifier. Depuis que j'ai cessé de donner des concerts, j'ai pu mener une vie qui m'a permis de participer à des projets nombreux et variés dans le domaine du film, de la vidéo et de la radio, de manière beaucoup plus fréquente, intense et concentrée qu'auparavant, simplement parce que j'avais du temps disponible pour cela. Quoi qu'il en soit, j'en suis progressivement arrivé à l'idée qu'il est possible d'analyser une structure d'interprétation comme un film. Je trouve même que la terminologie du film s'adapte à merveille au phénomène musical. Par exemple, je peux très bien dire à mon monteur au moment où nous réalisons le montage d'un enregistrement : « Cette collure ne va pas bien marcher ici. Nous avons besoin d'un fondu-enchaîné ; essayons donc l'insert nº 2 de la prise 3, pour voir si c'est à cela que nous allons aboutir, parce que ce que nous avons pour l'instant ressemble trop à un « hard-cut ». Ce n'est pas ce que je veux à cet endroit précis. » Et c'est en procédant ainsi que nous réussissons à créer une interprétation enregistrée satisfaisante.

De plus en plus, donc, j'en suis arrivé à envisager l'enregistrement comme quelque chose qui ressemble à la fabrication d'un film, en ce sens qu'on aboutit à un produit fini en construisant une structure à partir d'éléments fragmentaires. Utiliser la technologie comme une sorte de système de livraison, en en ignorant les implications philosophiques, qui sont bien plus importantes, me paraît tout à fait injustifié. Il se trouve aussi que je suis devenu mon propre directeur artistique, et je m'aperçois vraiment maintenant des possibilités offertes par la bande magnétique et le film. J'ai acquis le sentiment qu'une œuvre trouve une unité plus rigoureuse du fait qu'elle est constituée de nombreux segments disparates mis bout à bout sous un seul chapeau interprétatif. Ce sentiment joue un rôle essentiel dans ma manière d'envisager le processus d'interprétation de la musique. Le montage de mes propres enregistrements est ce qui m'excite le plus, beaucoup plus que le fait de jouer. C'est au moment où il s'agit, après une journée d'enregistrement, d'examiner les « rushes », que je commence à m'amuser. Le travail en studio n'est pas à proprement parler ennuyeux, mais fatigant. C'est du travail. Tandis que le montage est une partie de plaisir.

Question. — Lorsque vous jouez en studio, essayez-vous de donner cinq ou six interprétations différentes qui vous ouvrent une variété de choix au moment du montage ?

G.G. — J'ai longtemps procédé ainsi et en ai fait la description détaillée par ailleurs, concernant une Fugue de Bach. Je suis même passé par une période, dans les années 60, où je recourais à cette méthode systématiquement (si l'on y songe, c'était tout à fait dans l'air au cours des années 60). Il m'arrivait fréquemment à l'époque de quitter le studio en sachant simplement que je m'étais couvert, que je disposais d'au moins une ou deux prises complètes à peu près satisfaisantes et sans fausses notes, mais sans en savoir plus. Depuis, je suis devenu un peu plus pratique. J'ai découvert qu'il existait certaines subtilités qui ne doivent pas dépendre de considérations aussi aléatoires que ce qui est possible au moment de l'enregistrement.

Maintenant, je commence généralement par plusieurs prises complètes d'une œuvre, sauf s'il s'agit d'une sonate, à travailler mouvement par mouvement. Parfois même, si le mouvement est particulièrement long, j'enregistre d'abord l'exposition et m'assure que tous les contrastes nécessaires et autres éléments implicites de cette section sont présents avant d'attaquer le développement. J'enregistre souvent jusqu'à cinq ou six prises, ou même dix, avant d'obtenir celle qui correspond exactement à ce que je recherche. En revanche, il suffira à l'occasion d'une seule prise. Mais en général, si ces prises ont des tempos très divergents, il est impossible de les monter ensemble, surtout pour le répertoire classique et baroque où des disparités de tempo sont carrément inacceptables. Par contre, il est possible d'utiliser de tels contrastes pour la musique post-romantique. Quand j'en enregistre, j'essaie toutes sortes d'interprétations très différentes les unes des autres, qui me donneront ultérieurement une grande variété de choix. Mais même si je ne procède plus ainsi pour le répertoire classique et baroque, mon attitude reste fondamentalement inchangée. Je ne considère pas qu'un disque doive être la représentation sur carte postale d'un concert, ni la momification d'une interprétation ou d'un instant particuliers.

Question. — A part le montage, quelles autres techniques de studio avez-vous expérimentées ?

G.G. — Nous avons utilisé pour le disque Sibelius un dispositif microphonique multiple, à huit pistes. J'y crois beaucoup pour un certain type de répertoire, encore qu'a posteriori je ne sois pas sûr que Sibelius ait vraiment besoin de ce type de chorégraphie sonore. Cela convient beaucoup mieux pour Scriabine. Le fait de replacer le son dans les diverses enveloppes spaciales qui ont un rapport avec lui est tout à fait approprié au système de couleurs qu'il utilise. De fait, dans l'un des films que j'ai réalisés avec Bruno Monsaingeon il y a quelques années, une séquence est consacrée à quelques Préludes de Scriabine auxquels nous appliquions cette technique, et malgré toutes les limites de son mono du film, il m'est pratiquement impossible d'écouter ces mêmes Préludes selon la perspective à double piste traditionnelle.

Question. — Que pensez-vous du Bach de Wendy Carlos ?

G.G. — J'adore. J'ai d'ailleurs fait la première recension de son disque *Switched-on Bach* en 1968. J'ai aussi produit un court documentaire-radio au sujet des implications théologiques de la technologie. Walter (à l'époque) Carlos y parlait de ce qui était nécessaire pour affronter le synthétiseur, des systèmes utilisés, et des paramètres à explorer à l'avenir, tout cela à un niveau purement pratique. En outre, je fis une interview séparée du théologien Jean Le Moyne, quc j'admire beaucoup. Il y évoquait des souvenirs d'enfance, le moteur à vapeur qu'il avait comme jouet, et les observations qu'il fit comme adolescent, errant dans les ateliers de chemins de fer, sur la nature de « l'homme de la vapeur », par opposition à « l'homme de l'électricité ». Au cours d'une des plus miraculeuses interviews que j'aie jamais entendues, il en vint à un concept tiré, je l'imagine, de la théologie du Père Theilhard de Chardin, mais poussé à ses limites. Il y parlait de la « christification de la machine ». Et son exposé, extraordinairement émouvant, est constamment entrecoupé en contrepoint de phrases de Walter Carlos disant : « Ici, j'ai une onde sinusoïdale qui module... »

En entrecoupant ces diverses phrases, je n'essayais pas de produire un effet burlesque, mais d'illustrer le fait que même les considérations les plus bassement pratiques, et les manipulations les plus mécaniques, peuvent se situer à un niveau extrêmement profond. Ce faisant, ces deux hommes, qui n'auraient pas pu être plus différents par le son de leur voix et par leurs préoccupations sur beaucoup d'autres sujets, devenaient un. C'était incroyablement touchant.

L'imagination de Carlos est absolument extraordinaire. Ce n'est pas le cas de tous les gens qui travaillent sur synthétiseur. Mais chez Carlos, le sens musical dépasse tellement les techniques utilisées que lorsque j'écoute ses disques, je me mets à rire tout haut. C'est le meilleur compliment que je puisse faire. C'est un rire de bonheur. Il y a dans le travail de Carlos un sens de l'humour qui me plaît infiniment. Beaucoup d'autres disques de synthétiseurs semblent être faits pour étonner par la simple virtuosité des effets produits. Et elle est étonnante. Mais ce qui est bienvenu dans la plupart des disques de Carlos, c'est qu'ils font plus que de vous étonner. Il me semble que leur objectif n'est d'ailleurs pas tant d'étonner que d'émouvoir. Plus que toute virtuosité, c'est cela qui est remarquable.

DEUXIÈME PARTIE

Compositeurs

William Byrd et Orlando Gibbons

Texte d'accompagnement pour le disque d'œuvres de ces deux compositeurs enregistré par Glenn Gould en 1968.

Trois mesures après le début de la neuvième et dernière variation du *Sellinger's Round* de William Byrd, un seul *si bémol* isolé dans cette œuvre de cent quatre-vingt-deux mesures annonce à la fois la fin du morceau et l'émergence prochaine d'un nouveau système harmonique orienté vers la tonalité, auquel d'ici peu d'années presque toute la musique de l'époque va souscrire. La note en question n'est évidemment pas sans précédent. Nombreux sont les endroits où Byrd en introduit d'autres de même nature — ou ses équivalents modaux — à des carrefours cadentiels similaires. D'ailleurs tous les « accidents » qu'on peut trouver dans la musique des Tudors sont chargés d'une force émotionnelle qu'ils n'atteindront que rarement par la suite avant l'époque de Wagner. Mais ce qui distingue très particulièrement ce *si bémol* est qu'il survient tout d'abord comme dénouement d'une œuvre à laquelle un diatonisme rigoureux ressemblant étrangement à de l'*ut majeur* a été appliqué (encore que cela n'ait pas été fait, inutile de le préciser, au bénéfice de l'*ut majeur* tel que nous le connaissons aujourd'hui). Par ailleurs, il surgit dans le contexte d'une série de variations qui, tout en étant mélodiquement et rythmiquement prodigieusement inventives, ne présentent que des audaces fort modestes sur le plan harmonique, surtout si l'on considère le caractère jovial du thème dont elles s'inspirent.

Inévitablement, une telle note arrive à nos oreilles alourdie de tout le bagage de l'histoire. Entre-temps, la manière qu'a Bach de jeter un pont à la sous-dominante au travers des dernières strettes d'une fugue pour reprendre pied sur une cadence finale de type V-I nous est devenue familière, de même que la manière qu'a Beethoven de télégraphier les derniers paragraphes de ses sonates, quatuors et symphonies. Une oreille élisabéthaine n'y percevait sans doute guère autre chose qu'un cas particulier de contradiction enharmonique, de cette technique d'avancées et de retraites successives typique de la polyphonie modale si suavement mise en œuvre par les grands compositeurs de l'époque. Et il existe aussi à coup sûr dans cette musique maints passages autrement frappants d'entrecroisements chromatiques. On trouve dans la fameuse *Pavane pour Lord Salisbury* de Gibbons un moment d'une expressivité déchirante lorsqu'un *sol* naturel à la voix d'alto vient agacer un *sol dièze* situé au ténor, tandis que par ailleurs l'*Italian Ground* du même auteur fournit au contraire une illustration parfaite des nouvelles notions de compatibilité triadique qui allaient plus tard donner naissance au style baroque.

Aussi la vérité au sujet de ce *si bémol* doit-elle être recherchée quelque part entre ces deux extrêmes. Il est évident que les deux temps qui lui sont impartis ne sont pas de nature à susciter une exégèse en profondeur ; les implications les plus subtiles de ce renversement de polarité harmonique — le système d'armature que les compositeurs baroques et classiques ne manqueraient pas d'inventer pour nous fournir un code — allaient devoir attendre un siècle ou deux avant d'être réellement exploitées. Et cependant, en raison même du splendide isolement qui est celui de ce *si bémol* dans le contexte de l'œuvre, il est à mon avis peu de passages qui illustrent avec autant d'éloquence la transition entre diverses méthodes linguistiques, qui était au cœur même des préoccupations de la fin de la Renaissance.

Tout bien considéré, cette transition ne s'effectuait pas en direction d'un langage plus complexe ou plus subtil, mais plutôt d'un langage fondé (dans ses premières manifestations du moins) sur une syntaxe harmonique presque rudimentaire. Et ce langage, comme on peut le constater au début du XVIIe siècle avec les œuvres de maîtres d'Europe méridionale aussi réputés que Monteverdi par exemple et par comparaison avec les tapisseries invraisemblablement enchevêtrées de la Renaissance auxquelles il succède, paraît le plus souvent gauche, artistiquement défaillant et prévisible.

Monteverdi avait, il est vrai, accepté ce langage comme un fait accompli. Sa déclamation impétueuse en accords parfaits n'en est pas moins traduite avec la ferveur évangélique du nouveau converti ; elle a été créditée, par un curieux coup du sort, d'une influence hors de proportion avec sa stricte valeur musicale. Monteverdi ne fit rien d'autre que de repousser d'un trait de plume les séductions savantes de la technique de la Renaissance pour se lancer à corps perdu dans un type de musique auquel personne ou plus exactement presque personne auparavant ne s'était essayé ; il y a quelque chose d'intrinsèquement amateur dans la musique « progressiste » des dernières années de Monteverdi, et sans doute était-ce inévitable. Je soupçonne qu'avant lui il dut bien exister quelques très médiocres compositeurs qui n'arrivaient pas à percer sur la scène de la Renaissance et qui écrivirent à l'occasion quelque chose du même genre. Si ce fut le cas, leurs exécuteurs testamentaires s'arrangèrent probablement pour que leur production ne laisse pas de trace ; dans le cas de Monteverdi, c'est au contraire ce qui le rendit célèbre. En partie sans doute parce qu'il avait été le premier compositeur non amateur à briser les règles et à s'en tirer ; mais aussi, je le crains, parce qu'il brisa les règles afin de pouvoir se consacrer à un genre musical nouveau : l'opéra. Et cela, à son tour, pourrait bien expliquer pourquoi, jusqu'à ce jour, nous qui vivons dans des pays nordiques plus tournés vers la musique instrumentale, nous sommes parfois portés à considérer l'opéra — et tout spécialement l'opéra italien — comme une forme inférieure de musique et, de manière peu charitable et souvent injustifiée, les grands chanteurs comme autre chose que des musiciens.

La rupture introduite par Monteverdi ne trouva pas son excuse suprême dans le seul domaine de la musique dramatique qu'elle avait pour but de servir, mais aussi dans l'essor d'une pratique harmonique vite codifiée et qui prit le nom de tonalité. Il ne fut bien sûr pas le seul à s'essayer à la musique tonale, mais il fit autour de cela un tapage beaucoup plus considérable que la plupart de ses contemporains et en particulier ceux de ses contemporains du Nord dont l'art et le comportement étaient tempérés par la sobriété relative de la vie sous des climats septentrionaux.

Bien qu'unis par un fumet très caractérisé et impérissable de conservatisme anglais, Byrd et Gibbons ne sont pas oiseaux d'un même plumage [1]. S'ils ont en commun un idiome identique, leur attitude est fort différente ; Gibbons est à Byrd un peu ce que Gustav Mahler est à Richard Strauss : d'un côté l'introspection méditative, de l'autre l'éclat flamboyant. C'est sans doute la raison pour laquelle Gibbons, quoique très réputé comme virtuose parmi ses contemporains, n'apparaît pas à son meilleur avantage dans la musique instrumentale. Byrd au contraire, quoique créateur d'une musique vocale incomparable, est aussi l'un des saints patrons de l'écriture pour clavier. Il est en réalité, avec Scarlatti, Chopin et Scriabine, l'un des compositeurs qui écrivent naturellement pour le clavier, chaque phrase s'adaptant à merveille à la configuration de l'instrument. Toute sa production destinée au clavier, particulièrement abondante, se distingue par une intelligence remarquable de la manière dont la main humaine peut être utilisée avec le maximum d'efficacité. Ainsi que l'atteste la septième variation du *Sellinger's Round,* lui — ou quelques-uns de ses acolytes — avait maîtrisé à la perfection les élans virtuoses des gammes de doubles notes en tierces.

Cependant, il n'était pas compositeur à laisser les roulades se substituer à l'invention. Parmi ses œuvres, on trouve un *Voluntary* « For my Ladye Nevelle » qui est un exercice de contrepoint sévère, tout parcouru de strettes, et que n'aurait pas désavoué Jan Sweelinck. Et pourtant, même dans cette œuvre, l'habileté à exploiter tous les registres instrumentaux est partout en évidence et déploie d'ambitieux stratagèmes pour utiliser les zones du clavier les plus propices à leur mise en valeur. Inversement, dans l'ambiance faussement tranquille et essentiellement mélodique de la *Sixième Pavane et Gaillarde,* des voix internes énoncent des chants insoupçonnés ressemblant par leur carrure à des hymnes, tout en laissant simultanément fureter jusqu'en ses derniers recoins d'insinuantes imitations canoniques du thème.

La musique vocale au contraire fut le véhicule expressif principal d'Orlando Gibbons et, en dépit du contingent requis de gammes et d'ornements divers dans des pages d'esprit aussi peu virtuose que la *Gaillarde pour Lord Salisbury,* on ne peut jamais tout à fait se défendre d'éprouver le sentiment d'une musique suprêmement belle, à laquelle font cependant défaut certains moyens de reproduction idéale. A l'instar de Beethoven dans ses derniers Quatuors ou de Webern à presque chaque instant, Gibbons apparaît comme un artiste de caractère si intransigeant que ses œuvres, au moins celles écrites pour clavier, semblent plus faites pour la mémoire ou pour

1. Jeu de mot intraduisible sur le nom de Byrd (*Bird :* oiseau en anglais.)

l'œil que pour l'oreille, comme si l'intercession du son n'était plus nécessaire.

Au cours de la première décennie du XVIIe siècle néanmoins, Orlando Gibbons composait des Hymnes et des Motets aux cadences aussi directes et éloquentes que celles imaginées par Bach un siècle plus tard pour célébrer sa foi luthérienne, une musique possédée d'une étonnante intelligence de la psychologie du système tonal. Mais Gibbons, comme tout Anglais qui se respecte, évita la voie de l'aventure ; tout en étant parfaitement apte à faire usage des techniques nouvelles, sa nature répugnait aux attraits d'une vie menée dangereusement à la Monteverdi. Malgré tout, de temps à autre, lorsque l'esprit soufflait en lui et que le contexte lui paraissait s'y prêter, il laissait se créer un conflit singulier, ambivalent, entre les voix en présence, détour de dernière heure contournant tout ce qui dans la texture était précis, compact et évolutif. Il y laissait ainsi la marque de son empreinte et de ses expériences passées et, ce faisant, portait à leur point d'incandescence les implications du *si bémol* de William Byrd.

Jean-Sébastien Bach, le Clavier bien tempéré et la Fugue

Introduction à une édition du Clavier bien tempéré *publiée par AMSCO Music Publishing Company en 1972.*

Bach a toujours écrit des fugues. Aucune autre activité, aucune autre recherche ne convenaient mieux à son tempérament. Rien ne permet d'évaluer avec plus de précision l'évolution de son art. On l'a toujours jugé sur ses Fugues. Dans les dernières années de son existence, il continuait à en écrire alors que les préoccupations de l'avant-garde de son temps étaient orientées vers des intentions plus exclusivement mélodiques ; on se débarrassait de lui comme d'une relique d'un âge ancien et moins éclairé. Et quand s'amorça ce grand mouvement de masse en sa faveur au début du XIXe siècle, ses partisans étaient des romantiques bien intentionnés qui voyaient dans les chœurs formidables et glaciaires de la *Passion selon Saint Matthieu* ou de la *Messe en Si Mineur* des énigmes insolubles et quasi injouables, mais malgré tout dignes de dévotion à cause de la foi qu'ils exsudaient avec une ferveur si manifeste. Comme des archéologues qui auraient excavé le substrat de quelque culture perdue, ils étaient impressionnés par ce qu'ils découvraient, mais encore plus satisfaits d'avoir été à l'origine de la découverte. Pour une oreille du XIXe siècle, ces chœurs farcis de modulations ambivalentes ne pouvaient en aucune manière répondre aux canons de la stratégie tonale classique ou romantique.

Même aujourd'hui, nous qui croyons saisir les implications de l'œuvre de Bach et la diversité de son élan créateur, nous reconnaissons dans la fugue le forum premier où s'exerçait son activité. Chaque texture exploitée par lui semble destinée à un traitement fugué. Le plus innocent petit air de danse ou le thème choral le plus solennel semblent exiger une réponse, attendre une volée de contrepoint qui trouve dans la technique fuguée sa plus complète réalisation. Chaque combinaison sonore vocale ou instrumentale choisie par lui semble taillée de manière à pouvoir être greffée d'une multitude de réponses et paraît privée de quelque chose tant que ces réponses n'ont pas été fournies. Même dans les moments les plus débonnaires, dans les cantates dont le sujet est le commerce du café, ou dans les petits airs notés pour Anna Magdalena, on sent que se cache sous la surface une situation fuguée potentielle. On ressent chez lui une gêne presque visible ou audible lorsqu'il doit réprimer à l'occasion le style fugué qui lui est habituel pour s'associer à la recherche simpliste d'un conformisme modulatoire et d'un contrôle thématique, à laquelle s'adonnait par priorité sa génération.

La fugue pourtant n'allait pas subir une éclipse avec la mort de Bach. Elle continua à représenter un défi pour la jeune génération de compositeurs qui étaient en train de grandir, sans le savoir encore, dans son ombre. Mais on la retirait progressivement de la circulation, car si par hasard on s'en servait encore, c'était pour obtenir une conclusion à effets à la fin d'œuvres chorales de grande envergure, à moins que des mélodistes en herbe ne l'utilisent comme thérapie pédagogique pour enrichir leurs basses d'Alberti singulièrement maigrelettes. Elle avait cessé d'être au centre de la pensée musicale, et une « overdose » de fugue pouvait coûter sa réputation et son succès public à un jeune compositeur. A l'âge de la raison, la fugue était devenue essentiellement déraisonnable.

La technique de la fugue peut être venue plus facilement à Bach qu'à d'autres ; c'est néanmoins une discipline dont on n'acquiert pas la maîtrise du jour au lendemain. A preuve, les premières tentatives de Bach dans ce domaine, dont on a le témoignage avec les fugues contenues dans les Toccatas, qu'il écrivit vers l'âge de vingt ans. Interminablement répétitives, rudimentairement séquentielles, ayant désespérément besoin d'équarrissage, elles succombent fréquemment aux boursouflures harmoniques contre lesquelles le jeune Bach eut à lutter. La simple présence d'un sujet et d'une réponse semblait suffire à satisfaire ses exigences d'alors qui manquaient d'esprit critique.

La première des deux fugues contenues dans la *Toccata en ré mineur* pour clavecin ne réitère pas moins de quinze fois dans un ton identique la même proposition thématique de base :

Dans de telles œuvres, les aspects inventifs de la fugue étaient nécessairement asservis à l'examen de la fonction modulatoire de la tonalité, et, malgré le penchant contrapuntique dominant de cette génération, rares étaient les fugues qui établissaient une forme correspondant aux exigences du matériau thématique.

Car tel est d'ailleurs le problème historique de la fugue : elle n'est pas une forme en soi, comme c'est le cas de la sonate, ou tout au moins du premier mouvement de la sonate classique. Elle est bien plutôt une invitation à inventer une forme en rapport avec les exigences particulières de la composition envisagée. La réussite de l'écriture fuguée dépend du degré auquel le compositeur sait renoncer à des formules en faveur de la création d'une forme. C'est la raison pour laquelle la fugue peut être soit la plus routinière, soit la plus stimulante des entreprises tonales.

Un demi-siècle sépare les premiers essais maladroits de Bach dans le genre de ceux, tardifs et volontairement anachroniques, qui allaient donner naissance à l'*Art de la Fugue*. Bach mourut avant l'achèvement de l'œuvre, mais non sans s'être engagé sur la voie d'un gigantisme fugué qui, du moins pour ce qui est de la durée, n'a pas eu d'équivalent jusqu'aux essais d'exhibitionnisme néo-baroques de Ferrucio Busoni. Malgré ses proportions monumentales, un sentiment de retrait envahit cette œuvre. Bach en fait s'écartait des préoccupations pragmatiques de la création musicale pour se retirer dans un monde idéalisé d'intransigeante invention. L'un des aspects de ce retrait est le retour à une conception quasi-modale de la modulation ; rares sont les occasions dans cette œuvre que Bach investit de cet instinct infaillible de retour à la tonalité qui prévalait dans ses compositions antérieures, moins vigoureusement didactiques. Le style harmonique de l'*Art de la Fugue*, quoique d'un chromatisme luxuriant, est en réalité moins contemporain que celui de ses essais fugués précédents. Dans sa démarche nomade, il emprunte tous les méandres de la carte tonale, et se réclame fréquemment de la descendance spirituelle de Cipriano di Rore ou de Don Carlo Gesualdo.

Bach y exploite les rapports harmoniques fondamentaux dans un dessein de continuité et de détente structurelle ; certains segments d'importance majeure de l'une des fugues multithématiques s'achèvent même parfois sur une solide cadence à la dominante. Mais cette œuvre fluide et souvent modulante n'est que rarement empreinte du déterminisme harmonique résolu qui était la marque notoire de l'écriture fuguée de la maturité de Bach. Dans l'intervalle séparant l'époque tâtonnante de Weimar de celle du retranchement intensément concentré qui a donné naissance à l'*Art de la Fugue*, Bach a écrit des centaines de fugues, qu'elles soient ou non ainsi désignées. Il les a conçues pour toutes sortes de combinaisons instrumentales possibles, et elles révèlent une technique contrapuntique d'une aisance confondante qui se situe aux confins de la perfection. Les deux Livres du *Clavier bien tempéré* avec leurs quarante-huit Préludes et Fugues en constituent l'archétype. Cette œuvre prodigieusement bigarrée parvient à établir un rapport entre continuité linéaire et sécurité harmonique, qui échappait auparavant totalement au compositeur et qui ne joue qu'un rôle mineur dans l'*Art de la Fugue*, en raison de son parti-pris anachronique. Le flair tonal dont Bach fait preuve dans ces œuvres semble épouser inexorablement le matériau traité et son dispositif modulatoire est si considérable qu'il lui permet de donner du relief à toutes les sinuosités thématiques de ses sujets et contre-sujets. Grâce à une telle perfection d'homogénéité conceptuelle, Bach perd non seulement toute inhibition stylistique, mais va jusqu'à se permettre de redéfinir son vocabulaire harmonique en fonction de chaque morceau.

La toute première Fugue du *Premier Livre* du *Clavier bien tempéré* par exemple ne s'autorise que les plus modestes modulations mais caractérise de manière très ingénieuse, truffée qu'elle est de strettes, le sujet de la fugue, un modèle de suavité diatonique et de correction académique :

D'autres Fugues comme celle en mi majeur du *Deuxième Livre* font montre d'une réticence analogue à moduler. Mais ici, Bach est d'une fidélité si tenace à son thème de six notes, et il choisit de nous le révéler selon un programme modulatoire si discret, qu'on a l'impression de voir surgir le fantôme intense et ardemment antichromatique de Heinrich Schütz :

Il existe d'autres fugues dotées de sujets plus longs et plus élaborés, dans lesquelles le démêlement du mystère thématique est inséparable d'un plan modulatoire magistral. La Fugue en si bémol mineur du *Second Livre* en est un bon exemple.

Ici un motif en spirale très vigoureux de quatre mesures traverse les étapes habituelles de l'exposition, mais tandis que les trois voix restantes font leur entrée, Bach minimise le dilemme de son accompagnement en retenant comme contresujet une série de demi tons alternativement ascendants et descendants :

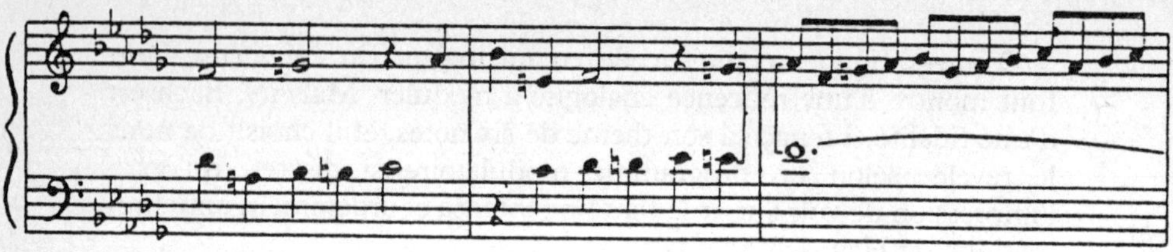

Bach tire par la suite d'appréciables dividendes de cette voix subsidiaire sans prétention et apparemment servile, car ce qu'il a à l'esprit est d'un ordre tout différent de celui des Fugues en ut majeur et mi majeur sus-mentionnées. Il dispose son matériau sous des angles et des éclairages harmoniques très variés, et met en lumière des phénomènes structurels qui lui sont latents à chacun des principaux carrefours modulatoires. Ainsi, lorsqu'à l'aide d'un fondu-enchaîné il énonce le thème pour la première fois dans une tonalité majeure *(ré bémol)*, apparaît un duo en canon entre le thème, maintenant bien installé à la voix soprane, et son imitation à la basse, à un temps et deux octaves plus une note de distance. Pendant cet épisode, le contre-sujet chromatique quitte temporairement la scène ; il est remplacé par des voix subsidiaires qui y apposent leur propre commentaire quasi canonique :

Aucune sonate et aucun concerto des générations ultérieures n'ont jamais préparé leur champ thématique secondaire à l'aide d'une série d'événements aussi judicieusement rationnés. Car pour Bach, qui pense selon un schéma rococo, il ne s'agit aucunement là d'un champ secondaire ; ce n'est qu'une des nombreuses étapes du chemin continu qui lui permet d'établir un rapport absolu entre thème et modulation.

Son retour à la tonique est signalé par la première d'une série d'expositions du sujet en inversion.

Ultérieurement, on aura droit à une présentation simultanée du thème original et de son inversion :

A la suite de quoi, dans un dialogue chromatique et suave des voix internes, Bach s'embarque sur une suite de modulations dont on pourrait presque dire qu'elles sont en état de promiscuité. Mais il faut bien qu'en temps voulu la rectitude tonale finisse par prévaloir, et, pour conclure, le compositeur renonce catégoriquement à toute ingérence étrangère et reste solidement campé dans la tonalité originale de si bémol mineur. Pour qu'il ne subsiste aucun doute quant au caractère absolument inséparable des aventures harmoniques de ce morceau et des révélations successives magnifiquement calculées de son motif original, Bach conclut sur un énoncé simultané du thème sous ses formes originale et inversée en une exhibition effrontément virtuose de doubles tierces :

On trouve souvent dans le *Clavier bien tempéré* une réelle communion d'intérêt et d'esprit entre les fugues et les préludes qui les précèdent. Parfois certains préludes ne sont rien d'autre qu'un préliminaire prosaïque en forme d'étude ; j'aurais tendance à faire entrer les Préludes en ut majeur et ut mineur du *Premier Livre* dans cette catégorie. En revanche, rien ne pourrait s'identifier plus complètement au caractère méditatif et mélancolique de la Fugue à cinq voix en ut dièse mineur du *Premier Livre* que son prélude langoureux et rêveur. A l'occasion, les Préludes eux-mêmes ont une orientation fuguée ; c'est le cas de celui en mi bémol majeur du *Premier Livre* ; en dépit de son absence d'égards pour les propriétés expositionnelles académiques, il présente une texture fuguée très enchevêtrée qui rejette dans l'ombre la fugue plutôt spécieuse et conventionnelle qu'il préface. Parfois encore, Bach utilise le prélude pour s'essayer aux raffinements bien formulés de structures binaires équilibrées offrant l'occasion d'une altercation thématique, et qui étaient devenus la préoccupation principale de la plupart de ses collègues. (Le Prélude en fa mineur du *Deuxième Livre* évoque certaines des créations les moins complaisamment tactiles du Signor Scarlatti.)

Comme l'*Art de la Fugue*, le *Clavier bien tempéré* a été, en tout ou en partie, joué au clavecin ou au piano, par des ensembles à vent ou à cordes, par des orchestres de jazz et par au moins un groupe vocal, aussi bien que sur l'instrument (le clavicorde) dont il porte le nom. Et cette magnifique indifférence à une sonorité spécifique quelconque n'est pas le moindre des attraits par lesquels se manifeste l'universalité de Bach.

La plupart des quarante-huit Préludes et Fugues du Clavier bien tempéré ont néanmoins une très réelle conscience tactile, et, en l'absence de sondage précis, on peut dire sans grande chance de se tromper que la majorité de ses exécutions sont données sur un piano moderne. On ne peut donc pas éluder complètement certaines considérations qui ont trait à la manière d'utiliser cet instrument à son égard.

Tout au long du XXe siècle, on a débattu pour savoir jusqu'à quel point le piano pouvait s'adapter aux exigences de cette partition. D'un côté, il y a ceux qui disent que « si Bach avait connu le piano, il l'aurait utilisé ». L'argumentation contraire s'appuie sur l'idée que puisque Bach n'avait pas pu tabler sur une technologie future, il avait écrit dans le cadre des sonorités qui lui étaient familières.

Il est clair que les méthodes de composition de Bach se distinguent par une évidente abstraction instrumentale. Il ne s'aide d'aucun instrument à clavier particulier pour composer. Il est extrêmement douteux que son sens de la contemporanéité eût été modifié de façon appréciable si son catalogue d'instruments domestiques avait été complété par les claviers à « mécanique accélérée » dernier cri de Monsieur Steinway. En même temps, on peut porter au crédit de l'instrument à clavier moderne le fait que son potentiel sonore — sa faculté de produire un legato soyeux et flatteur — puisse être aussi bien réduit qu'exploité, qu'on puisse en user comme en abuser. A part un souci d'authenticité d'archives, il n'y a en vérité rien qui empêche le piano contemporain de représenter fidèlement les implications architecturales du style baroque en général et de celui de Bach en particulier.

Une approche de ce type rend bien entendu nécessaire une attitude discriminante vis-à-vis des questions d'articulation et de registration qui sont inséparables des méthodes de composition de Bach. Elle exige au minimum qu'on se rende bien compte qu'une utilisation immodérée de la pédale amènera inévitablement le navire de « l'ambition contrapuntique » à venir se briser sur les rochers du legato romantique. Elle exige également à mon avis qu'on s'astreigne à un certain degré de simulation des registrations conventionnelles du clavecin, ne serait-ce que parce que la technique qui détermine la manière dont Bach envisage les thèmes et les phrases est fondée sur une idée de dialogue dynamique. Si on parlait en termes cinématographiques, cela reviendrait à dire que l'attitude de Bach serait celle d'un metteur en scène qui penserait en plans « cuts » plutôt qu'en enchaînés.

Il existe également des moments dans ses œuvres où la continuité linéaire est d'une telle ténacité qu'il est impossible d'y trouver la moindre cadence clairement articulée. Par conséquent, elle ne permet pas de modification convaincante du toucher qui serait l'équivalent au clavecin de la mise en œuvre d'un jeu de luth ou d'un changement de clavier.

De telles situations sont très fréquentes dans l'*Art de la Fugue*, et excessivement rares dans les Fugues des Toccatas ; dans le *Clavier bien tempéré*, leur fréquence varie d'une œuvre à l'autre, car elle dépend des prémices harmoniques utilisées pour chaque morceau. (Dans une Fugue comme celle en ut majeur du *Premier Livre*, le continuel chevauchement des strettes rend l'affermissement de tels points pivots plus difficile que dans la Fugue en si bémol mineur du *Second Livre* par exemple).

Cela pose des problèmes indéniables d'adaptation lorsqu'on joue les chefs-d'œuvre du baroque sur un instrument contemporain. Mais il s'agit là de considérations essentiellement pratiques, qu'un exécutant consciencieux se doit de chercher à résoudre, quelle que soit l'idiosyncrasie de la solution proposée. Idéalement pourtant, de tels problèmes devraient jouer un rôle de catalyseur dans l'effort exubérant de communication re-créatrice qui constitue le bonheur suprême vers lequel toutes les considérations analytiques et toutes les conclusions argumentées doivent tendre.

Mozart — une vision personnelle
Glenn Gould en conversation avec Bruno Monsaingeon

C'est en 1976 que Glenn Gould me demanda si nous pourrions mettre en forme nos nombreux échanges de vue au sujet de Mozart. Il connaissait mon affection très profondément ressentie pour ce compositeur et imaginait qu'une conversation « formelle » entre nous lui permettrait de faire le point sur les objections fondamentales qui étaient les siennes vis-à-vis de Mozart aussi bien d'ailleurs que de toute musique conçue de manière dramatique.

Nous enregistrâmes donc chez lui quelques heures de conversation au magnétophone, que nous poursuivîmes ensuite, selon son habitude, à d'innombrables reprises au téléphone, nuitamment et à travers l'Atlantique. Il me fit parvenir par la suite une version rédigée de ces entretiens pour que je puisse y apporter les quelques retouches qui m'apparaîtraient nécessaires. Cette première version fut publiée dans la revue Piano Quaterly. *Une autre version, plus complète, devait ultérieurement paraître comme notice d'accompagnement pour le coffret de l'intégrale des* Sonates *de Mozart qu'il venait d'enregistrer pour CBS. L'adaptation en français présentée ci-dessous est un montage des deux versions successives de nos entretiens.*

Bruno Monsaingeon. — Avant tout Glenn, j'aimerais vous donner ici une chance de clarifier un certain nombre de points :

Avez-vous effectivement énoncé tous les jugements outrageants sur Mozart qui vous sont attribués ?

Est-il vrai que vous n'aimez pas sa musique ?

Croyez-vous sérieusement que c'est un compositeur « médiocre », qu'il est mort trop tard et non trop tôt ?

Glenn Gould. — Eh bien Bruno, toutes ces citations sont assez fidèles pour nous donner une bonne hypothèse de travail, à condition de les nuancer quelque peu.

Tout ce que je déteste vraiment chez Mozart date de ses dernières années : des œuvres comme *La Flûte enchantée* ou la *Symphonie en sol mineur*...

B.M. — En somme, tous les grands chefs-d'œuvre !

G.G. — Si vous voulez. Par contre, il y a pas mal de choses qu'il a écrites entre vingt et vingt-cinq ans que je tolère sans trop de difficultés... Des œuvres du genre de *L'Enlèvement au Sérail* me laissent assez froid mais ne me dérangent pas du tout comme musique de fond.

B.M. — Merci pour lui !

G.G. — Je vous en prie. Puis-je ajouter cependant que j'ai beaucoup d'affection pour une grande partie de la musique qu'il écrivit adolescent, de sorte qu'il me paraîtrait plus juste de dire que Mozart est *devenu* un « compositeur médiocre » et bien sûr, si je dis qu'il est mort trop vieux, cela ne doit pas être compris comme une réaction peu charitable à son décès prématuré ; cela ne consiste qu'à rejeter toutes les spéculations du genre de « Songez à ce qu'il aurait pu faire s'il avait vécu soixante-dix ans ».

B.M. — Vous concéderez pourtant que pour tous ceux d'entre nous qui aiment Mozart et qui comptent ses dernières œuvres parmi les expériences les plus sublimes de la musique, ce genre de spéculation est peut-être futile mais inévitable.

G.G. — Évidemment et je m'y prête moi-même au sujet de Pergolèse. Mais si Mozart avait vécu soixante-dix ans, il serait mort un an avant Beethoven, deux ans avant Schubert, et mon sentiment est que si je me base en gros sur la trajectoire des trois cents derniers numéros du catalogue Köchel, il aurait terminé comme compositeur quelque part entre Weber et Spohr.

B.M. — Mais c'est ridicule et vous le savez bien!

G.G. — Absolument pas; je crois vraiment que c'est la pente qu'il avait prise; je ne détecte sérieusement rien dans la personnalité de Mozart qui l'aurait poussé dans la direction de quelque chose qui ressemble à la *Grande Fugue* de Beethoven par exemple.

B.M. — Vous ne pensez tout de même pas qu'il serait devenu un « compositeur médiocre » pour la simple raison qu'il n'évoluait pas, comme Beethoven, dans une direction d'avant-garde?

G.G. — Bien sûr que non. Je crois que vous et moi sommes au moins d'accord sur un point : c'est que la mode et l'esprit du temps n'ont pas leur place en musique. Si Mozart avait gelé son style aux environs de l'époque où il quittait Salzbourg, et s'il s'était contenté de produire encore trois cents numéros sans changement perceptible de langage, ça m'irait parfaitement bien. Il m'arrive pourtant d'essayer d'imaginer la réaction qu'aurait eue Mozart devant une œuvre comme la *Grande Fugue*, s'il avait pu l'entendre. Je parierais volontiers qu'il aurait réagi plus ou moins comme Richard Strauss devant l'*Opus 16* de Schoenberg.

B.M. — C'est amusant si vous voulez mais ne fait guère avancer notre discussion. Que diriez-vous d'abandonner ce genre de spéculation et d'en revenir aux faits?

G.G. — D'accord.

B.M. — Avez-vous toujours eu la même attitude vis-à-vis de Mozart? Après tout, lorsque vous appreniez le piano, on a bien dû vous forcer à étudier et à jouer ses œuvres?

G.G. — A les étudier? C'est sûr. Ce que j'éprouvais à l'époque était une sorte de stupéfaction. Je n'arrivais pas à comprendre comment mes professeurs et d'autres adultes que je connaissais, qui avaient apparemment l'air d'être sains d'esprit, pouvaient voir dans ces œuvres quelques-uns des trésors de la musique occidentale. Quant à les jouer, je dois dire qu'à l'occasion et pour mon propre amusement, j'aimais assez. Il y a à faire courir ses doigts tout au long de gammes et d'arpèges une sorte de plaisir tactile que vous procurent aussi d'ailleurs plus ou moins Clementi, Scarlatti ou Saint-Saëns...

B.M. — Admettons que je n'aie rien entendu...

G.G. — Ne vous méprenez pas ! J'admire beaucoup Saint-Saëns, surtout quand il n'écrit pas pour le piano.

B.M. — N'y a-t-il pas eu d'accident particulier qui vous ait éloigné de Mozart quand vous étiez étudiant ? Aucun de vos professeurs ne vous a-t-il jamais laissé entendre que vous ne le jouiez pas avec la compréhension et le sentiment requis ?

G.G. — Pas à ma connaissance. Ceci dit, je ne me rappelle pas non plus que mes professeurs aient été particulièrement satisfaits de la manière dont je jouais Mozart. Mais si leur enthousiasme avait été un critère décisif, j'aurais fini par détester Bach plus que tout. A l'époque, mon entourage trouvait mon Bach horriblement d'avant-garde, pour la bonne raison que j'évitais tout contact avec la pédale. Mais pour peu qu'on puisse en parler ainsi, le seul « incident » se rapportant à Mozart dont je me souvienne concerne ma première rencontre avec la *Sonate K.333...*

B.M. — Vous aviez une dizaine d'années ?

G.G. — Oui, tout juste. Je devais probablement faire le malin et me conduire comme le vilain garnement que j'étais sans aucun doute ; toujours est-il que je déclarai à mon professeur que je n'arrivais pas à comprendre pourquoi Mozart laissait passer tant de possibilités canoniques évidentes dont il aurait pu doter la partie de la main gauche.

B.M. — Autrement dit, vous étiez contre les basses d'Alberti.

G.G. — Instinctivement oui. En conséquence, j'ai eu droit à tous les souvenirs d'enfance de mon professeur et au rôle que Mozart y avait joué. Il me dit qu'enfant, il avait pour la première fois succombé aux charmes de Mozart en restant éveillé toute une nuit à écouter ses parents travailler au piano du salon la transcription pour piano à quatre mains de la *Quarantième Symphonie.*

B.M.— Connaissiez-vous la Symphonie en sol mineur *à l'époque ?*

G.G. — Je l'avais déjà entendue, et je la haïssais. Je me souviens que je ne voyais pas comment elle aurait pu convertir qui que ce fût à Mozart. J'ignorais à ce moment-là qu'elle était l'objet d'une vénération universelle. Tout cela m'est resté car la *Symphonie en sol mineur* présente l'exemple parfait de qualités que je trouve inexplicables chez Mozart.

B.M. — Vous ne vous attendez pas à ce que j'acquiesce bien gentiment à ce que vous dites.

G.G. — Non. J'en serais très surpris. Je sais bien que c'est moi qui suis perdant en l'occurence. Toujours est-il que quand il s'agissait du problème relativement sérieux de mettre sur pied un programme d'études, je me suis toujours débrouillé pour substituer à Mozart du Haydn dernière manière ou du Beethoven première manière. En fait, je n'ai jamais joué Mozart en public avant ma vingt-cinquième année.

B.M. — Mais même enfant, vous deviez bien vous rendre compte que vos opinions sur Mozart n'étaient pas communément partagées ?

G.G. — Non, pas au début. Je crois que jusqu'à treize ans environ, j'étais à peu près persuadé que tout le monde voyait tout comme moi. Par exemple, il ne me serait même pas venu à l'esprit que quelqu'un puisse ne pas partager ma passion pour les ciels gris et couverts ; et ce fut un choc de découvrir qu'il existait effectivement des gens qui préféraient le soleil. Encore aujourd'hui c'est quelque chose qui me semble incompréhensible mais c'est une autre histoire.

B.M. — Y a-t-il un lien entre ces deux découvertes dans votre esprit ? Donnez-vous votre aval à la manière dont on voyait Mozart au XIXe siècle, comme quelqu'un de doté d'une nature avenante, d'un tempérament ensoleillé ?

G.G. — Tout à fait. Je pense que la tendance du XIXe siècle de prendre Mozart au premier degré est bien plus proche de la vérité que la manière d'envisager les choses du XXe siècle, qui croit que tout sert de masque à son contraire. Et sans doute avez-vous raison, j'ai certainement dû faire une association entre ces deux concepts ; il m'a toujours semblé qu'il y avait quelque chose de pas très sérieux dans le fait de jouer Mozart et qu'un ciel couvert ou à défaut un endroit bien clos était une condition nécessaire pour jouer quoi que ce soit avec la concentration requise. D'ailleurs je me souviens d'un incident qui m'a violemment traumatisé lorsque j'avais à peu près douze ans : Arthur Schnabel, qui était mon idole, était venu donner un récital à Toronto et avait mis à son programme la *Sonate K.333.*

B.M. — Cela a dû être une révélation pour vous !

G.G. — Je n'en sais rien car je n'y suis pas allé. Malgré les exhortations de mon professeur, je refusai d'assister au concert ; tout cela fut la cause de crises de larmes et de nerfs, je n'arrivais pas à comprendre comment Schnabel avait pu me laisser tomber de cette manière.

B.M. — Y eut-il pourtant à cette époque des pianistes qui vous firent impression par leur façon de jouer Mozart ?

G.G. — Pas comme Schnabel me subjuguait avec son Beethoven ! Mais je pense que c'est dû aux limitations expressives du répertoire mozartien...

B.M. — ... ou à ce que vous ressentiez comme tel.

G.G. — D'accord, mais par contre je me souviens avec grand plaisir de quelques-uns des magnifiques 78 tours de Concertos de Mozart (je les ai encore dans ma collection) par Robert Casadesus et... était-ce l'orchestre des Concerts du Conservatoire de Paris ?

B.M. — Je crois que oui.

G.G. — ... et aussi des disques d'Eileen Joyce.

B.M. — Je ne l'ai jamais entendue.

G.G. — Oh vous savez, elle jouait Mozart avec une vraie dévotion. Même moi j'étais en mesure de le reconnaître. Tout récemment j'ai réentendu son vieil enregistrement de la *Somate K.576* à la radio, pour la première fois depuis vingt ans, et cela m'a fait penser à nouveau quelle extraordinaire pianiste elle était en réalité.

B.M. — Qu'en est-il des chefs d'orchestre?

G.G. — Aucun des « stylistes » mozartiens de l'époque, Bruno Walter, par exemple, ou éventuellement Sir Thomas Beecham, ne m'ont jamais intéressé au même degré que les spécialistes de Beethoven, comme Weingartner. D'un autre côté, le plus grand chef mozartien que j'aie jamais entendu était déjà en activité à l'époque, même s'il n'était pas du tout connu en Amérique.

B.M. — De qui s'agit-il?

G.G. — De Joseph Krips.

B.M. — Vraiment?

G.G. — Et comment! Il était d'ailleurs élève de Weingartner.

B.M. — C'est exact.

G.G. — Je ne fis sa connaissance, personnellement ou comme chef, que dans les années 50, mais découvris alors qu'il avait une faculté prodigieuse d'aborder des structures qui sur le papier me semblaient peu praticables, et à l'écoute plutôt ennuyeuses, comme les *Symphonies* de Bruckner, par exemple, et d'en donner une interprétation à vous laisser pantois.

Ainsi avec la *Septième* de Bruckner : elle a des moments superbes mais ne résiste pas vraiment en tant que structure d'ensemble à une analyse un peu fouillée. Eh bien, Krips lui donnait une allure qui vous faisait croire au caractère inévitable des séquences les plus redondantes, et sa manière de phraser était telle que les figures rythmiques les plus prévisibles paraissaient essentielles. C'était un peu comme si vous voyiez un film policier où tous les fils de l'intrigue sont parfaitement agencés. Et son Mozart était, est exactement à la même enseigne. Je ne peux pas imaginer que les disques des Symphonies qu'il enregistra avec l'orchestre du Concertgebouw datent jamais. Il y a là quelque chose de tout simplement magique. A mon avis Krips fut le chef le plus sous-estimé de sa génération. Un bon nombre d'autres manieurs de la baguette pouvaient bien atteindre un même degré de précision, Szell, Reiner et consorts, mais Krips avait quelque chose en plus.

B.M. — Je suis bien d'accord, mais est-ce que ce quelque chose a un nom ?

G.G. — Je ne crois pas. Krips était fondamentalement et dans le meilleur sens du terme quelqu'un de très simple. Je sais bien que certains de mes collègues l'ont toujours trouvé un peu naïf ; mais c'est aussi inexact que peu charitable ; c'était simplement quelqu'un qui avait une foi aveugle en ce qu'il s'apprêtait à faire, et s'il vous parlait de musique — que ce soit de Mozart ou de Mahler —, ce qu'il disait était toujours fondé sur une connaissance intimidante, tellement elle était profonde, de la partition, et pourtant les mots qu'il utilisait pour décrire ce qui le pénétrait étaient la plupart du temps remarquablement anodins. Jamais il n'aurait été gêné à l'idée d'utiliser un cliché si un cliché était justement ce qu'il lui fallait pour expliquer ce qu'il voulait dire. La combinaison d'une pénétration si profonde et d'une innocence presque enfantine dans l'expression produisait un effet verbal extraordinaire : pour moi c'était comme d'écouter un grand théologien qui fût en même temps un homme profondément pieux — ce qui bien sûr ne va pas nécessairement de pair — ou d'entendre l'exégèse d'un point de doctrine passablement obscur expliqué de telle sorte que, toute possibilité de doute soit — momentanément du moins — exclue.

B.M. — Est-ce le genre de choses qui se passaient lorsque vous jouiez avec Krips ?

G.G. — Absolument. Il n'était en aucune façon un autocrate. On était toujours libre de faire des suggestions. De fait, je me rappelle l'avoir une fois persuadé de ce que quelques-unes des indications de nuances marquées par Beethoven dans le mouvement lent du *Concerto en si bémol* n'avaient pas de sens, et il demanda aux membres de l'orchestre de changer leurs parties en conséquence. Quoi qu'il en soit, quand vous vous asseyiez au piano pour commencer un concert avec lui, il se passait alors un moment que je ne pourrais qualifier autrement que de quasi hypnotique. Il échangeait avec vous un regard qui vous signifiait qu'un processus inexorable venait d'être mis en mouvement — un processus auquel vous ne pouviez que coopérer irrésistiblement — et que, en fin de compte, tout se déroulerait comme il faut. Et puis il abaissait sa baguette, c'était parti, tout allait bien. Magique !

B.M. — Mais alors ce dut être une expérience extraordinaire pour vous de jouer Mozart avec lui ?

G.G. — Je n'ai jamais joué Mozart avec lui.

B.M. — Comment cela ?

G.G. — J'avais peur, c'est aussi simple que ça, je savais que tous mes arguments contre Mozart ne convertiraient jamais Krips — il est tout bonnement impossible de dire à un Viennois que Mozart est un compositeur médiocre — et d'un autre côté je savais aussi que son amour pour Mozart était quelque chose que je ne serais jamais capable de partager. Il me semblait qu'une collaboration sur un terrain où cet amour serait compromis par ces sortes d'œillères intellectuelles que j'étais bien obligé de porter pour jouer Mozart, aboutirait à une sorte de désacralisation. Pas de Mozart — peu m'importait — mais de cet amour lui-même qui permettait à Krips de faire des choses miraculeuses avec cette musique.

B.M. — Peut-être sentiez-vous que vos réserves au sujet de Mozart s'effondreraient confrontées à une pareille expérience ?

G.G. — Non, je sentais que mes réserves resteraient probablement intactes mais peut-être pas mon amitié pour un personnage paternel et d'une autre génération, comme Krips. En fait, le plus près de ce qui pourrait ressembler à une collaboration mozartienne avec lui eut lieu autour d'une tasse de thé au début des années 60, dans sa suite d'un hôtel de Toronto où il était venu diriger un concert. A cette époque, nous avions déjà joué tous les *Concertos* de Beethoven ensemble, pour la plupart avec le London Symphony Orchestra. Krips voulait depuis longtemps que nous fassions des Concertos de Mozart et tous mes bons prétextes commençaient à s'épuiser. Pour tout compliquer, je venais d'enregistrer à titre presque expérimental mais avec un autre chef le *Concerto K.491*...

B.M. — L'ut mineur...

G.G. — ... oui, et Krips était au courant de l'enregistrement...

B.M. — ... et se demandait sans doute pourquoi vous ne l'aviez pas fait avec lui ?

G.G. — C'est bien probable ; je crois qu'il n'a jamais complètement saisi à quel point mes réticences à jouer Mozart avec lui étaient purement fondées sur la peur. Quoi qu'il en soit, Krips insista soudain pour chanter le *K.491* — il n'y avait pas de piano dans la pièce — de la première à la dernière note. Il avait en mémoire la presque totalité de la littérature musicale austro-germanique et n'avait donc pas besoin de partition. Je devins donc le basson ou les violoncelles et Krips chanta ou mima les parties des autres instruments de notre orchestre imaginaire et je ne crois pas avoir été jamais aussi proche d'aimer Mozart qu'autour de cette tasse de thé.

B.M. — Mais si vous vous étiez décidé à expliquer à quelqu'un comme Krips pourquoi exactement vous n'aimiez pas Mozart, comment vous y seriez-vous pris ?

G.G. — Vous voulez dire sans faire de diplomatie ?

B.M. — Oui, sans vous embarrasser de questions de déférence due à son âge, à son...

G.G. — Mais c'est justement le problème, quelqu'un comme Krips représentait, pour moi en tout cas, le résultat net de près de deux siècles de culte mozartien ; il est très difficile de dire à quelqu'un de ce genre que vous pensez qu'il a cru en un faux dieu pendant toute son existence. On ne sait par où commencer en réalité.

B.M. — Pourquoi ne pas essayer en tout cas ?

G.G. — Je pense que je commencerais par avouer que j'ai un trou noir d'environ un siècle pour ce qui est de la musique. L'*Art de la Fugue* d'un côté, *Tristan* de l'autre, en constituent en gros les lignes de démarcation. Tout ce qui se situe entre ces lignes n'est au mieux pour moi qu'objet d'admiration et non d'amour.

B.M. — Tout?

G.G. — Peut-être pas tout à fait ; il y a des exceptions : quelques œuvres de Haydn ou des fils de Bach sans aucun doute ; le côté bucolique de Beethoven du genre du premier mouvement de l'*Opus 101* et tout l'*Opus 28*; en fait je viens d'enregistrer cette Sonate et je ne peux rien imaginer de plus envoûtant et de plus consistant dans leur beauté que ces textures rédigées comme un quatuor ; c'est une œuvre enchantée. Et puis je ferais sûrement une exception pour la *Grande Fugue* qui n'a rien de bucolique mais reste néanmoins pour moi l'un des miracles de toute la musique. Il y a enfin Mendelssohn, du moins tout ce qui n'est pas sa musique de piano. Je crois vous avoir déjà dit un jour que je dois être l'une des rares personnes à préférer son Oratorio *Paulus* à la *Missa Solemnis.*

B.M. — Si je me souviens bien, je crois vous avoir répondu que cela me laissait sans voix.

G.G. — C'est exact, mais en gros l'essentiel de la musique qui se situe entre la fin de Bach et la seconde moitié de la production wagnérienne me laisse au mieux plus froid que chaud.

B.M. — Cela fait pas mal de choses.

G.G. — Oui pas mal.

B.M. — Tous les premiers romantiques...

G.G. — ...en excluant Mendelssohn...

B.M. — ...en excluant Mendelssohn mais en incluant Schubert, Chopin, Schumann...

G.G. — ...absolument.

B.M. — Et tout ce qu'on appelle le roccoco et les « classiques »

G.G. — A l'exception de ceux que j'ai indiqués plus haut.

B.M. — D'accord, vous avez mentionné Haydn, Beethoven et les fils de Bach, mais j'ai cru comprendre que même là, vous ne sauviez qu'un petit nombre d'œuvres. Par exemple, en tant que violoniste, il faut bien que je vous demande ceci : comment réagissez-vous à une œuvre comme le Concerto pour violon *de Beethoven ?*

G.G. — De manière assez négative j'en ai peur. Pour vous dire la vérité, vous avez mis le doigt sur une œuvre qui m'exaspère littéralement. Mais il est vrai aussi que toute cette période centrale de sa production qui correspond à une explosion de son moi chez Beethoven — L'*Appassionata*, le *Concerto pour violon*, la *Cinquième Symphonie*, etc. — toutes ces œuvres auto-satisfaites, répétitives et faites de progressions dramatiques trop voulues, m'ennuient à pleurer. Pour moi, c'est l'un des petits miracles de la vie de constater que ces œuvres ont un pareil pouvoir d'attraction sur les gens...

B.M. — ... et l'ont toujours eu.

G.G. — Dans ce cas, c'est même l'un des petits miracles de l'histoire. Quoi qu'il en soit, ce sont les œuvres qui se situent des deux côtés de cette période, de cette deuxième manière si l'on veut, que je trouve véritablement intéressantes. Mais j'ai bien peur que nous nous éloignions de Mozart.

B.M. — Pas vraiment. J'ai l'impression que je commence à comprendre, d'après les exemples que vous citez — qu'il s'agisse de Beethoven, de Mendelssohn ou des autres — quelques-unes de vos réserves au sujet de Mozart.

G.G. — Tant mieux, car si j'ai ouvert cette parenthèse sur mon « trou noir », c'était pour replacer mes réserves au sujet de Mozart, comme vous les appelez, dans un contexte plus large. Il ne s'agit pour ainsi dire que d'une objection parmi beaucoup d'autres.

B.M. — Je crois percevoir un dénominateur commun à vos objections ; ne serait-ce pas que tout ce que vous semblez aborder avec amour plutôt qu'avec admiration, pour reprendre votre expression, a une présence contrapuntique, un profil linéaire, très affirmés ?

G.G. — C'est tout à fait exact, mais je pense qu'il faudrait ajouter que je ne considère pas nécessairement que l'existence d'une sorte de fugue perpétuelle soit une condition indispensable de la jouissance musicale, encore qu'une telle fugue perpétuelle serait effectivement délectable.

B.M. — Mais vous semblez à tout le moins exiger un sens très affirmé de l'indépendance des parties, que l'écriture soit fuguée ou non. J'ai l'impression que c'est la raison pour laquelle vous n'aimez pas — je préférerais dire ne comprenez pas — une œuvre comme le Concerto pour violon *de Beethoven, alors que vous adorez la* Sonate opus 28 *dont la texture a, comme vous l'avez dit tout à l'heure, la consistance d'une écriture de quatuor.*

G.G. — Tout à fait, et je crois savoir d'où cela vient, Bruno. Depuis ma plus tendre enfance, j'ai toujours trouvé que la musique qui me touche le plus profondément est une musique à base de chorals ou d'hymnes. Et il n'est pas besoin que ce soient des chorals élaborés et chromatiques annonçant les techniques sérielles, du genre de « Es ist genug[1] », ce peut aussi bien être la variété la plus courante des chorals méthodistes du XIXe siècle comme le « Reste avec moi Seigneur » par exemple ; en fait, j'ai souvent affirmé que pour moi la plus belle minute de toute la musique, celle qui m'hypnotise littéralement, est l'hymne de Orlando Gibbons intitulé « Thus angels sang »[2]. Je serais totalement incapable de compter le nombre de fois où j'ai fait dérouler ces quelques mesures dans mon cerveau, où je les ai jouées au piano ou écoutées, chantées par le Deller Consort ; sûrement des centaines, probablement des milliers de fois. Quoi qu'il en soit, ce que cela suggère à mon avis, en laissant de côté les liens affectifs particuliers qui m'attachent à cette musique et sur lesquels nous ne devrions pas nous attarder, sous peine de nous laisser entraîner bien loin...

B.M. — ... mais dont je soupçonne qu'ils ne sont pas pour rien dans l'orientation de vos goûts.

1. Choral de J.-S. Bach cité par Alban Berg dans le *Concerto à la Mémoire d'un Ange.* (N.d.T.)
2. N.d.T. — « Et ainsi les anges chantaient. »

G.G. — Sans aucun doute... mais je pense en somme que c'est un type puritain de conduite des voix plutôt que le contrepoint au sens académique du terme qui représente la clef de mon univers musical personnel; c'est là l'élément qui me permet de réagir à *Paulus,* à l'*Opus 28,* aux *Métamorphoses* de Strauss ou à l'*Opus 9* de Schoenberg avec une ferveur à peu près équivalente. Toutes ces choses ne font que me remémorer un certain prototype d'expérience musicale et affective que je porte avec moi depuis l'enfance.

B.M. — C'est là une explication très claire de votre manière de réagir à certains phénomènes mais cela implique que, pour autant que ces principes déterminent votre façon de voir les choses, vous ne serez jamais à même d'accepter la nécessité de l'élément décoratif dans la musique de Mozart ou d'ailleurs de qui que ce soit. Or, sans cela, et en particulier dans le cas de Mozart, on ne peut pas vraiment comprendre la musique.

G.G. — Mais je ne prétends pas comprendre Mozart; une des choses que je ne peux vraiment accepter en tout cas, c'est que l'élément mélodique soit disjoint de son environnement harmonique. Or le fait d'insister tout particulièrement sur des dons mélodiques spécifiques — qu'on l'applique à Bellini, à Mozart ou à qui que ce soit — tend la plupart du temps précisément à cela. Souvenez-vous par exemple de ces quelques mesures du deuxième mouvement du *Concerto K.482 :*

Mes objections à ce genre de progression harmonique ne se limitent pas au préjugé général que j'ai contre les progressions séquentielles ; elles touchent plus au fait que, dès que Mozart prolonge harmoniquement la séquence au-delà de la dominante de la sus-tonique, et au-delà du *mi* naturel pour la mélodie — disons plutôt la mélodie *de facto* puisque les deuxièmes violons prennent le relais des premiers à cet endroit —, il se débrouille pour compromettre la gravité tonale de la phrase, ce qui a pour résultat, en ce qui me concerne, de faire de l'intervalle de *mi* naturel à *ré* naturel l'équivalent musical d'un crissement de craie sur une ardoise. Cela me hérisse littéralement.

B.M. — Qu'auriez-vous suggéré qu'il fasse à la place ?

G.G. — Oh si j'avais pu, j'aurais commencé par lui demander de supprimer cette séquence pour qu'il ne se retrouve pas dans une pareille impasse.

B.M. — Et à supposer qu'il faille l'accepter comme un fait accompli ?

G.G. — Dans ce cas-là, la seule solution qui me paraisse envisageable serait de faire suivre l'accord d'*ut majeur* d'une référence de transition à *ut mineur*, et de donner ainsi un support au *ré* naturel à l'aide de quelques facteurs de la dominante de la médiante, de sorte que la fonction de cette zone à l'intérieur de la phrase soit au moins clarifiée. Quelque chose de ce genre :

A moins que vous ne préfériez une variante à la Mendelssohn ou éventuellement à la Hummel, avec des implications canoniques :

En faisant cela, vous introduisez bien sûr un nouvel élément rythmique qui change quelque peu le caractère de la phrase, mais au moins la craie cesse de crisser sur l'ardoise.

B.M. — Mais ce que vous faites en réalité consiste à utiliser des éléments qui sont déjà implicites dans la phrase et à les rendre explicites.

G.G. — Je vous jure Bruno que je suis tout à fait acquis à l'ambiguïté mais à la condition qu'elle marche avec son contexte, à la condition que le climat harmonique auquel une œuvre correspond soit en mesure de fournir une explication parfaitement claire de tous les facteurs, quels qu'ils soient, qui restent implicites. Or je ne crois pas du tout que ce soit le cas ici. Je veux dire que si Bruckner par exemple avait écrit cette séquence, elle resterait une séquence de mauvaise qualité, mais nous pourrions au moins soutenir que le climat harmonique de l'œuvre de Bruckner — le niveau de chromatisme qu'on peut s'attendre à trouver de part et d'autre d'une progression de ce type — pourrait conditionner l'oreille ou l'esprit de l'auditeur à prendre en compte le complexe de la phrase comme si ces éléments implicites étaient déjà en place. Mais rien dans le langage de Mozart ne nous conditionne à cela. D'un autre côté, bien que je vous aie déjà dit que je détestais la *Quarantième Symphonie,* l'un des moments que je préfère de tout Mozart se trouve précisément dans cette œuvre : c'est l'extraordinaire progression de sixtes descendantes non accompagnées qui se trouvent immédiatement après la double-barre dans le finale :

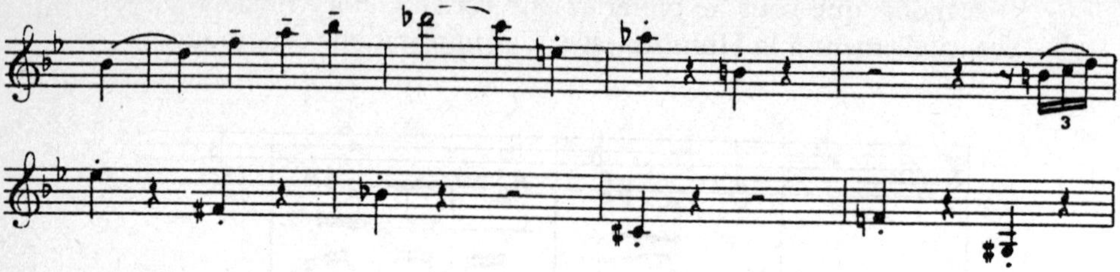

B.M. — J'espère que vous ne prenez pas mon silence pour un acquiescement.

G.G. — Ne vous en faites pas. Mais l'important est que cet exemple d'ambiguïté ne me pose pas de problème parce que dans son contexte il fonctionne admirablement ; la question de savoir si Mozart aurait su le faire fonctionner autrement que dans une séquence non accompagnée reste à voir. Quoi qu'il en soit, je n'ai évoqué ce passage que parce que je pense qu'il est impossible de traiter une mélodie, accompagnée ou non, sans se préoccuper de la signification harmonique d'une situation donnée ; c'est tout simplement hors de question.

B.M. — Ce que j'avais à l'esprit était un concept tout autre de l'ornementation. Je pensais au côté bel canto *du style mozartien : les traits, les trilles et les arpèges pour lesquels je vous soupçonne, quelle que soit la solidité de leur contexte harmonique, d'avoir des objections de principe.*

G.G. — C'est exact ; je crois que Mozart a vis-à-vis de l'ornementation une attitude très facile ; on a le sentiment de quelque chose de purement arbitraire ; que dès lors que les mains semblent agréablement utilisées, n'importe quel autre remplissage aurait fait l'affaire. C'est rarement le cas avec Haydn ; quant à Beethoven, à l'exception des œuvres de la deuxième manière, il vous convainc presque à coup sûr que ses éléments de figuration ont une fonction organique ; en fait, il a tellement de réticence à distinguer son matériau d'ornementation de son matériau thématique, que ses thèmes sonnent parfois comme les figurations de quelqu'un d'autre.

B.M. — Mais ne serait-il pas juste de dire que vos objections vis-à-vis de Mozart concernent au moins autant des questions de forme que de figuration mélodique ou de progression harmonique ? Je veux dire par là que j'ai parfois l'impression que vous avez tendance à appliquer arbitrairement le principe schoenbergien de la « variation-développement » à toute musique, que cela convienne ou non.

G.G. — Je ne l'admets qu'avec réticence, mais vous avez raison Bruno, c'est la vérité. Tout ce que cela suggère, c'est que je suis sans doute plus sur mon terrain avec une musique inductive qu'avec une musique déductive ; en d'autres termes, avec une musique dont la structure formelle s'identifie avec l'évolution d'une idée ou d'un complexe d'idées thématiques spécifiques, plutôt qu'avec une musique dans laquelle on force les matériaux utilisés à rentrer dans le cadre d'un schéma formel préalablement établi. On pourrait inventer un jeu de société qui consisterait à classer toute musique selon ces deux catégories ; dans cette hypothèse, la plupart des fugues de Bach seraient inductives...

B.M. — ... ou même tout ce qui est fugue en général ?

G.G. — Essentiellement oui, encore que des morceaux comme les gigues fuguées qui terminent certaines Partitas souscrivent à des formules harmoniques binaires plus ou moins fixes. Mais il est vrai que l'idée même de fugue est un concept formel essentiellement inductif — au moins sur un plan harmonique — et que ce qu'on entend généralement par allegro de sonate ne l'est pas.

B.M. — Quelle serait à votre avis l'œuvre inductive suprême ?

G.G. — Oh je n'en sais trop rien ! La réponse correcte serait probablement qu'elle n'a pas encore été écrite. Mais si nous prenons ce qui existe, je voterais soit pour la *Grande Fugue,* soit pour une œuvre comme l'*Erwartung* de Schoenberg. D'un autre côté, on pourrait dire d'un morceau comme la *Suite pour piano* opus 25 de Schoenberg qu'elle est écrite sur une idée inductive dans un cadre déductif, alors assez de ce jeu, mais vous avez raison : il m'est parfois effectivement très difficile de comprendre la raison pour laquelle le concept de l'allegro de sonate a si bien pris. Je veux dire par là que si on observe le phénomène d'un point de vue historique, on pouvait raisonnablement s'attendre à ce qu'une pareille tentative simplificatrice finisse par émerger du style baroque ; mais je continue à me demander pourquoi celle-là, ou plus précisément pourquoi seulement celle-là.

B.M. — Parce qu'elle ne représente pas qu'un processus de simplification. Elle est aussi un processus d'organisation dramatique.

G.G. — Dans ce cas, j'admets volontiers que sans l'allegro de sonate, Thomas Mann n'aurait jamais écrit *Tonio Kröger,* pas plus que Strauss n'aurait pu composer *Till Eulenspiegel* sans des emprunts à la forme du rondo classique.

B.M. — J'espère que vous trouvez d'autres vertus à la forme sonate que celles-là.

G.G. — Bien entendu. Mais vous êtes en train de me mettre dans une position dangereusement défensive.

B.M. — Ce que vous venez de dire, en plaisantant ou non, m'aide à saisir pourquoi vous jouez les sonates, et surtout les premiers mouvements de sonates, comme vous le faites ; pourquoi par exemple vous ne relâchez pratiquement jamais le tempo, aussi peu que ce soit, lorsque vous en arrivez au deuxième thème. Si vraiment vous ne voyez dans l'allegro de sonate rien d'autre qu'une « simplification » de l'architecture baroque, ce genre d'impulsion dramatique ne peut guère vous traverser l'esprit. Et dans ce contexte je peux également comprendre pourquoi, vous me l'avez souvent dit, la question du choix d'un tempo n'a qu'une importance toute relative pour vous. C'est quelque chose que vous avez démontré de manière assez évidente avec la Sonate K.330 *en l'enregistrant à deux reprises. Dans votre enregistrement mono originel, vous adoptez et de loin les tempi les plus lents que j'aie jamais entendus, et inversement pour votre version stéréo ultérieure.*

G.G. — Puis-je prendre ma propre défense ?

B.M. — Je vous en prie.

G.G. — Eh bien tout d'abord, à propos de la *K.330,* je pense que les deux versions ne font rien d'autre que refléter la vitesse de mon pouls à l'époque où chacune a été faite. Je dois dire qu'en ce moment, j'en reviens à une sorte de préférence pour un tempo lent à la Klemperer, ce qui fait qu'actuellement je me sentirais sans doute plus en harmonie avec la première version. Mais pour ce qui est des implications plus générales de ce que vous avez observé, je ne peux appuyer mon argumentation que sur la base de ce qu'on pourrait appeler une théorie de la « distance modulatoire ». Autrement dit : si vous vous trouvez confronté pour la neuf cent quatre-vingt-dix-neuvième fois à une sonate en ut majeur avec un second thème en sol majeur, ce qui en soi n'est un événement harmonique ni rare ni fracassant, surtout si ce thème est amené via l'itinéraire habituel de la dominante, et de tout le reste ; et s'il ne s'agit pas d'un grand événement (je n'entends pas cela seulement à une échelle historique, mais même en se plaçant à l'horizon mental d'un compositeur de l'époque de Mozart, compositeur qui a toutes les chances d'avoir une perspective historique fort limitée et par contre une expérience très étendue qui lui a donné l'occasion d'entendre à la Cour au moins quatre cent quarante-quatre organisations thématiques de ce style et d'avoir été l'auteur de la moitié d'entre elles), s'il ne s'agit pas d'un grand événement, dis-je, eh bien ! je ne vois pas la raison pour laquelle il faudrait essayer de l'infléchir ou de le caractériser comme si c'était le cas.

Maintenant s'il a fallu qu'il passe à travers feux et flammes pour en parvenir à ce point, si un événement authentique et imprévu est intervenu pour faire sortir l'allegro de sonate des balises qui lui sont assignées, il est évident que je suis tout à fait favorable à un changement de tempo proportionné à la magnitude de l'événement en question, que la partition l'indique ou non. Prenons par exemple le premier mouvement de la *Sonate opus 10 nº 2* à l'endroit où Beethoven introduit ce qui va servir de récapitulation dans le ton de la tierce inférieure, soit en *ré majeur* au lieu de *fa majeur.*

Voilà un moment magique qui mérite, à mon avis, un ajustement de tempo très spécial : quelque chose qui permettra au thème principal de prendre ses distances par rapport à lui-même, comme s'il voulait en quelque sorte prendre une photographie par satellite de lui-même, pendant cette merveilleuse phrase en *ré majeur*, avant de réintégrer l'orbite tonale au moment où *ré majeur* cède le pas à *ré mineur* et où s'opère le retour à la tonique de *fa majeur*. Bien sûr aucun changement de tempo n'est indiqué dans la partition mais ce genre de drame harmonique est quelque chose à côté de quoi certainement personne ne peut passer.

B.M. — Est-ce également la raison pour laquelle vous passez outre aux instructions de Mozart de maintenir intact le tempo dans la cadence qui se trouve juste avant la fin de la Sonate K.333 *?*

G.G. — Absolument ; pour moi, cette page à elle seule vaut le prix du billet ; il s'agit d'une cadence et quoi qu'en dise Mozart, je ne peux tout simplement pas imaginer comment il espère que qui que ce soit fonce au travers de la tonique mineure et de sa tierce inférieure sans rétrograder.

B.M. — Mais alors il semble que ce soit toujours le climat harmonique qui détermine votre conception, jamais l'aspect des contrastes thématiques eux-mêmes.

G.G. — Comme je l'ai dit plus haut, Bruno, le format de base du style sonate ne m'intéresse pas tellement ; la question des thèmes masculins et vigoureux à la tonique et des thèmes féminins et doux à la dominante, m'apparaît horriblement chargée de clichés — pour ne pas dire raciste — et quoi qu'il arrive, elle fournit plus une excuse pour des variations de toucher que pour des changements de tempo. Par ailleurs, comme vous le savez, on rencontre souvent exactement l'inverse : des deuxièmes thèmes masculins et agressifs, etc. C'est particulièrement vrai là où les contours thématiques sont identiques comme si souvent chez Haydn, ou qu'ils contiennnent certaines sortes de paraphrases linéaires.

Puisque vous évoquiez la *Sonate K.333*, songez aux similarités de ligne entre les premier et deuxième thèmes du premier mouvement. Ils pourraient être joués dans l'ordre inverse et garder malgré tout un contraste approprié même si leurs différences se situent avant tout dans l'ordre du registre et de la texture plutôt que dans celui du contour thématique.

B.M. — Est-ce que tout cela n'implique pas une certaine rigidité du tempo ? Après tout, lorsque vous jouez du piano, surtout si vous êtes seul, vous n'êtes pas lié par des concepts orchestraux de tempo.

G.G. — Vous ne l'êtes pas, mais à mon avis et tout particulièrement dans ce type de répertoire, vous devriez l'être. J'ai en ce qui me concerne une espèce de devise dont le commandement premier serait que « si on ne peut pas le diriger, c'est qu'il y a quelque chose qui ne va pas », « on » représentant l'auditeur, et « le », n'importe quel morceau de la littérature pour piano d'avant 1900. Cela suppose bien sûr chez l'auditeur une capacité minimum à subdiviser la mesure, mais je dois dire que je trouve vraiment dérangeant, pour ne pas dire plus, d'entendre de la musique des XVIII et XIXe siècles jouée avec une espèce de licence rythmique qui n'a rien à voir avec le rubato, mais bien plutôt avec une attitude rythmique généralisée et diffuse qui semble dériver de l'idée qu'on peut justifier pratiquement n'importe quelle instabilité de tempo par la simple raison que le piano est un objet inerte, incapable de protester et de refuser sa coopération comme ce serait presque inévitablement le cas de la part de musiciens d'orchestre.

B.M. — Quel rapport entre tout cela et votre interprétation de la Sonate en la majeur *de Mozart ? C'est peut-être à mon avis le plus intéressant de vos enregistrements de Mozart ; mais vous y adoptez un bon nombre de tempos vraiment très bizarres.*

G.G. — Sans doute, et j'imagine que l'exceptionnelle lenteur de la « Marche turque » est ce qu'il y a de plus évidemment tel.

B.M. — C'est le moins qu'on puisse dire, mais je pensais avant tout au premier mouvement, dans lequel chaque variation est prise à un tempo différent...

G.G. — ... et aussi à un tempo plus rapide que la variation qui précède, pour autant que je m'en souvienne...

B.M. — ... et dans lequel, en dépit des instructions très explicites de Mozart, vous jouez la cinquième variation, qu'il marque adagio, comme un allegro.

G.G. — Tout à fait, c'est l'avant-dernière variation, donc, selon le schéma que j'ai utilisé, elle ne doit le céder en terme de vélocité qu'à la variation finale qui clôt le mouvement. L'idée qui sous-tend cette interprétation était que puisque le deuxième mouvement de la sonate en question est une sorte de nocturne en forme de menuet plutôt qu'un mouvement lent traditionnel, et puisque le tout est livré avec ce curieux morceau d'exotisme réminiscent de l'*Enlèvement au Sérail* qu'est le « rondo alla turca », on a affaire à une structure plutôt inhabituelle qui permet de laisser de côté virtuellement toutes les conventions de l'allegro de sonate.

B.M. — Y compris celle qui veut qu'on maintienne une continuité de tempo ?

G.G. — Précisément ; j'admets que ma réalisation du premier mouvement est quelque peu personnelle...

B.M. — C'est le moins qu'on puisse dire. Votre manière d'articuler le thème au début ferait presque croire que vous vous apprêtez à mettre en œuvre une espèce de variante inversée de votre théorie modulatoire. Pensez-vous que la mélodie était si connue qu'elle n'avait pas besoin d'être entendue à nouveau ?

G.G. — Ce n'est pas si mal vu, oui. Je voulais — si je puis invoquer le nom de Webern une fois encore — la soumettre à une dissection à la Webern, isoler ses éléments fondamentaux les uns des autres, et miner délibérément sa continuité thématique. L'idée était que chaque variation successive servirait à restaurer cette continuité et ferait par voie de conséquence moins figure d'intrus comme élément décoratif et d'ornementation.

B.M. — Si chaque Sonate de Mozart avait possédé une série similaire de mouvements non conventionnels, est-ce que votre tâche en aurait été facilitée ?

G.G. — Je ne crois pas ; il se pourrait qu'elle eût requis « une plus grande quantité de pensée » pour citer — mal — l'une des oraisons funèbres à propos de John Donne ; elle aurait surtout été plus amusante à entreprendre.

*B.M. — Il m'est toujours apparu que, pour ce qui est de sa production pianistique, les Sonates de Mozart présentaient un terrain incomparablement moins riche, fécond et varié, que ses Concertos. Dans cette perspective, je comprends mal pourquoi, ayant enregistré les Sonates, vous vous êtes toujours refusé, à l'exception de l'*ut mineur, *à faire de même avec les Concertos.*

G.G. — Le problème déborde largement le cadre de Mozart. En fait, je n'aime vraiment jouer aucun concerto. Le concerto opère dans une ambiance comparative et compétitive, et c'est ce qui me gêne le plus à son sujet. Il se trouve que je crois que c'est la compétition bien plus que l'argent qui est à la racine du « Mal ». Le concerto offre l'analogie musicale parfaite de ce qu'est l'esprit de compétition. Je fais bien évidemment exception pour le concerto grosso...

B.M. — ... je parierais volontiers qu'il en va de même de l'Opus 24 *de Webern...*

G.G. — ... et du *Concert pour violon, piano et quatuor opus 21* de Chausson. Mais très sérieusement, tout ce qui se situe entre, à l'exception de quelques parodies de concerto comme les *Variations* de Dohnanyi ou la *Burlesque* de Strauss, que je trouve irrésistibles, me semble, de mon point de vue idéologique particulier, suspect. La clé de mon désenchantement réside probablement dans ce qu'on pourrait appeler la double dichotomie (on croirait à un titre d'émission de jeux télévisés) selon laquelle la division du travail purement mécanique qu'on trouve dans le concerto classique vient se superposer à la dichotomie déjà si prévisible de la relation entre premier et deuxième thèmes de la sonate.

B.M. — J'espère ne pas vous offusquer si je vous dis que ce genre de critique sociopolitique me semble terriblement vieux jeu.

G.G. — J'en suis navré. C'est bien sûr le résultat musical qui m'intéresse en premier lieu mais, vieux jeu ou pas, les perspectives extra-musicales sont le seul moyen que j'aie d'essayer de trouver un fondement moral à ce dont nous parlons.

B.M. — Dois-je en conclure que le problème du concerto se résume finalement à une question de moralité ?

G.G. — Pour moi, cela ne fait aucun doute.

B.M. — Il paraît évident que beaucoup des qualités qui font de votre manière de jouer Mozart une expérience inhabituelle proviennent de votre intérêt pour les conventions baroques : par exemple la façon dont vous minimisez ou même ignorez complètement les différences de dynamique, la façon dont vous refusez parfois de tenir compte d'indications très claires de tempo, la façon dont votre appétit contrapuntique vous contraint à altérer ou à « corriger » très fréquemment la conduite des voix.

G.G. — Puis-je ajouter un sujet complémentaire à votre catalogue de récriminations?

B.M. — Ce ne sont que des observations.

G.G. — Appelez ça comme vous voulez ; comme vous savez, j'arpège très souvent des accords qui sont écrits plaqués. Certains y ont vu un maniérisme de musique de salon mais c'est en réalité tout le contraire ; justifiée ou non, cette habitude trouve son origine dans un désir de garder vivant l'esprit du contrepoint, de mettre l'accent sur toutes les affinités linéaires possibles, enfin, et c'est je crois le plus important, de maîtriser avec plus de précision le flot de l'information.

D.M. — En d'autres termes, vous voudriez ajouter un élément d'improvisation à toute la musique du XVIIIe siècle ?

Photo collection privée

Photo CBS

A l'époque
des concerts.
Photos CBS

Page de gauche :

En haut : Répétition du Concerto l'Empereur avec Léopold Stokowski.

En bas : Dans le studio de la 30e rue à New York.
Photos CBS

Page de droite :

En haut : Répétition avec Yehudi Menuhin de la Fantaisie de Schoenberg.
Photo CBC

En bas : Avec Léonard Bernstein.
Photo CBS

Tournage des Variations Goldberg avec Bruno Monsaingeon.

New York - Mai 1981. *Photos Patrick Guis © KIPA*

Photos CBS

G.G. — Je pense que c'est légitime, Bruno.

B.M. — Moi aussi, jusqu'à un certain point ; je pense qu'on ne devrait pas permettre à cet élément de transgresser les lois de la notation relativement plus spécifiques de l'époque de Mozart : les sforzandos, par exemple, que vous éliminez ou dont vous réduisez l'intensité presque systématiquement.

G.G. — Je plaide coupable. J'ai toujours opposé une résistance instinctive aux sforzandos.

B.M. — Parce qu'ils attentent à vos prérogatives en tant qu'improvisateur, j'imagine ?

G.G. — Non, non, cela va bien plus loin que ça, Bruno. Les sforzandos représentent à mon avis — parmi beaucoup d'autres d'ailleurs — un élément théâtral que mon esprit puritain réprouve avec énergie.

B.M. — Admettons, mais techniquement parlant, ils représentent sûrement aussi une rupture du contrepoint.

G.G. — C'est parfaitement vrai, et c'est la raison pour laquelle j'aime tant les Sonates de jeunesse de Mozart ; elles regorgent de ces « vertus baroques » déjà décrites que sont, si vous voulez, la conduite linéaire des voix, l'équilibre des registres, etc. Cette première demi-douzaine de Sonates est une collection de simples merveilles. En fait même, si « plus c'est court mieux ça vaut » représente mon attitude vis-à-vis de Mozart en général, je dois dire que la *K.284*, qui est probablement la plus longue des Sonates est aussi ma préférée. Et c'est pourquoi enregistrer ces Sonates a été un plaisir plutôt qu'un pensum : parce que la grande majorité d'entre elles (13 sur 18 je crois) appartient à la première moitié de sa vie créatrice, à une époque où il n'était pas soucieux d'effets théâtraux. J'irais même jusqu'à dire que ces qualités « dramatiques » que vous prisez si fort sont à mon sens responsables de la détérioration de sa production musicale ultérieure. Il utilise parfois un type de figures agressives — celles en triples croches dans le deuxième mouvement de la *Symphonie en sol mineur* par exemple — qui se justifie éventuellement par la présence d'un contexte théâtral donné, mais qui dans d'autres situations est carrément antimusical.

B.M. — A partir de maintenant, je vais refuser d'écouter tout nouveau dénigrement de la Symphonie en sol mineur *; je suis bien d'accord que les Sonates de jeunesse sont de jolies pièces...*

G.G. — ... de superbes pièces ! Aussi bonnes que quoi que ce soit de Haydn ou des fils de Bach...

B.M. — ... mais je ne perçois pas en elles, quel que soit leur charme, le grand Mozart de la Sonate K.457, *ni même de la* K.576 *par exemple. Il est clair que ce que vous n'aimez pas chez Mozart c'est Mozart lui-même ; tant qu'il accepte de poser pour Haydn ou pour les fils de Bach, vous êtes parfaitement satisfait, mais dès qu'il commence à affirmer sa personnalité, vous devenez de plus en plus mal à l'aise.*

G.G. — Je n'en disconviens pas.

B.M. — De ce fait, je crois que vous passez complètement à côté de Mozart le dramaturge, et cela pas seulement parce que vous vous permettez d'ignorer les sforzandos et le reste ; vous voudriez vraiment qu'il soit tout ce que les pédagogues du XIXe siècle croyaient qu'il était : quelqu'un d'éternellement enfantin, de charmant, de léger et ainsi de suite.

G.G. — Ce n'est pas que je voudrais qu'il soit tout cela ; j'aurais cent fois préféré qu'il soit une sorte de Gluck, un personnage sombre et sévère ; j'aurais pu alors attendre que le ciel se couvre suffisamment de nuages et le jouer avec une véritable passion. Mais je crois sincèrement qu'il avait des dispositions innées à la mondanité, qu'en grandissant il leur a donné libre cours, et qu'à cela correspond une détérioration de sa production. Je pense que les pédagogues du XIXe siècle avaient raison. Il se peut bien que leur manière de voir ait été formée à l'image d'une esthétique que vous n'approuvez pas, Bruno ; elle n'en est pas fausse pour autant.

B.M. — Je n'aime guère les généralisations à propos de Mozart. Je crois vous avoir déjà dit, Glenn, que Mozart m'intéresse peu quand il est triste en mineur. Je préfère mille fois sa tristesse lorsqu'il choisit de l'exprimer dans le mode majeur, car l'association est plus subtile et plus ambiguë. Ceci posé, je ne rejette évidemment pas la Symphonie en sol mineur, *mais les vues néo-romantiques qu'on y appose.*

G.G. — Moi aussi.

B.M. — Je n'en suis pas si sûr. Vous rejetez l'œuvre et ce n'est pas la même chose.

G.G. — Non, c'est l'approche bilatérale de Mozart que je rejette. Je ne crois pas que le fait qu'il flirte à l'occasion avec la gravité soit un brevet de sérieux. Mais on ne peut pas en conclure automatiquement non plus que la profondeur réside dans le mode majeur.

B.M. — Vous savez, j'ai vu récemment le film d'Ingmar Bergman sur la Flûte enchantée *et, en dépit d'une bande son qui m'a semblé très médiocre, j'ai été à nouveau ému jusqu'au tréfonds par la musique elle-même. Ce que je veux dire, c'est que je trouve que l'aspect décoratif chez Mozart a la nature d'une force irrépressible en musique. Je pense que si la musique était constamment réduite à son propre squelette pour ainsi dire, il n'y aurait pas grand chose qui fût digne d'être écrit ; c'est pourquoi je ne trouve pas vos analogies weberniennes appropriées. Cela peut bien vous sembler une attitude sensuelle, mais je crois au contraire que c'est quelque chose de purement spirituel. Quoi qu'il en soit, il serait bien difficile de trouver un adjectif pour définir ce sentiment, et certainement aucun des adjectifs stéréotypés appliqués à Mozart ne seraient en mesure de le décrire.*

G.G. — Ne croyez-vous pas Bruno qu'il est parfois possible de trop affirmer ? Lorsque des générations d'auditeurs — surtout des profanes qui ont en général une intuition plus acérée que celle des musiciens — ont trouvé que des épithètes telles que « léger » « facile » « frivole » « galant » « spontané » collaient assez bien avec Mozart, il n'est pas inutile de se poser au moins la question de la raison de ces attributions, qui ne sont pas forcément nées d'un manque de sensibilité ou de charité. Je pense que pour beaucoup de gens — et je m'inclus dans leur nombre — ces mots impliquent non une critique de ce que Mozart nous apporte, mais bien plutôt une allusion à ce qu'il n'apporte pas. Je reviens toujours à une idée étonnante du théologien Jean Le Moyne — qui se trouve être également un mélomane extrêmement perspicace — qu'il a développée dans un essai sur Mozart. Dans ce texte, Le Moyne tente d'analyser ce qui a bien pu l'aliéner à Mozart, et il découvre que dès sa jeunesse il s'était défié de tout art qui, comme il le dit, « avait des prétentions à l'auto-suffisance ».

B.M. — Visiblement, il n'a jamais dû s'accommoder de Mozart.

G.G. — Certainement pas ; du reste, il compare Mozart à Don Giovanni qui de son côté n'est autre, à son avis, que Chérubin retour du service militaire. Il écrit — et j'avais pris les références pour notre conversation pour être sûr de ne pas le citer de travers — que « en dépit de son aisance et de sa virtuosité, Don Giovanni ne se possède pas suffisamment lui-même pour appartenir définitivement à l'absolu et pour marcher sans faillir vers le silence de l'être ».

B.M. — J'admire ce qu'il y a là de poétique mais je ne vais pas plus loin.

G.G. — Moi non plus, car pour moi cela dit tout sur Mozart, ou du moins tout ce qui peut être dit pour le moment.

B.M. — Discuterons-nous de poésie la prochaine fois ?

G.G. — Tant que vous voudrez.

Avouez-le, monsieur Gould, vous avez des doutes au sujet de Beethoven

Glenn Gould s'interviewe lui-même à propos de Beethoven. Texte publié dans la brochure du Festival de Guelph 1970.

Interviewer. — M. Gould, quand vous êtes-vous rendu compte que vous aviez des doutes croissants au sujet de Beethoven ?

Glenn Gould. — Je ne pense pas avoir aucun doute à son sujet, tout au plus quelques réserves mineures. Beethoven a joué un rôle très important dans ma vie et je trouve, tout spécialement au moment où l'on fête son bicentenaire, que le mot « doute » est un mot singulièrement inadéquat.

I. — Si vous le voulez bien, Monsieur, vous m'en laisserez être le juge. Mais peut-être pourriez-vous définir pour nous quelques-unes de ces réserves dont vous parliez.

G.G. — Certainement. Je dois avouer qu'il est des moments où Beethoven me laisse quelque peu perplexe. Par exemple, je n'ai jamais vraiment réussi à mordre au Finale de la *Neuvième Symphonie*...

I. — C'est là un phénomène assez courant.

G.G. — Absolument, et on ne peut guère à mon avis parler de « doute » à ce propos.

I. — Je vois. Vous n'éprouvez donc d'aversion que pour certains moments isolés de sa musique ?

G.G. — Je n'ai pas grand mal à admettre n'avoir qu'un goût fort peu prononcé pour la *Victoire de Wellington* ou pour l'*Ouverture du Roi Étienne*, plus ou moins de la première à la dernière note.

I. — Mais vous ne nourrissez pas d'objections similaires à l'encontre de ses œuvres majeures ?

G.G. — C'est à voir. Je n'aime certainement pas également toutes ses œuvres les plus connues.

I. — Et quelles sont donc parmi ses œuvres celles qui ne rencontrent pas votre approbation ?

G.G. — Cela n'a rien à voir avec mon approbation, et je préférerais que vous vous absteniez d'utiliser ce genre de mots, mais disons que j'aime sans doute moins des œuvres comme la *Cinquième Symphonie*, l'*Appassionata* ou le *Concerto pour violon.*

I. — Je vois. Autrement dit, toutes des œuvres qui sont réputées appartenir aux années centrales de la vie de Beethoven.

G.G. — C'est bien cela.

I. — Et qui sont d'ailleurs très significatives. J'imagine cependant que, comme la plupart des musiciens professionnels, vous avez un penchant très prononcé pour les derniers Quatuors et les dernières Sonates de piano.

G.G. — Je les écoute effectivement souvent.

I. — Ce n'est pas exactement le sens de ma question, monsieur Gould.

G.G. — Vous savez, ce sont là des œuvres très problématiques et je...

I. — Pardonnez-moi, monsieur Gould, mais avec tout mon respect, nous n'avons pas besoin de vous pour le savoir. Si je ne me trompe pas, il y a même dans l'œuvre de Huxley un personnage — quel est son nom, déjà ?...

G.G. — Spandrell ou quelque chose qui ressemble...

I. — Oui, merci... qui se suicide à l'écoute du Quatuor opus 132.

G.G. — C'est exact. Eh bien, pardonnez-moi les clichés, mais ces œuvres sont vraiment très mystérieuses, très énigmatiques, très...

I. — ... ambivalentes ?

G.G. — Ne soyez pas agressif, je vous en prie.

I. — Dans ce cas, ne soyez pas évasif. Je ne vous demande évidemment pas si vous êtes comme tout le monde déconcerté par la forme du Quatuor en ut dièse mineur, *mais si vous éprouvez un plaisir authentique à écouter cette œuvre.*

G.G. — Non.

I. — Nous y voilà donc. Il n'y a pas de quoi être gêné. J'en déduis que ce sont probablement les œuvres de jeunesses qui vous attirent particulièrement.

G.G. — J'aime énormément les *Quatuors opus 18* effectivement, et la *Deuxième Symphonie* est l'une des œuvres que je préfère dans le genre de la Symphonie.

I. — C'est tout à fait typique. Il s'agit sans doute là du syndrome très connu des symphonies à chiffre impair.

G.G. — En aucune façon, je vous l'assure. La *Quatrième Symphonie* m'horripile et je n'éprouve pas de tendresse immodérée pour la *Pastorale*, tandis que la *Huitième* est de toutes celles de Beethoven ma favorite. Je sais pertinemment que vous aimeriez être en mesure d'établir un diagnostic tranché, mais les choses ne sont pas si simples. Vous essayez aussi de m'enfermer dans un parti pris chronologique et je ne crois pas que ce soit juste non plus.

I. — J'admets tout à fait, monsieur Gould, que nos quelques tests sont loin d'être concluants pour le moment, mais puisque vous avez déjà confessé votre admiration pour les Deuxième *et* Huitième *Symphonies vous pourriez peut-être énumérer quelques autres compositions de Beethoven pour lesquelles vous avez une affection particulière.*

G.G. — Certainement. Il y a la *Sonate pour piano opus 81*, le *Quatuor opus 95*, les trois *Sonates opus 31*, ainsi d'ailleurs, croyez-moi si vous voulez, que la *Sonate Au clair de lune*. Vous voyez bien qu'il n'est pas si facile de m'étiqueter qu'il en a l'air.

I. — Au contraire, mon bon monsieur. Je crois que, par rapport aux canons beethovéniens en tout cas, vous avez réussi à vous ranger dans une catégorie remarquablement cohérente. Vous rendez-vous compte que chacune des œuvres que vous avez mentionnées appartient à ce qu'on pourrait appeler une phase de transition — ou plus exactement à l'une des deux phases de transition — de l'évolution beethovénienne ?

G.G. — Pardonnez-moi, mais ce ne sont là que des fadaises. Tout d'abord, je n'arrive pas à me faire à cette idée de « manières ». Vous aimeriez probablement me convaincre de ce que chaque œuvre de Beethoven appartient soit à la seconde soit à la troisième manière. Ne m'en veuillez pas, mais ce sont là des notions aussi peu intéressantes que banales.

I. — Je ne vous en veux pas et j'ai pris bonne note de votre réaction de défense à cet égard, mais puisque vous avez vous-même fait allusion à ce type de repère — la subdivision de la vie créatrice de Beethoven en périodes — j'imagine qu'il y a quelque chose de significatif au fait que toutes les œuvres que vous avez mentionnées en vous référant involontairement à ce point de repère, se situent par la date de leur composition à un moment de la vie de Beethoven où celui-ci se remet en question...

G.G. — C'est le cas de tout artiste, sans quoi il ne serait pas un artiste.

I. — ... Je vous en prie, monsieur Gould, cessez de m'exaspérer; et si ce moment ne concerne pas le passage de la première à la seconde manière, il concerne en tout cas la transition entre la seconde et la troisième manière.

G.G. — C'est absurde.

I. — En êtes-vous si sûr? Vous rendez-vous compte que toutes les œuvres dont vous avez parlé ont été écrites dans un intervalle de trois ans, de 1809 à 1812...

G.G. — ... C'est aussi le cas de l'*Ouverture du Roi Étienne.*

I. — ... il y a toujours des exceptions — et que toutes les œuvres de jeunesse que vous avez distinguées appartiennent à la période qui va de 1799 à 1802. En d'autres termes, la production de six seulement des années d'une vie créatrice qui en comporte trente-cinq rencontre votre approbation.

G.G. — Une fois encore, mon approbation est sans la moindre conséquence pour Beethoven.

I. — C'est vrai, mais votre indice de satisfaction est important pour vous-même, et si vous voulez que je vous sois de quelque aide, il faudra bien que vous me laissiez présenter les choses comme je l'entends.

G.G. — Dans ce cas, allez-y.

I. — Eh bien, il est clair que l'attitude normale présuppose un indice de satisfaction qui se centre précisément autour de la Cinquième Symphonie, *de l'*Appassionata *et du* Concerto pour violon, *toutes œuvres qui révèlent un Beethoven suprêmement maître de sa puissance symphonique...*

G.G. — Je dirais plutôt de l'allegro de sonate...

I. — ... justement, et toutes œuvres qui sont remarquablement absentes de votre propre hit-parade beethovénien. Elles sont toutes, comme vous le savez, des œuvres de vaste envergure et de nature héroïque. Leur canevas harmonique est triomphalement tonal. De votre côté, vous ne retenez que des œuvres comparativement mineures, qui sont toutes relativement brèves...

G.G. — ... économes...

I. — ... si l'on veut... peu héroïques...

G.G. — ... équilibrées...

*I. — ... admettons... et même parfois tonalement ambivalentes — voir l'*Opus 81 —. *Elles sont toutes charmantes, touchantes, certainement bien charpentées, mais aucune d'entre elles ne correspond à l'idée que l'on se fait généralement de Beethoven, et ne font certainement pas partie des œuvres qui ont contribué à donner à leur auteur la place prééminente qu'il occupe au centre de la tradition musicale occidentale. Donc, pour en revenir à ma question de départ, à partir de quand, monsieur Gould, avez-vous commencé à avoir des doutes au sujet de Beethoven ?*

G.G. — Il y a environ dix ans.

I. — Autrement dit, plus ou moins au moment où a commencé à se manifester votre désenchantement à l'égard des concerts publics ?

G.G. — C'est exact.

I. — Et vous jouiez évidemment beaucoup de Beethoven dans vos concerts, n'est-ce pas ?

G.G. — Oui.

I. — Cela veut-il dire grosso modo qu'il vous semblait plus amusant de jouer sa musique que de l'écouter ?

G.G. — Absolument pas. Je vous ai déjà dit que j'avais grand plaisir à écouter...

I. — ... la Huitième Symphonie *et le* Quatuor opus 95, *oui, je sais. Mais à l'époque où vous donniez des concerts, vous jouiez le* Concerto l'Empereur *assez fréquemment après tout ; je ne le trouve pourtant pas sur la liste de vos œuvres préférées. Cela veut-il dire que de tels concerts représentaient pour vous une stimulation d'ordre tactile plutôt qu'intellectuel?*

G.G. — Sérieusement... vos observations sont tout à fait déplacées. J'ai fait tout mon possible pour trouver une structure rationnelle convaincante à *l'Empereur.*

I. — Oui, et je vous en ai entendu parler par ailleurs, mais il est intéressant de vous entendre dire « j'ai fait tout mon possible ». Je suppose que cela signifie que vous avez dû trouver difficile de réaliser une expérience musicale spontanée en relation avec ces concerts.

G.G. — Certainement pas, si par spontané vous entendez une occasion où chaque note tombait en place comme si elle avait été programmée par un ordinateur...

I. — Non, ne vous méprenez pas. Je ne parle pas de félicité technique ou de quoi que ce soit d'aussi terre à terre. Je veux simplement dire que si vous deviez jouer une œuvre de... Quel est votre compositeur préféré?

G.G. — Orlando Gibbons.

I. — ... une œuvre d'Orlando Gibbons, il s'agirait de faire en sorte que chaque note semble faire partie d'un tout organique, sans qu'il vous soit nécessaire à vous en tant qu'interprète de faire une différence quelconque entre des considérations tactiles et intellectuelles.

G.G. — Je ne crois pas m'être jamais rendu coupable d'une telle différenciation.

*I. — Bien sûr que si, même si c'était par inadvertance. Le genre de froide analyse dont vous faites vos délices vous force à essayer d'aimer l'*Opus 132 *alors que vous n'êtes pas obligé d'en passer par là pour apprécier la* Pavane de Lord Salisbury *d'Orlando Gibbons. De même, le genre de rationalisation que vous effectuez au sujet du* Concerto l'Empereur *qui fait que l'œuvre peut éventuellement et comme par miracle tenir debout, ne vous est pas indispensable pour jouer Gibbons. En d'autres termes, vous ne ressentez pas la nécessité de vous faire l'apologiste de Gibbons. Par ailleurs, je suis sûr que ce n'est pas parce que Gibbons serait intellectuellement moins problématique...*

G.G. — ... il est loin de l'être.

I. — ... en fait, étant donné l'éloignement dans le temps, on pourrait même dire que les problèmes de recréation qu'il pose sont plus grands...

G.G. — C'est tout à fait vrai.

I. — ... en dépit de cela, je suis quasi certain que quand vous vous mettez au piano, tard dans la nuit, pour votre propre plaisir, c'est Orlando Gibbons ou quelque autre compositeur à l'égard duquel vous ne manifestez pas ce genre de tendances schizophréniques que vous jouez, et non Beethoven. N'ai-je pas raison ?

G.G. — Je ne vois pas ce que cela prouverait et...

I. — ... n'ai-je pas raison ?

G.G. — ... j'ai tout de même le droit de...

I. — ... n'ai-je pas raison ?

G.G. — Si. Mais pouvez-vous m'aider ?

I. — Souhaitez-vous réellement qu'on vous aide ?

G.G. — Non, si cela implique d'oublier Orlando Gibbons.

I. — Cela ne devrait pas être nécessaire. Voyez-vous, monsieur Gould, votre problème — et il est, je puis vous l'asssurer bien plus banal que vous ne le croyez — tient à un malentendu fondamental sur le moyen par lequel l'art de la post-Renaissance a assuré sa puissance de communication. Beethoven, vous êtes bien obligé de le reconnaître, a joué un rôle capital à cet égard, ne serait-ce que chronologiquement, en ce que sa vie créatrice divise pratiquement en deux les trois siècles et demi qui nous séparent de votre M. Gibbons.

G.G. — C'est vrai.

I. — ... et c'est précisément pendant cette période de trois siècles et demi, tout particulièrement au cœur de la vie de Beethoven, que l'idée créatrice et l'idéal de la communication se sont mis à se faire des concessions réciproques.

G.G. — Je ne vous suis plus.

I. — Eh bien, voyons les choses de la manière suivante : toutes les œuvres que vous avez énumérées sur le catalogue de haines qui vous est propre...

G.G. — Il ne s'agit pas du tout de cela.

I. — ... Encore une fois, évitez de m'interrompre ; toutes ces œuvres ont en commun l'idée que leur idéologie, pour ainsi dire, peut se résumer en un ou deux moments mémorables.

G.G. — Vous voulez parler de motifs ?

I. — Oui, de thèmes, d'airs. Ce qui veut dire tout simplement que s'est développée en vous, musicien professionnel, une structure de haine à l'égard de ces thèmes qui représentent et caractérisent l'esprit de leur composition respective.

G.G. — En réalité, ces thèmes, en particulier dans le *Concerto de l'Empereur* n'ont rien de bien particulier.

I. — Tout à fait exact. Et pourtant, ne vous rendez-vous pas compte qu'il y a en eux quelque chose d'immédiatement identifiable qui, par définition, menace vos prérogatives d'interprète ? Vous maudissez le fait que dans une œuvre comme « l'Empereur » *les développements élaborés qui s'appuient sur ces motifs échoient à vos mains, au propre comme au figuré ; mais la raison d'être de ces développements retombe sur un type de fragments thématiques entourés de tout un halo de traditions interprétatives aisément reconnaissables, grâce auxquelles ces motifs peuvent être chantés et sifflés par le premier profane venu.*

G.G. — C'est absurde. Les thèmes de Mendelssohn sont largement aussi bons et bien plus continus que ceux de Beethoven. Or je n'ai pas la moindre objection à formuler à l'encontre de Mendelssohn.

I. — Précisément. Les thèmes de Mendelssohn sont bien plus continus car leur substance est à la fois plus étendue, plus complexe et — comprenez-moi bien — plus professionnelle.

G.G. — Vous le croyez donc aussi ?

I. — Mais comme tout le monde, mon pauvre ami. C'est justement ce mélange impossible de naïveté et de sophistication qui donne à Beethoven son caractère impondérable, et c'est justement cette dimension de sa musique, ce mélange d'habileté professionnelle à développer et d'amateurisme de l'imagination thématique qui est au cœur de votre problème.

G.G. — Croyez-vous ?

I. — Sans aucun doute. Il n'y a d'ailleurs pas de mal à cela. C'est votre côté anarchiste, et peut-être même en un sens créateur, qui fait que lorsque vous rejetez Beethoven...

G.G. — ... mais je ne le rejette pas...

I. — ... je vous en prie ; lorsque, comme je le disais, vous rejetez Beethoven, vous rejetez en réalité l'aboutissement logique de la tradition musicale occidentale.

G.G. — Mais il n'en est pas l'aboutissement.

I. — Évidemment non, si l'on s'en tient à la stricte chronologie. Comme je vous le disais, il en est en fait le centre, et ce sont précisément les œuvres qui sont au centre de sa propre chronologie qui vous dérangent le plus — les œuvres dans lesquelles un exposé élaboré, dont seul un professionnel peut venir à bout, se rapporte à un matériau que le premier venu est en mesure d'identifier.

G.G. — Hum...

I. — ... Et c'est cela qui vous dérange, monsieur Gould, car cela pose le problème du rôle de la stratification professionnelle de la tradition musicale occidentale que vous-même, non sans raison, remettez en question. Non, ce n'est pas un hasard si vous préférez les œuvres de Beethoven où celui-ci exprime avec le moins d'emphase la logique extrémiste de son propre moi — les œuvres écrites respectivement à une époque où il s'engageait dans cette voie et à une époque où il s'en dégageait, les œuvres dans lesquelles le quotient de prévisibilité est le plus bas, les œuvres dans lesquelles le compositeur se préoccupe moins de rendre explicite le mystère de son art.

G.G. — Mais lorsqu'un artiste s'engage dans cette voie ou s'en dégage, comme vous le dites, on rencontre un art bien plus professionnel — celui de Wagner ou celui de Bach selon les époques que l'on veut bien considérer ; il faut aller très loin dans un sens ou dans l'autre pour trouver une tradition purement amateur.

I. — Précisément, de part et d'autre de l'époque de Beethoven, il existe un professionnalisme beaucoup plus accompli, et c'est bien là la raison pour laquelle ces compositeurs vous attirent.

G.G. — Hum... Voudriez-vous dire alors que si je rejetais Beethoven, c'est que je serais une sorte d'environnementaliste ? Je crois que c'est John Cage qui a dit que si lui a raison, Beethoven a tort, ou quelque chose de ce genre. Croyez-vous que je me fasse l'avocat d'une sorte de suicide de la profession musicale ?

*I. — Mon cher ami, vous ne devriez pas vous inquiéter de cela. D'ailleurs vous êtes en réalité plutôt modéré — vous n'avez pas choisi l'*Opus 132 *après tout, mais simplement les* Opus 81 *et* 95 [1]. *Vous vacillez. Vous n'arrivez pas à décider si en explicitant le mystère, en exploitant la dichotomie entre profane et professionnel, on rend ou non service à son prochain. Vous ne savez pas de manière certaine si, en optant pour une voie environnementale qui après tout met fin au professionnalisme tel que nous le connaissons, nous aboutissons à une vérité qui nous révèle à nous-mêmes de manière plus immédiate que ne saurait le faire un professionnel ou si, ce faisant, nous ne réussissons pas simplement à mieux brider notre développement en tant qu'êtres humains. Tout cela ne devrait pas vous gêner puisque Beethoven lui-même n'était pas certain. Après tout, il n'écrivit pas beaucoup de Concertos* « l'Empereur », *n'est-ce pas ? Lui aussi vacillait jusqu'à un certain point, et je ne vois pas pourquoi vous ne pourriez en faire autant. Seulement, en célébrant Beethoven, vous reconnaissez un point d'aboutissement qui rend prati-*

1. Il s'agit des 11e et 15e quatuors ainsi que de la Sonate dite « Les Adieux » *(N.d.T.).*

cables vos hésitations, tandis qu'en le rejetant il vous faut désormais en trouver un autre.

G.G. — Me voilà soulagé. Pourtant, il est une chose que je ne comprends pas : comment connaissiez-vous l'existence de mes doutes ?

I. — Monsieur Gould, tout cela est parfaitement évident. S'il n'en avait pas été ainsi, vous n'auriez pas sollicité cette interview. Vous auriez écrit ce texte vous-même comme on vous l'avait demandé.

G.G. — Je vois. Eh bien, je vous remercie infiniment. Y a-t-il autre chose encore ?

I. — Non, je ne crois pas. Oh si, auriez-vous en sortant d'ici l'amabilité d'éteindre votre ampli ? Une mesure supplémentaire de l'Héroïque, *et je hurle !*

Une certaine idée de Richard Strauss

Article paru dans High Fidelity Magazine *en mars 1962*

Un de mes amis a noté un jour qu'il y avait probablement un moment au cours de l'adolescence de chaque musicien en herbe où *la Vie d'un Héros* apparaissait soudain comme l'œuvre qui incarnait le mieux les doutes, les tensions et les triomphes espérés de la jeunesse. Il n'était, je crois, qu'à moitié sérieux, mais avait aussi à mon avis à moitié raison. Sans intention critique, sa remarque suggérait cependant que, s'il est naturel à une certaine époque de l'existence d'éprouver une sympathie certaine pour l'extraversion flamboyante du jeune Richard Strauss, on devait également s'en éloigner à mesure qu'on mûrissait. L'époque de mes premiers enthousiasmes pour *la Vie d'un Héros* date, grâce à Willem Mengelberg, de mes dix-sept ans ; mais j'ai eu beau attendre patiemment depuis douze ans, je ne m'en suis pas départi. Peut-être est-ce le signe maudit que je suis rebelle à toute maturation, mais je doute que je m'en éloigne jamais !

Il ne m'est donc pas facile de parler de Strauss avec objectivité, encore que j'aie bien l'intention de m'y essayer, en dépit de la partialité de mon point de vue : je suis tout simplement persuadé que Strauss est la plus grande personnalité musicale du XXe siècle. Cette opinion n'est, il est vrai, guère partagée à l'heure qu'il est. Même si

Strauss n'a besoin de personne pour chanter ses mérites, il se trouve qu'avec les ans, sa réputation a été traitée avec plus d'injustice que celle d'aucun autre musicien de notre époque. A première vue, cela peut paraître surprenant, du fait que jamais plus qu'aujourd'hui Strauss n'a été aussi fréquemment ni aussi bien joué. Mais je ne parle pas ici de ces lions teutoniques du podium qui chaque soir se détachent de nous pour s'identifier à Zarathoustra juché sur sa cime, ni d'ailleurs de ces tigresses de la scène d'opéra pour qui le rôle de Chrysothémis ou de la Maréchale représente à la fois un défi et la garantie d'un triomphe. Je fais bien plutôt allusion à ces curieux caprices de la mode qui déterminent largement le goût musical d'une époque et qui ont décidé que Strauss était une grande personnalité du XIXe siècle qui avait eu l'audace de prolonger son existence jusque dans les cinquante premières années du XXe.

La longévité de l'activité créatrice de Strauss est évidemment stupéfiante : soixante-neuf années, si l'on compte ses travaux d'adolescent (d'étonnantes créations, en réalité), autrement dit la durée de la vie entière de deux Mozart. Ce n'est pas que la longueur de la vie créatrice de Strauss soit importante en soi ; beaucoup de compositeurs escomptent bien vivre jusqu'à cent six ans, tandis que j'ai la ferme intention quant à moi de me retirer dans la douceur d'une sénilité automnale à trente ans. Pourtant la longévité d'une vie créatrice est, à défaut d'autre chose et pour autant qu'on puisse l'utiliser, un bon instrument de mesure du développement de la personnalité humaine d'un compositeur.

Les faiseurs de goût de la profession musicale considèrent que l'évolution de Strauss comme compositeur n'est pas en rapport avec la durée de son existence. Pour eux, son développement se serait arrêté avant 1910. Ils ne nient pas systématiquement la qualité de ses premières œuvres : certains d'entre eux sont même capables de siffloter quelques thèmes de ses poèmes symphoniques ; d'autres, nombreux, reconnaissent les qualités dramatiques de ses premiers opéras à succès : le charme et la vivacité du *Chevalier à la Rose*, l'effet suffocant d'*Elektra*. Mais la plupart semblent considérer qu'après avoir été pendant un quart de siècle le rempart de l'avant-garde, Strauss est entré vers quarante-cinq ans dans une sorte de coma de l'inspiration, auquel seule la mort a mis un terme.

N'est-ce pas l'effet d'un curieux hasard que le moment de la carrière de Strauss où celui-ci, avec la précision d'une sagesse rétrospective, est censé s'être égaré, coïncide à peu près avec les premiers soubresauts de la révolution musicale la plus significative des temps modernes, à savoir l'élaboration du langage atonal ? Est-ce simple coïncidence si les tenants d'une opinion bien informée considèrent que Strauss a atteint l'apogée de sa carrière quelques années avant que d'autres compositeurs aient passé pour la première fois le mur du son de l'harmonie tonale ? Et si, lorsqu'il a semblé rejeter la nouvelle esthétique, les faiseurs du goût et de la mode en ont fait un homme mélancoliquement attaché à reproduire les succès de sa jeunesse ?

La génération, ou plutôt les générations qui sont nées avec le siècle ont considéré que son incapacité à participer activement aux avancées techniques de son temps fut le péché capital de Strauss. Elles estiment qu'ayant à une époque élaboré un langage immédiatement identifiable et s'étant au début exprimé dans ce cadre avec tout le bonheur de l'aventure, il est par la suite resté stationnaire, se contentant de redire ce qu'aux jours vigoureux de sa jeunesse il avait déjà dit avec beaucoup plus de force et de clarté.

Pour ces critiques, il est inconcevable qu'un homme de tant de dons n'ait pas souhaité participer à l'expansion du langage musical, qu'un homme qui avait eu la bonne fortune d'écrire des chefs-d'œuvre à l'époque de Brahms et de Bruckner et la chance de survivre à Webern pour connaître l'époque de Boulez et de Stockhausen se soit refusé à assumer sa propre place dans la grande aventure de l'évolution de la musique. Que faut-il faire pour convaincre ces gens que l'art n'est pas la technologie, que la différence entre un Richard Strauss et un Karl-Heinz Stockhausen n'est pas de même nature que la différence entre une modeste machine à calculer de bureau et un ordinateur IBM ?

Allons plus loin. Richard Strauss est pour moi davantage que le plus grand musicien de notre temps. Il est à mon avis la figure centrale d'un problème capital de morale esthétique posé par notre époque : la lamentable confusion qui surgit dès lors qu'on s'efforce de contenir les pressions insondables d'une destinée artistique autonome à l'intérieur du cadre historique et précis de la chronologie collective. Il est beaucoup plus que le point de ralliement commode d'opinions conservatrices. Nous tenons avec lui l'un de ces êtres rares et intenses par lesquels le processus même d'évolution historique se trouve défié.

A travers ces soixante-dix années d'activité, l'aspect unificateur le plus frappant de la production straussienne est la cohérence extraordinaire de son vocabulaire. On peut fort bien comparer, pour prendre des exemples aux deux extrémités de son existence, sa *Symphonie opus 12* écrite à l'âge de dix-huit ans, et les *Métamorphoses* pour orchestre à cordes, écrites lorsqu'il avait quatre-vingt-un ans. On constatera que ni l'une ni l'autre de ces œuvres ne contient de progression harmonique qui n'eût été utilisable par l'autre. Fondamentalement, ces deux œuvres exploitent un langage harmonique pratiqué par Brahms, Hugo Wolf ou, mises à part ses séquences, Bruckner ; toutes deux utilisent un style contrapuntique qui, même s'il est plus en évidence dans la dernière œuvre, reste fondé sur la conviction que, quels que soient les frottements qu'il puisse provoquer, son but premier est de donner substance au mouvement de l'harmonie, et non de le contredire. Pourtant, en dépit de toutes ces analogies, les *Métamorphoses* évoquent un univers harmonique et contrapuntique d'une envergure autrement puissante que celui de la *Symphonie*, alors même que la signature des deux œuvres se rapporte à une unique identité qu'il serait hors de question de confondre avec celle d'un maître antérieur.

Certaines pages de Strauss adolescent (le *premier Concerto pour cor* par exemple), envisagées sur un plan strictement harmonique, auraient fort bien pu avoir été écrites par Mendelssohn ou même, chose étonnante, par Weber ; il suffit malgré tout de quelques secondes pour saisir que, en dépit de toute l'influence des romantiques antérieurs qui y est concentrée, il y a là une technique tout à fait originale.

Bien que son adolescence se situe à une époque où Wagner avait anticipé la dissolution du langage tonal en élargissant le champ de la psychologie harmonique jusqu'à un point que certains considèrent comme la limite de la tolérance humaine, Strauss se souciait, plus sans doute qu'aucun autre compositeur de sa génération, d'utiliser au maximum les richesses de la tonalité du romantisme tardif à l'intérieur des disciplines formelles les plus strictes. Il ne s'agissait pas simplement pour lui de corriger les ambiguïtés harmoniques surabondantes de son temps, contrairement au jeune Schoenberg qui utilise une intense concentration thématique à cet effet ; son souci est bien plutôt de préserver la *totalité* fonctionnelle de la tonalité et ce, non seulement dans l'architecture générale d'une œuvre, mais jusqu'en ses détails les plus infimes. Par conséquent, si l'on compare une partition orchestrale quelconque de la jeunesse de Strauss et, disons, un poème symphonique de Liszt, on est immédiatement frappé par le fait que, si l'imagination harmonique de Strauss est infiniment plus audacieuse et extravagante, ses œuvres sont néanmoins soigneusement explicites à tous les niveaux de leur conception architecturale. Elles donnent par là-même l'impression d'un langage harmonique à la fois plus varié et plus lucide. A l'aide de ses immenses ressources harmoniques sous-tendant un sens de la ligne et de l'ornementation qu'on pourrait presque qualifier de rococo, Strauss est en mesure de produire avec les moyens les plus simples et les plus trompeusement familiers un effet émotionnel irrésistible. Qui d'autre serait capable de donner à la plus orthodoxe et à la plus suave des cadences de VI-IV l'air d'une extravagance des plus délectables ?

On trouve rarement chez les romantiques allemands une écriture qui s'approche de la fabuleuse infaillibilité harmonique du jeune Strauss. Parmi ses prédécesseurs, il n'y a guère que Mendelssohn et Brahms dans leurs meilleures pages qui soient aussi conscients de la nécessité d'affermir les structures vagabondes de la tonalité romantique à l'aide d'une maîtrise absolue et directive de la basse harmonique. On pourrait presque croire que Strauss connaît la partie des violoncelles et des basses avec ses pieds, à l'instar des organistes, car à chaque instant, quelles que soient l'ampleur, la complexité rythmique et les imbrications kaléidoscopiques de la tonalité chromatique de la partition, la basse garde un équilibre aussi ferme et tranquille que dans les œuvres de Bach ou de Palestrina.

Cette recherche éperdue d'extrême clarté linéaire ne fit pourtant pas de Strauss un contrapuntiste soucieux d'aboutir à une texture linéaire qui accorde à chaque voix une existence indépendante propre. Strauss n'était en aucune manière un compositeur qui pratique le contrepoint en tant que tel. Dans sa musique, les formes contrapuntiques absolues — fugue, canon, etc. — n'apparaissent guère que dans les opéras (rarement d'ailleurs) et n'ont d'autre but que de mettre timidement en valeur le livret. Il n'y a rien à y redire d'un point de vue strictement académique, mais on a le sentiment que Strauss est en train de dire : « Regardez bien, moi aussi j'en suis capable ! », et qu'il considère de telles diversions comme un moyen d'activer une situation dramatique par ailleurs statique ; pourtant, même s'il est peu d'exemples dans l'énorme production straussienne d'utilisation des formules contrapuntiques variées largement mises en œuvre par la plupart des autres compositeurs du XXe siècle dans leur recherche d'une corrélation thématique, il est indéniable que, à sa manière à lui, Strauss fut l'un des compositeurs les plus enclins au contrepoint qui aient jamais existé.

La qualité fondamentale du contrepoint de Strauss ne repose pas sur sa capacité à donner une existence autonome à chaque voix d'une structure symétrique ; son orientation symphonique est trop marquée par le XIXe siècle pour que cela fût possible ou même probablement, à son esprit, souhaitable. Bien plutôt, elle repose sur la faculté de créer une relation de caractère poétique entre les mélodies adroitement élancées de la voix soprane, les basses fermes et réfléchies à tendance constamment cadentielle, et par-dessus tout la texture magnifiquement filigranée des voix internes. Les tensions contradictoires sont beaucoup plus nombreuses dans les dessins linéaires de Strauss que dans ceux de Wagner où l'accumulation de densité tend vers une plus grande concentration et une plus grande uniformité des phénomènes de tension et de détente ; mais les moments d'orgasme expressif chez Strauss, ses moments de tension et de repos, s'ils sont moins étourdissants que ceux de Wagner, sont beaucoup plus révélateurs des complexes réalités de l'art, du fait même de ce mélange d'un style contrapuntique aussi finement ciselé et d'un langage harmonique aussi extraordinairement complexe.

Au moment où il commença à subir l'influence de Wagner, Strauss dut affronter le problème qui consistait à transcrire le potentiel dramatique de la liberté harmonique de celui-ci dans le domaine de la musique symphonique ; car non seulement Strauss débuta sa carrière comme symphoniste (il était d'ailleurs assez rigide au départ) mais il fut en outre, en dépit de sa maîtrise souveraine de la scène, quelqu'un dont la pensée était essentiellement symphonique. L'élaboration d'une architecture musicale qui ait un rapport avec les extravagances d'une tonalité somptueusement chromatique et qui fasse usage de toutes les ambiguïtés qui y sont contenues fut évidemment le problème majeur de tous les compositeurs de la génération de Strauss. Il était carrément inacceptable de créer une forme symphonique qui se conforme au moule de la structure de la sonate classique ; car alors, si le matériau utilisé était choisi moins en fonction de son profil thématique que de ses probabilités génétiques, il aurait bien fallu obéir à la tradition des plates-formes tonales impliquée par la structure de la sonate. (Cette question fut certainement moins cruciale pour Strauss que pour Schoenberg, qui semble avoir toujours été plus radicalement résolu à exploiter jusqu'à la corde toutes les possibilités de permutations thématiques.) Le jeune Strauss chercha une solution à ce problème dans le poème symphonique ; il pensait que la logique de ses contours musicaux pourrait suivre la configuration d'une exposition dans laquelle la texture, la durée, et la disposition tonale de chaque épisode auraient été prédéterminées. Il s'agissait au mieux d'une semi-logique, car la plupart des auditeurs se fichent pas mal d'être tenus au courant des ennuis légaux de Till Eulenspiegel ou des positions philosophiques de Zarathoustra. Sans doute essaient-ils de reconnaître les structures symphoniques correspondantes que Strauss cherchait à supplanter. Mais dans l'esprit de Strauss, le grand avantage de la logique du poème symphonique était de fournir une cohésion architecturale qu'il n'est pas nécessaire d'observer de l'extérieur. Une logique entièrement musicale, constamment présente, se trouvait simplement renforcée au moment de la conception par une logique pseudo-dramatique ; ayant satisfait à son rôle conceptuel, il pouvait facilement en disposer à la naissance. L'imbrication d'événements musicaux et dramatiques est chose risquée ; et quoique Strauss se soit vanté de pouvoir décrire musicalement des situations extramusicales (par la suite ce don fit de lui le plus grand compositeur d'opéra de son époque), l'essence de la structure d'un poème symphonique ne dépend en rien des séries d'événements dramatiques musicalement commentés de façon à ce qu'on puisse les identifier. Elle repose bien plutôt sur l'utilisation de l'harmonie des événements dramatiques comme agent d'organisation musicale. (Il est saisissant d'observer que Thomas Mann parlait sans cesse d'une procédure inverse ; de sa volonté de construire ses nouvelles sur les principes de l'allegro de sonate).

L'envie qu'avait Strauss d'impressionner, en fournissant l'équivalent musical d'un roman à épisodes, décrût à mesure qu'il avançait en âge. Il cessa d'écrire des poèmes symphoniques et se mit pour un temps à flirter timidement avec le style galant avant de s'en aller explorer avec une ardeur accrue l'esprit de la renaissance tonale qui avait dominé les générations préclassiques. J'ai toujours pensé que l'œuvre-pivot de la carrière de Strauss est l'un de ses ouvrages les moins spectaculaires, et les moins bien connus, en tout cas en Amérique du Nord, *Ariane à Naxos.* De tous les opéras de Strauss, *Ariane* n'est ni le plus brillant, ni le plus frappant, ni le plus plaisant. Et pourtant, c'est à partir de sa conception qu'apparaissent les qualités qu'on peut compter comme les caractéristiques vraiment éminentes du compositeur arrivé à maturité. (Ce jugement, qui peut prêter à controverse, est porté à propos d'une œuvre écrite la même année que *le Sacre du Printemps* et que *Pierrot Lunaire*, en 1912. Il est amusant de le constater). *Ariane* confirme ce qu'on pouvait évidemment soupçonner depuis longtemps, à savoir que l'instinct de Strauss est fondamentalement, sinon classique, du moins celui d'un romantique hautement intellectualisé.

A partir d'*Ariane*, ses textures deviennent de plus en plus transparentes, la stabilité et l'entrain de son style harmonique encore plus magnifiquement établis, s'il est possible. Strauss s'était toujours imaginé comme une sorte de Mozart du XXe siècle. Cette prétention n'est pas sans quelque solide fondement : on constate effectivement dans bon nombre d'opéras de ses années centrales, d'*Ariane* à *la Femme silencieuse*, la présence surabondante d'une délicieuse transparence qui fait de ces œuvres l'aboutissement à mon avis le plus recevable de l'instinct néo-classique. Une fois encore, le souci de Strauss de préserver la totalité de la fonction tonale trouve là aussi non seulement un sanctuaire, mais un point de départ.

Je ne voudrais pas laisser croire que Strauss n'a jamais été soumis à cette terrifiante évaporation de l'inspiration qui tourmente le subconscient de tout créateur. Le fait qu'on se soit posé des questions sur son devenir artistique durant la période qui suit immédiatement la Première Guerre mondiale me paraît amplement justifié. Les dix années qui suivirent la Grande Guerre s'avérèrent les moins productives de la vie de Strauss. Ses travaux de l'époque, quoique empreints de la fantastique compétence technique qui fut toujours la sienne, ne peuvent, même avec l'imagination la plus bienveillante, se comparer aux réussites antérieures. Strauss lui-même (utilisant le privilège bien naturel des parents qui consiste à chérir tout particulièrement l'enfant non désiré) jura jusqu'à sa mort que *la Femme sans Ombre* était son meilleur opéra, et fit le siège des théâtres pour qu'on le produise. Il alla même jusqu'à dire que sa santé ne lui permettait pas de diriger *le Chevalier à la Rose*, à cause de sa longueur, mais qu'il dirigerait volontiers *la Femme sans Ombre* — dont la durée est en fait légèrement plus longue. Les opéras de cette époque, comme *la Femme sans Ombre*, ne sont évidemment pas dépourvus d'admirables qualités ; on n'y retrouve pourtant pas le même caractère prodigieusement inévitable qui dans les œuvres antérieures — comme d'ailleurs dans les œuvres à venir — reliait la première à la dernière note et faisait des prodiges techniques utilisés non pas une fin mais un simple moyen.

Nous en arrivons finalement à cette extraordinaire nouvelle jeunesse de Strauss, aux œuvres infiniment émouvantes, chaleureuses et fluides, de ses dernières années. Il s'agit là d'une des plus prodigieuses reviviscences de l'esprit créateur dont on puisse jamais être le témoin. On pourrait, j'imagine, tracer un parallèle avec les dernières œuvres de Beethoven, en montrant qu'elles aussi font suite à une période d'inactivité désertique et lugubre d'où Beethoven finit par émerger pour non seulement retrouver la démarche assurée de son enfance, mais pour découvrir un moyen d'exprimer la réflexion mûrie de ses dernières années. Les œuvres tardives de Strauss offrent la même occasion de contempler l'alliance d'une philosophie et d'une technique devenues indivisibles dans leur plénitude. J'ai le sentiment que dans pratiquement toutes ses dernières œuvres, la tendance juvénile de Strauss à célébrer par les techniques de l'art une conquête humaine d'ordre matériel, à exalter son propre personnage existentiel en le faisant se mesurer aveuglément au monde — autrement dit, à être le héros de *la Vie d'un Héros* —, est dès lors sublimée, et même vaincue, grâce à une maîtrise technique qui ne perçoit plus le besoin de faire ses preuves, de faire l'étalage de sa virilité, et qui est devenue inséparable d'un état de sublime résignation, triomphe ultime de la sagesse et du grand âge.

En vérité, à l'exception des *Quatuors* de Beethoven, je ne connais pas de musique qui projette plus parfaitement la lumière transfigurée d'une tranquillité philosophique ultime que *Métamorphoses* ou *Capriccio*, œuvres écrites par un compositeur âgé de plus de soixante-quinze ans. La prodigieuse imagination harmonique caractéristique de Strauss y demeure inaltérée ; mais tandis que dans les œuvres de jeunesse elle s'exprimait avec l'assurance positive, convaincue et imperturbable de la simplicité métrique, elle est devenue ici tantôt indécise, tantôt rétive, tantôt volontairement asymétrique, et donne donc le sentiment intense de quelqu'un qui a douté et qui pourtant trouve l'affirmation, de quelqu'un qui a mis en question l'acte créateur et l'a trouvé bon, de quelqu'un qui a reconnu les aspects multiples de la vérité.

Au même moment, je me demande si la comparaison avec Beethoven est vraiment pertinente. Avec ses derniers Quatuors, Beethoven recouvre après tout l'ensemble de l'ère romantique, la relie au monde thématique complexe et tendu de la génération schoenbergienne. D'un autre côté, et vu avec le recul qui nous est permis, il est difficile de prétendre que Strauss ait créé dans ses dernières œuvres un style qui le relie aux générations futures. Il n'a rien fait d'autre, si mon sentiment à son égard est conforme à la réalité, que de porter à sa conclusion poignante et inévitable sa propre existence d'artiste créateur ; il n'a rien prophétisé pour l'avenir. Et c'est ici, je le crois, que ma génération est passée à côté de Strauss et l'a méconnu.

Quelle que soit mon admiration pour Strauss, je n'imagine en aucune manière que la musique de l'avenir soit influencée de quelque façon par le style des œuvres de Strauss. Mais quel est donc le phénomène qui crée une influence d'une génération à l'autre ? Est-ce seulement la rétention de similarités stylistiques sur un front historique en mouvement constant ? Ne se peut-il que ce soit également l'inspiration qu'on tire de l'exemple d'une vie qui a abouti à une véritable plénitude artistique ? Il est évident que Strauss n'a rien à voir avec le XXe siècle tel que nous le connaissons. Il n'appartient sans doute pas plus à l'âge de l'atome que Jean-Sébastien Bach n'a appartenu à l'âge de la Raison ou Gesualdo à l'âge de la Haute Renaissance.

A l'aune des critères esthétiques et philosophiques que nous pouvons lui appliquer, il n'est pas un homme de notre temps. Arrivons-nous seulement bien à nous représenter que *la Femme sans Ombre* ait pu être créée dans ces années 20 du ragtime rugissant et de l'inflation incontrôlée ? Est-il vraiment imaginable que *Capriccio*, cet adieu automnal à un monde calme, élégant et raffiné, ait pu être conçu alors que les horreurs de la guerre dévastaient le monde des années 40 ?

La grandeur de la musique de Strauss est de donner substance à un argument qui transcende tous les dogmatismes de l'art, toutes les questions de style, de goût, et de langage, toutes les veules et frivoles préoccupations du chronologiste. Elle nous fournit l'exemple d'un homme qui enrichit son temps en n'y appartenant pas ; qui parle pour toutes les générations en n'appartenant à aucune. C'est l'argument suprême de l'individualité qui soutient que l'homme peut créer sa propre synthèse du temps sans être lié par la conformité que le temps voudrait lui imposer.

Arnold Schoenberg. Une perspective

Conférence prononcée à l'université de Cincinnati en 1964

Au cours d'une incroyable carrière d'un demi-siècle, Schoenberg a illustré d'une manière très particulière le dilemme de la musique contemporaine telle qu'elle se présente à nos yeux. Pendant ses cinquante années d'activité créatrice, il a produit une série d'œuvres remarquables qui au début acceptaient en s'en nourrissant les prémisses musicales traditionnelles de son époque, puis les ont contestées en une réaction qui frisait dangereusement l'anarchie. Terrorisées par l'anarchie qu'elles semblaient avoir engendrée, elles devinrent presque sur-organisées en s'en remettant à la législation de règles surimposées, avant d'aboutir à un système qui s'efforçait de coordonner les règles que leur auteur avait élaborées et certains aspects de la tradition qu'il avait depuis longtemps abandonnée. Ce cycle d'acceptation, de rejet, et de réconciliation nous offre donc non seulement une évolution chronologique spectaculaire, mais un panorama général de ce qui a pu se passer au cours de la première moitié du XXe siècle.

Il me sera nécessaire de recourir largement à la chronologie de Schoenberg ; mais il serait erroné d'en déduire que la relation chronologique d'événements se rapportant à ses œuvres coïncide fatalement avec chaque aspect de la musique contemporaine importante. Ce n'est pas le cas, mais même si ça l'était, il est je crois très dangereux de s'appuyer exagérément sur la théorie peu solide qui établit un rapport entre l'évolution d'un style et le déroulement des années. Tout grand art ne se meut pas forcément dans une direction qui apparaît à l'analyse une direction d'émancipation. Bien au contraire, il me semble que de grandes œuvres peuvent être mises au crédit d'artistes considérés comme dangereusement réactionnaires par leurs contemporains. Pensons seulement à Richard Strauss, qui est après tout l'un des vrais géants du XXe siècle, et dont l'évolution stylistique, loin du souci schoenbergien de faire la course aux années qui passent, prend une direction qu'on ne peut faire autrement que de qualifier de rétrograde, historiquement parlant.

Il est indispensable, si l'on aime les dernières œuvres de Strauss, comme c'est mon cas, d'acquérir un système de valeurs beaucoup plus souple que celui qui affirme que « nouveauté égale progrès égale grand art ». Je ne crois pas que, sous prétexte que d'après les canons professionnels un homme comme Richard Strauss était à contre-courant de la mode, il fût pour autant moins grand que Schoenberg, qui tout au long de sa vie fut le meneur de l'avant-garde. Les tenants d'un tel système de valeurs seraient contraints, non sans embarras, de devoir rejeter, parmi d'autres, Jean-Sébastien Bach, lui aussi parfaitement démodé à son époque.

Je pense en fait que l'argument de la compétence technique, au moins chez un compositeur tel que Strauss, qui se meut à l'intérieur de la tradition qu'il connaît, est probablement plus solide et plus sûr que l'attitude d'un homme tel que Schoenberg qui, farouchement préoccupé d'évolution, se tenait constamment au bord de désastre technique. Par conséquent, même si je ne peux concevoir une approche de Schoenberg qui ne tienne pas compte de certains éléments fascinants de sa chronologie, je ne crois pas pour autant qu'il doive automatiquement être considéré comme la plus importante figure musicale du siècle, du seul fait qu'il ait possédé un esprit remarquablement inventif. Le rôle de Schoenberg exerce une fascination historique patente. Sa position est si capitale que son rôle subsistera aussi longtemps que la musique. Mais la grandeur qu'on peut lui attribuer devra découler d'autres critères, d'autres méthodes de jugement.

Avec Schoenberg, il est une distinction qu'il est presque trop facile de faire : c'est la distinction entre sa puissance d'invention (ses facultés de prophète) et sa puissance d'exécution (ses facultés de compositeur). Une telle distinction n'est d'ailleurs justifiée qu'en un temps de grande transition et de confusion tel que notre siècle en a été le témoin. Beaucoup de gens reconnaissent l'importance historique vitale de Schoenberg tout en rejetant violemment sa musique. Et il est bien plus aisé de prouver l'importance de Schoenberg pour notre temps que sa grandeur et sa profondeur. Le fait qu'on ait eu tendance à faire une distinction entre ses théories et ses œuvres a obsédé et torturé Schoenberg toute sa vie. Lui-même se voyait comme un simple compositeur et croyait que toutes les théories qu'il avait pu formuler avaient un rapport direct avec ses propres œuvres.

De fait, Schoenberg était sans doute moins dogmatique qu'on ne l'imagine. Il était tout autre chose que le propagandiste effréné qui veut forcer à tout prix ses associés et ses admirateurs à accepter toutes les conséquences des techniques utilisées dans son œuvre. Il attendait par contre avec impatience le jour où l'on croirait à son œuvre pour elle-même. Très peu de temps avant sa mort en 1951, il résuma de manière très touchante ce combat entre le compositeur et le théoricien dans une conférence donnée à Los Angeles. Cette conférence commençait avec l'extraordinaire phrase suivante : « Je me demande parfois qui je suis. » Il poursuivait en disant qu'il avait remarqué dans un journal une annonce de sa conférence qui le décrivait comme « le théoricien célèbre et controversé connu pour son influence sur la musique moderne ». Puis il ajoutait : « Jusqu'à maintenant, je pensais composer pour d'autres raisons. »

Schoenberg avait sans doute raison de craindre qu'on se souviendrait de lui pour les solutions techniques qu'il avait apportées au problème de la musique contemporaine, plus que pour les chefs-d'œuvre qu'il croyait avoir écrits. De fait, il semble que nous soyons entrés dans une époque où, bien que le nom de Schoenberg soit très largement répandu — on se réfère à lui dans les salons aussi fréquemment qu'à Freud ou à Kafka, ou même qu'à Kierkegaard dans les salons très « au courant » — ses compositions, à l'exception du petit nombre des œuvres romantiques et dociles de sa jeunesse, sont loin d'avoir reçu la reconnaissance d'un large public. Ce qui rend si difficile la connaissance de Schoenberg et de savoir la place que lui réservera l'avenir provient du fait que son activité créatrice s'est située en un moment de transition pour les arts, un moment de transition au moins aussi profond et sans doute aussi inévitable que celui qui a eu lieu vers la fin de la Renaissance. A cette époque, la fantastique complexité de la composition modale était sur le point d'être remplacée par la simplicité relative du système que nous appelons tonal, dont dérive toute la musique occidentale importante des trois cents dernières années. Les grands maîtres de l'époque, Sweelinck aux Pays-Bas, Gibbons en Angleterre, Monteverdi en Italie, qui ont eux aussi participé à une profonde transition historique, eurent la responsabilité de clarifier les mystérieuses alternatives de la technique modale pour établir ce qu'on pourrait appeler un langage commun publiquement accepté.

Dès les premières années du XVIIe siècle, la polyphonie fluide et lucide de la Renaissance dut se soumettre à un régime harmonique plus rigoureusement contrôlé. L'harmonie verticale devenait, par opposition à la linéarité horizontale, la préoccupation majeure des compositeurs qui acceptaient de limiter volontairement leur vocabulaire. Les événements harmoniques se rattachaient entre eux par une attraction ressemblant à la force de gravité. La musique pourvue d'une ardeur centrifuge devenait gouvernée par une harmonie impliquant un *ordre préférentiel.* Par comparaison, cette nouvelle musique du XVIIe siècle apparaissait d'une plus grande simplicité, d'un caractère plus direct et plus public.

Schoenberg survint à une époque où ce processus de transition vers la tonalité était en train d'être inversé, où l'harmonie sensuelle et incroyablement riche de la fin du XIXe siècle commençait à céder le pas, au bénéfice d'une nouvelle orientation horizontale et linéaire. Il survint à une époque où le besoin d'une plus grande rigueur dans le traitement des divers éléments de la composition se faisait sentir, où il fallait trouver des réponses à des questions concernant la nature fondamentale du processus théorique, comme cela avait été le cas trois cents ans auparavant. A l'instar des compositeurs du début du XVIIe siècle, dont la musique était infiniment moins complexe que celle des maîtres de la fin de la Renaissance, la musique de Schoenberg représente à mon avis une simplification considérable par rapport à la tradition romantique wagnérienne dont elle est issue.

Je sais bien que ce genre d'affirmation peut paraître extrêmement étrange, étant donné que nous sommes habitués à l'idée qu'une musique qui est strictement réglementée, comme est réputée l'être celle de Schoenberg, est compliquée et d'une certaine façon difficile à comprendre. Mais cela me semble tout à fait différent de la notion de complication. Je ne crois pas qu'un langage tel que celui de Schoenberg qui fait tout son possible pour être logique et pour lequel la logique a la valeur organique d'une raison d'être, soit à proprement parler compliqué. Un langage complexe est pour moi un langage qui non seulement se soumet à certaines règles, mais dans lequel on trouve en outre un élément subliminal et caché qui n'est pas susceptible de preuve, qui n'est pas entièrement démontrable. En d'autres termes, j'aurais tendance à penser que l'art le plus complexe est celui dans lequel processus de décision rationnelle et processus instinctif sont intimement liés.

Dans ce sens, le langage de Wagner, de Strauss et de Mahler, dont Schoenberg est l'héritier, est immensément compliqué. C'est un langage dont on se demande quelle intensité supplémentaire pourrait être tirée de son vocabulaire, qui nous suffoque dans la mesure où chaque œuvre qui l'utilise cherche à nous donner une secousse émotionnelle encore plus grande que l'œuvre précédente. C'est un langage dans lequel culminent trois siècles de technique musicale — une technique en constante évolution mais qui malgré tout s'en réfère à un certain nombre d'expériences communes dont celle de la gravité harmonique qu'on appelle tonalité. C'est un langage qui, en vieillissant, s'est soumis à certaines pratiques qui ont clarifié et cristallisé son mode d'utilisation mais qui l'ont surtout rendu plus expressif, plus conscient de son potentiel. C'est un langage plus compliqué au vrai sens du terme. Au fur et à mesure qu'il vieillissait et devenait plus familier, ses praticiens ont découvert que tout ce qui restait à lui ajouter était le geste abortif, le relâchement délibéré de la discipline. En un mot, on était prêt pour des raisons expressives à commettre une mauvaise action.

Schoenberg surgit donc sur la scène musicale à une époque où régnait une complexité (pour peu qu'on accepte ma définition du terme) si fantastique, que sa réaction première fut d'élaborer une législation destinée à organiser, à rationaliser, à intellectualiser, à extérioriser ce qui jusqu'à un certain point était latent. Si Schoenberg n'avait fait que cela, on pourrait en conclure qu'il n'était pas un artiste très subtil, qu'il était résolu à rendre compréhensibles des choses inaptes à être vraiment comprises, qu'il était résolu à réglementer l'ingouvernable.

Mais il ne faut pas oublier, lorsqu'on parle de Schoenberg et de sa position historique, qu'existait alors un désordre organique qui minait la santé de la tonalité. Ce désordre était dû à la fantastique complexité du vocabulaire dont il hérita, à l'ambiguïté des rapports harmoniques existants. Il ne faut pas oublier que l'extension du vocabulaire tonal avait fini par dénaturer et déséquilibrer la simplicité qui avait été l'objectif de l'établissement de la tonalité, que les libertés engendrées par la tonalité dans sa phase ultime s'affaiblissaient à la poursuite d'intentions expressives qui étaient pourtant à la base même des principes de la philosophie tonale.

Considérons maintenant Schoenberg de façon chronologique pour examiner de près la fantastique transition dont son œuvre est l'incarnation. Comme compositeur tonal, Schoenberg est l'auteur de quelques-unes des œuvres les plus magnifiques du début du siècle. Sa production dans le cadre de la tonalité couvre une période d'une douzaine d'années, commençant avec les cinq petites mélodies qu'il composa alors qu'il était encore étudiant et s'achevant sur la dernière des œuvres qui fasse allégeance à un centre tonal indubitable : le *Second Quatuor,* écrit en 1908. Dans cette production on peut relever le sextuor relativement populaire qu'est *la Nuit Transfigurée,* l'un des plus grands poèmes symphoniques jamais écrits, *Pelléas et Mélisande,* deux *Symphonies de chambre*[1], deux *Quatuors à cordes,* ainsi que l'oratorio géant, les *Gurrelieder.*

Dans plusieurs de ces œuvres, et tout particulièrement dans *Pelléas et Mélisande,* Schoenberg semble se mouvoir sans le moindre problème dans le cadre des conceptions idiomatiques de Richard Strauss. En fait, au début du siècle, Strauss et Mahler tenaient le jeune Schoenberg en grande sympathie et semblaient considérer qu'il était l'un des brillants jeunes compositeurs d'avenir. Mais de quel avenir il s'agissait, ils ne le savaient pas au juste. Dans des œuvres comme *la Nuit Transfigurée* ou *Pelléas et Mélisande,* Schoenberg accepte les prémisses du langage tonal post-romantique sans se poser beaucoup de questions. A part une structure des voix internes particulièrement bien intégrée et exceptionnellement vivante ainsi qu'un traitement parfois extraordinairement ample de la basse, rien ne permet de déceler dans ces œuvres plus qu'une vague trace de la voie sur laquelle Schoenberg était en train de s'engager.

Par comparaison avec ces œuvres tonales du début, les œuvres écrites quelques années plus tard révèlent déjà la puissance intellectuelle de Schoenberg, qui s'interpose de toute sa masse pour écarter le processus instinctif. Comparées à *la Nuit Transfigurée* ou aux *Lieder* de jeunesse, les *Symphonies de chambre* sont des œuvres d'un allant et d'une puissance formidables, menées par une main extraordinairement ferme. Autant *la Nuit Transfigurée* est rhapsodique et fantasque, languissante et séquentielle, autant les *Symphonies de chambre* sont compactes et contrôlées, fonctionnelles et classiques.

1. La majeure partie de la *Deuxième Symphonie* fut écrite à cette époque, mais l'œuvre ne fut achevée qu'en 1939.

Dans nombre de ces œuvres, l'usage que fait Schoenberg de la dissonance devient étonnamment émancipé. Dans le cadre du système tonal, la dissonance dérive théoriquement d'une progression fondamentale avant d'y trouver sa résolution. Elle en est en fait l'embellissement, mais Schoenberg s'est mis à expérimenter un type de dissonance qui se prolonge sur une telle durée qu'il devient de plus en plus difficile de la mettre en relation directe avec une harmonie de préparation et de résolution. Bien entendu, il continue dans cette musique à établir un rapport entre les accords : c'est le cas de l'accord de quarte que voici (tiré du début de la *Première Symphonie de chambre*).

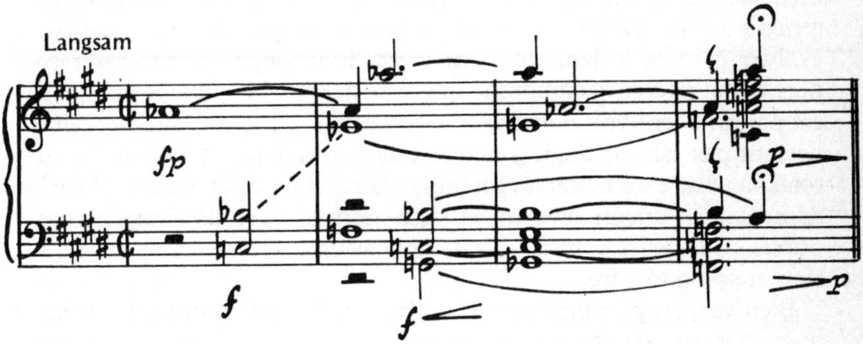

Kammersymphonie, opus 9.
© *Gertrud Schoenberg.*

On peut noter ici que la composante-intervalle de l'accord est utilisée autant pour ses conséquences linéaires ou mélodiques que pour la sensation purement verticale qu'elle produit. De plus, la nature de cet accord de quarte dans cette progression particulière avec sa résolution finale sur un accord de *fa majeur* est telle que, même si elle procure la satisfaction finale d'une résolution, l'accord lui-même aurait très bien pu se résoudre dans plusieurs autres directions avec un résultat aussi satisfaisant. Ici donc, Schoenberg examine les conséquences du phénomène qui consiste à mettre en rapport des progressions harmoniques conçues de manière dissonante avec une harmonie fondée sur l'accord parfait, et non pas simplement à extraire de formations d'accords parfaits des dissonances qui leur sont proches. Par rapport à l'évolution de son propre style et du langage musical du XXe siècle, il s'agissait là de la part de Schoenberg d'un gigantesque pas en avant.

Cette première période de sa production s'achève sur la composition du *Second Quatuor opus 10* (écrit en 1908) qui introduit dans son dernier mouvement une texture de neuvièmes et de septièmes si follement espacées qu'on ne peut plus sérieusement parler de coordination avec un centre tonal. Il est cependant très significatif de noter que Schoenberg greffe sur ce dernier mouvement une partie de soprano solo sur un texte très éloquent du poète Stefan George : « Je sens le souffle d'autres planètes. »

Nous en arrivons donc à la deuxième période de la vie de Schoenberg, durant laquelle il va s'efforcer de pénétrer dans cet étrange monde nouveau sans les avantages d'un système harmonique clairement défini. Les critiques de cette nouvelle musique ont souvent fait remarquer que l'erreur d'un changement aussi profond est de ne pas évoluer comme le langage : lentement, fonctionnellement, par rapport à une référence commune qui reste perceptible pour le public. Il est parfaitement vrai que divers procédés de la poésie contemporaine ne sont pas sans analogie avec ceux de la technique sérielle mais, au total, la nature du matériau littéraire n'a pas subi de changement fondamental, et aucun divorce ne s'est produit entre l'écrivain et son public de lecteurs comme cela semble avoir été le cas entre le musicien et son auditoire.

Bien sûr, les premiers propagandistes de l'atonalité ont fait remarquer, non sans fierté, que le mouvement de l'art abstrait a coïncidé presque exactement avec la naissance de l'atonalité. On peut effectivement établir certains parallèles entre les carrières d'un peintre comme Kandinsky et d'un compositeur comme Schoenberg. Mais il me semble périlleux de suivre ces parallèles de trop près, pour la raison bien simple que la musique est toujours abstraite, qu'elle n'est pas l'objet de connotations allégoriques sauf au sens métaphysique le plus élevé, et qu'elle ne prétend pas et n'a jamais prétendu, à quelques exceptions près, être autre chose qu'un moyen d'exprimer les mystères de la communication sous une forme également mystérieuse.

En d'autres termes, je crois que, si suggestifs que soient les parallèles que l'on peut tracer entre la musique et les autres arts à l'époque récente, les seuls parallèles qui comptent vraiment sont ceux qu'on peut faire avec des périodes antérieures de l'histoire de la musique. C'est ce que j'ai essayé de faire en parlant des dernières années de la Renaissance. Ceci posé, si mon explication de la relativité de la tonalité est correcte, elle exclut nécessairement certains des commentaires qui ont été faits au sujet de l'atonalité et de ses dérivés, tout particulièrement ceux qui ont essayé de trouver un sens au fait qu'elle soit apparue au cours des dernières années turbulentes précédant immédiatement la Première Guerre mondiale. Je ne crois pas que l'état d'indéniable chaos dans lequel se trouvait plongé le monde à cette époque ait grand rapport avec la fonction artistique de l'atonalité, ni d'ailleurs avec l'abstraction en art, ne serait-ce que parce que tous les hommes ne sont pas ébranlés de la même manière par les événements et les tensions de leur temps.

On ne devrait pas non plus dramatiser exagérément l'effroyable coup porté au monde confortable de la « Belle époque ». Le monde savait ce qu'était la souffrance bien avant l'avènement de l'empereur Guillaume. Et là encore, la réaction à la souffrance et à la douleur est de caractère tellement personnel qu'il ne s'ensuit pas obligatoirement la dissipation de l'ordre. Un ordre artistique peut fort bien être invoqué pour compenser le malheur. Il m'apparaît donc tout à fait erroné de donner à la fantastique mutation musicale de notre temps une signification sociale exclusive. Il existe des corrélations indéniables entre le développement d'une classe sociale et l'art dont elle s'entoure : le caractère public de la musique du début du Baroque n'est pas sans quelque rapport avec la prospérité de la classe marchande du XVIe siècle, mais il est pour le moins aventureux de fournir une explication sociale à un changement qui est essentiellement de méthode à l'intérieur d'une discipline artistique donnée.

Dans la musique que Schoenberg écrivit à la suite du *Second Quatuor* de 1908 et avant la Première Guerre mondiale, on trouve encore, comme on pouvait s'y attendre, de nombreux vestiges de la tonalité, mais ils ont maintenant la nostalgie qui est associée aux réminiscences d'un temps révolu et chéri. Examinons par exemple ce passage tiré des *Pièces pour piano opus 11.* On peut y détecter un souvenir lointain du ton de *ré mineur :*

Drei Klavierstucke, opus II, n° 2.
© *Universal Editions.*

Voici par ailleurs un bref extrait de l'opus 15, *le Livre des Jardins suspendus,* qui lui aussi évoque *ré mineur,* et remarquons à quel point les implications harmoniques de ce lied sont plus subtiles.

Das Buch der hangenden Garten.
© *Gertrud Schoenberg.*

En d'autres termes, il existe toujours dans cette musique un ordre préférentiel, un processus de sélection, qui sont déterminés par de vagues réminiscences tonales. On ne peut pas à son égard parler d'atonalité au sens où nous entendons ce mot aujourd'hui. Par contre, si nous examinons le bref exemple de *l'Opus 19* ci-dessous, on n'y détectera plus aucun centre tonal :

Sechs kleine klavierstucke, opus 19, n° 5.
© Gertrud Schoenberg.

Trois ou quatre années seulement séparent cette petite pièce pour piano du lied de l'exemple 3, mais celle-ci constitue presque la moitié de ce qu'on pourrait appeler une « Bagatelle » — de fait, le recueil des *Six Pièces de l'opus 19* auquel elle appartient ne dure pas plus de cinq minutes en tout. Imagine-t-on seulement le changement qui s'est opéré dans le monde d'Arnold Schoenberg ? Voilà un homme qui dix ans plus tôt écrivait les *Gurrelieder* et *Pelléas et Mélisande* et qui maintenant confine son activité à écrire de courtes pièces pour piano. Il n'y a évidemment rien de mal à cela, mais ces petites pièces nous en disent plus long qu'aucune phrase sur la situation de désespoir qui est celle de Schoenberg aux alentours de 1911 et 1912. Il s'en remet à un langage inconnu de lui, un langage qu'il n'avait aucun moyen de dominer sauf grâce à sa musicalité innée. Quelle tentation dut être la sienne d'en revenir au solide terrain qui le soutenait peu d'années encore auparavant ! Quelle tentation ce dut être de fuir la terreur de ce monde sonore inconnu ! Mais Schoenberg bien sûr n'y succomba pas ou ne pouvait y succomber car il était désormais résolu à suivre coûte que coûte le chemin qu'il s'était tracé, dût-il pour cela confiner son énergie créatrice à la composition de « bagatelles » pour piano. Et de fait, pendant presque dix ans, sauf à remettre sans cesse sur le métier *l'Échelle de Jacob*, l'oratorio destiné à n'être jamais achevé, Schoenberg n'écrivit pratiquement rien. Au cours de ces années, il se demanda s'il n'avait pas été trop loin. Une seule vie d'homme suffisait-elle à accomplir pareille mutation ?

Le problème auquel était confronté Schoenberg consistait à savoir s'il était possible d'organiser et de manipuler le vide de la dissonance qu'il s'était créé, de façon à lui donner un sens. Ce monde nouveau et étrange de la dissonance pouvait prendre des directions si variées ; l'une d'entre elles était-elle nécessairement plus significative ? Schoenberg en arriva à la conclusion que, si c'était la richesse excessive de l'harmonie tonale chromatique qui avait provoqué la réaction de l'atonalité et que si c'était la matière mélodique ultra-élaborée des post-wagnériens qui s'était associée avec ce vocabulaire chromatique, il y avait quelques chances pour que la clé de l'organisation du langage de l'atonalité réside dans l'élongation et l'extension extrême de la ligne mélodique. Il se posa la question de savoir s'il ne serait pas possible de construire des motifs d'une longueur et d'une endurance telles qu'ils pourraient non seulement devenir le noyau d'autres motifs associés, mais aussi donner un sens de relation proportionnelle aux différentes composantes structurelles, la mélodie et l'harmonie.

Dans le cadre de l'esthétique schoenbergienne, le sentiment qui guidait l'esprit de son travail consistait à tout essayer pour faire en sorte que l'œuvre d'art soit un objet totalement organisé et totalement compréhensible. C'est cette idée qui a créé une telle confusion à propos de Schoenberg en tant qu'artiste et qui a soumis ses théories historiques à une très sérieuse contestation ; car bien entendu, la question qui gouverne tout art est de savoir si l'art peut être absolument logique, et si la conception peut précéder intégralement l'exécution. J'imagine que Schoenberg avait conscience du fait que ces questions sont en réalité des mystères sans réponse, ou dont la réponse ne sera jamais au mieux que relative à l'artiste créateur qui les aura posées ; mais sa conviction à lui reposait sur la nécessité d'une conception préalable à l'exécution, donnant naissance à une cellule embryonnaire dont la forme gouvernerait l'éclosion de l'œuvre. Finalement, après cette longue période de silence obligé, Schoenberg allait concevoir la nature d'une cellule embryonnaire qui à son tour donnerait naissance à ce qu'on connaît sous le nom de technique dodécaphonique.

C'est le système qui fait de Schoenberg la cible favorite des critiques de musique contemporaine, car désormais Schoenberg ne faisait pas qu'affirmer son propre droit à arpenter le monde étrange de l'atonalité, mais soutenait que ce monde méritait de connaître une logique qui, une fois appliquée, justifierait l'emploi d'une dissonance totale. Au début, on crut que ce système n'était pas seulement pervers et arbitraire, mais quasiment ridicule dans sa naïveté, car la prémisse fondamentale sur laquelle il s'appuyait consistait à dire que la cellule embryonnaire, autrement dit la cellule de douze sons, ne faisait pas nécessairement partie de l'œuvre. Elle pouvait évidemment apparaître à l'occasion comme unité mélodique, mais dans son essence elle serait comme extérieure à l'œuvre, ne servant que de source de référence à laquelle le compositeur puisse appliquer son imagination. Mais elle ne ferait pas partie de l'œuvre à la façon dont on peut penser que la quille d'un bateau fait partie du bateau ; au lieu de cela, elle existerait couchée sur la table de travail du compositeur, comme une sorte de spécimen mystérieux qui n'a pas encore vu le jour ; à partir d'elle, à force de la contempler, de la triturer et de lui inventer des variations de toute espèce, le compositeur créerait une œuvre. Les principes qui gouvernent la manipulation de ce système — les rapports de la série et de l'œuvre — étaient, lorsque Schoenberg les a conçus, si élémentaires qu'ils apparaissent comme une concoction de mathématiques enfantines. On l'imagine facilement, Schoenberg devint, avec la formulation de ce code nouveau et bizarre, le compositeur le plus haï, le plus craint, le plus moqué et, en de rares occasions, le plus respecté de sa génération.

Pourtant la chose étrange est qu'avec ce système exagéré et presque simpliste Schoenberg se remit non seulement à composer mais s'embarqua pour une période d'environ cinq années durant laquelle il écrivit quelques-unes de ses musiques les plus belles, colorées, imaginatives, fraîches et inspirées. Il allait tirer de cette concoction de mathématiques enfantines et de cette perception discutable de l'histoire une joie de vivre et une intensité qui n'ont pas d'équivalent dans le reste de sa vie. Comment cela fut-il possible ? De quelle étrange alchimie l'esprit de cet homme était-il fait pour que les sources de son inspiration se soient mises à jaillir de la façon la plus libre et abondante à partir d'une réglementation aussi contraignante et étouffante ? Je suppose que la réponse tient en partie au fait que Schoenberg fut toujours à la fois intrigué et effrayé par les nombres, et qu'il essayait de lire sa destinée dans les nombres. Y a-t-il après tout histoire d'amour plus tendre avec les nombres que lorsqu'on les laisse gouverner sa vie créatrice ? Par ailleurs, après quinze années passées à la dérive sur une mer de dissonance, Schoenberg se sentait à nouveau sur un terrain ferme. Et finalement, une autre partie de la réponse tient en ce que toute musique est bâtie sur un système et que, très particulièrement en des moments de re-naissance tels que ceux auxquels Schoenberg nous conduisit, il est beaucoup plus nécessaire d'adhérer au système et d'en accepter toutes les conséquences qu'à des stades ultérieurs et plus mûrs de son existence.

Schoenberg entamait donc avec ces premiers exercices de composition dodécaphonique la troisième période majeure de sa vie créatrice. Du fait de la nouveauté du système, la forme de ses compositions de l'époque revêt une tournure XVIIIe siècle, ce qui peut paraître surprenant étant donné que les racines de Schoenberg plongent dans le XIXe siècle. Les mouvements de ses premières œuvres sérielles sont relativement courts et prennent la forme de gavottes, de musettes, de gigues, de simples canons, de vigoureux préludes et de gracieux menuets.

J'imagine volontiers qu'on finira par considérer ces premières œuvres dodécaphoniques, ainsi sans doute que les œuvres tonales du début du siècle, comme les productions les plus complètement heureuses de la vie de Schoenberg. Il est vrai que ces deux périodes furent des périodes de conciliation et que ces essais de relier la technique dodécaphonique et les formes musicales du XVIIIe siècle ne pouvaient au mieux fournir qu'une sorte d'abri transitoire. Mais imaginons à quel point il dut être exaltant de découvrir qu'il existait un moyen d'adapter l'ampleur thématique de l'atonalité et la liberté quasi infinie de ses possibilités harmoniques à un plan formel depuis longtemps pratiqué et familier. Il se peut aussi que ces deux périodes de la vie de Schoenberg aient été particulièrement heureuses parce que coexistaient en lui des dispositions à la fois conservatrices et révolutionnaires, et qu'il réussit précisément alors à concilier et à combiner l'audace de l'expérimentateur et les réminiscences de ce qu'il avait passionnément aimé.

On peut dire globalement des œuvres des dernières années de

Schoenberg qu'elles consolident sa pensée au sujet de la technique dodécaphonique. Si l'on songe qu'Anton Webern écrivait déjà à sa manière curieusement pointilliste, il est sans doute significatif de constater que les œuvres de Schoenberg, à mesure qu'il vieillissait, tendaient une fois encore à croître en dimension et en ampleur architecturale par rapport à ses premières compositions dodécaphoniques. Il alla même dans cette dernière période jusqu'à flirter avec l'idée de revenir à une écriture tonale. Les œuvres de ce type sont à coup sûr peu nombreuses, mais certaines d'entre elles comme *Kol Nidre* pour chœur, récitant et orchestre, l'*Ode à Napoléon* pour récitant, quatuor à cordes et piano, et les *Variations et Récitatif pour orgue* sont particulièrement marquantes. La tonalité y prévaut de manière fort variable : les *Variations pour Orgue* sont solidement installées en *ré mineur* (tonalité qui semble décidément avoir eu les faveurs de Schoenberg) tandis que l'*Ode à Napoléon* ne révèle l'existence d'un centre tonal qu'à certains moments cruciaux. Le sens de la tonalité est ici plus gris, moins coloré qu'à l'époque du chromatisme flamboyant de la jeunesse de Schoenberg. On ne saurait d'ailleurs parler désormais de chromatisme au sens conventionnel du mot. Son langage harmonique ferait plutôt vaguement penser à une bizarre excroissance de Max Reger, mais on se rend compte rapidement qu'il se passe ici quelque chose d'étrange. La trajectoire en accords parfaits qui prévaut dans cette musique ne respecte pas les principes de la polyphonie tonale ; elle dérive bien des principes dodécaphoniques mais en utilisant une série qui favorise une division en groupe d'accords parfaits. Ainsi, dans l'exemple ci-dessous, a-t-on à faire à une harmonisation — la relation entre les accords de *si majeur* et de *si mineur,* du *sol majeur* et de *sol mineur,* de *mi bémol majeur* et de *mi bémol mineur* — faisant partie d'un cycle harmonique d'accords majeurs et mineurs qui à l'aide d'une permutation couvre le spectre des douze sons.

Ode to Napoleon, opus 41.
© G. Schirmer.

Personne n'est en mesure de dire pourquoi Schoenberg s'est mis à explorer une direction tonale arbitraire si tardivement. Il n'y a là, j'en suis persuadé, aucune concession à l'esprit commercial d'Hollywood qui était devenu son domicile. Quelle qu'en puisse être la raison, les œuvres quasi tonales de Schoenberg datant de cette période nous fournissent l'une des leçons les plus précieuses que nous ayons à retenir de son utilisation du système sériel, car dans ces œuvres Schoenberg réfute une bonne partie de l'idéalisme de sa première méthode dodécaphonique et fournit également d'importants exemples d'un centre harmonique sériellement dérivé. Autrement dit, ces œuvres nous font découvrir que l'organisation sérielle peut fonctionner dans un univers qui n'est pas nécessairement dépourvu de préférence. Schoenberg y laisse présager une évolution qui se produit effectivement de nos jours et qui consiste à tolérer des concessions destinées à donner un centre à certaines unités harmoniques particulières, centre qui réapparaîtra plus fréquemment que ne l'autoriserait une égalité purement statistique. En bref, ces œuvres, même si elles ne sont pas absolument satisfaisantes en elles-mêmes, représentent l'un des aspects les plus importants de l'évolution de la pensée dodécaphonique de Schoenberg.

Ces œuvres quasi tonales ne forment qu'une petite partie de la production schoenbergienne des dernières années. Parmi les œuvres majeures de sa période américaine, on trouve ses *Concertos pour violon* et *pour piano,* et son *Trio à cordes,* qui sont tous écrits selon une discipline sérielle plus conventionnelle. Chacune de ces œuvres, en dépit de l'évidente maîtrise de leur facture, me paraît faire preuve d'une réserve — on pourrait presque dire d'une lassitude — plus grande que celle que nous associons au Schoenberg des années 20 et du début des années 30. Une certaine froideur dans la précision architecturale semble parfois avoir pris le relais d'une invention plus fluide. On y retrouve cette curieuse collaboration entre le propos de la période antérieure (dans ce cas, le XIXe siècle et ses formules architecturales) et les exigences propres aux situations sérielles ; malgré toutes les réserves qu'on peut légitimement faire à leur sujet, elles contiennent quelques-unes des plus belles musiques des temps récents.

Pour finir, qu'en est-il de cet homme ? Quel type d'influence a-t-il exercé sur notre univers ? On doit reconnaître qu'un changement fondamental s'est produit dans le monde de la musique et qu'il est dû pour une bonne part aux idées et aux œuvres de Schoenberg. Il est parfaitement vrai qu'il existe à l'heure actuelle une si fantastique diversité d'idiomes musicaux simultanément pratiqués que ce qui se passe aujourd'hui ne peut être porté au crédit ou au passif d'une seule personne. Mais s'il est vrai que, comme l'a dit je crois Roger Sessions, « nous composons tous différemment quel que soit notre style personnel, à cause de Schoenberg », quel a été l'effet réel du nouvel univers sonore introduit par Schoenberg ?

Il est à mon avis indubitable que son effet fondamental a été de séparer le compositeur de son auditoire. Même si cela ne nous plaît pas, c'est quelque chose qu'il est impossible de ne pas reconnaître. Beaucoup de gens pensent que Schoenberg est responsable de la destruction du lien entre le compositeur et son public et de la création d'un profond antagonisme entre eux. Ces mêmes gens affirment que si le langage établi par Schoenberg n'est pas devenu valide, c'est qu'il ne contient aucun système de référence émotionnel communément accepté.

Il est certain que la musique d'aujourd'hui, celle en tout cas qui doit beaucoup à l'influence de Schoenberg, ne joue pratiquement aucun rôle dans la vie de la plupart des gens. Elle ne saurait prétendre à exciter la curiosité générale comme c'était le cas des œuvres nouvelles et significatives d'il y a cinquante ou soixante ans. Il faut se souvenir qu'au tournant de ce siècle, une nouvelle œuvre de Richard Strauss, Gustav Mahler, Rimsky-Korsakov ou Debussy était considérée comme un événement majeur non seulement par les « connaisseurs » mais également par un très large public. Cela ne veut pas dire que ces gens approuvaient tout ce qu'ils entendaient ; mais au total la production musicale contemporaine représentait à l'époque pour le public la part la plus intéressante du répertoire et les programmes des concerts et d'opéra d'il y a cinquante ou soixante ans étaient largement composés de musique écrite par des compositeurs vivants. Il est tout à fait vrai que le répertoire offert était beaucoup plus restreint qu'aujourd'hui. Un programme de concert ordinaire n'allait guère dans le passé au-delà de Beethoven, avec une pincée éventuelle de Mozart ou de Haydn et, pour la satisfaction des amateurs d'antiquité, une très rare incursion dans la partie la plus familière de l'œuvre de Jean-Sébastien Bach. Par contraste, nous souffririons aujourd'hui de malnutrition si nous devions nous nourrir exclusivement d'œuvres qui n'aient guère plus d'un siècle d'existence ; n'aurions-nous pas transféré notre intérêt vers d'autres périodes que parce que la musique de notre temps n'a pas réussi à commander notre affection et notre attention ?

Quel que soit le peu d'intérêt suscité par les développements les plus significatifs de la musique de notre temps, je crois que certains secteurs du vocabulaire de l'atonalité — ce terme étant ici utilisé dans son sens collectif — ont apporté une contribution indubitable à la vie contemporaine. C'est tout particulièrement le cas des médias dont la musique ne représente qu'un des éléments, et jusqu'à un certain point de l'opéra (si l'on peut parler du *Wozzeck* d'Alban Berg comme d'un opéra à succès), mais surtout de cette curieuse spécialité du XXe siècle qu'on appelle musique de fond, qu'elle soit destinée au cinéma ou à la télévision. Lorsqu'on écoute la musique de la plupart des films d'horreur en provenance d'Hollywood, ou d'émissions télévisées sur les voyages dans l'espace destinées aux enfants, on est littéralement saisi de constater à quel point ces médias ont intégré les différents langages de l'atonalité.

Quand ce type de musique de fond nous est servi à titre d'appoint, nous trouvons parfaitement compréhensibles les procédés du vocabulaire atonal. Il est pourtant assez effrayant de s'apercevoir que l'intégration de la dissonance, d'où est née toute la nouvelle musique de notre temps, ne devient satisfaisante dans l'esprit de beaucoup de gens que pour exprimer ce qu'il y a de fondamentalement bestial chez l'animal humain, et qu'elle tend à être écartée dès lors qu'elle vise à une existence autonome qui offre pourtant un éventail d'émotions aussi vaste que n'importe quel autre style musical.

Les compositeurs sont malgré tout des gens excessivement convaincants et obstinés, et on peut raisonnablement espérer que de bons rapports finiront par être restaurés entre le compositeur et son public. Il se peut que ces formes d'intégration selon lesquelles les références atonales ont obtenu quelque succès — le film d'horreur ou de science-fiction — soient une étape nécessaire vers le rétablissement d'un lieu commun. Ce n'est pas que je souhaite la perpétuation des films d'horreur, et que je croie que les voyages dans l'espace aient grand-chose à voir avec le sérialisme ; mais le caractère de cliché de ces procédés peut fort bien aboutir à faire accepter par le public le vocabulaire atonal et fournir à notre époque étrange et tordue une référence équivalente à celle du choral luthérien pour les cérémonies liturgiques de l'Europe du Nord à la fin du XVIe siècle. Il est hors de doute que c'est par l'intermédiaire du choral luthérien que de nombreux paroissiens hostiles se sont peu à peu familiarisés avec la tonalité qui a dû au début leur paraître un langage neuf et étrange. De la même manière, les *Aventures du Capitaine Stratosphère* et autres absurdités qui captent l'attention des auditoires les plus jeunes de notre époque joueront probablement un rôle essentiel pour le rapprochement d'un public hostile et de la musique contemporaine.

Si cela se produit effectivement, Schoenberg ne pourra plus être considéré comme un auteur maléfique ou l'émanation du diable, mais bien au contraire comme l'un des compositeurs pivots de l'histoire de la musique. La seule chose qu'il nous restera à faire à son sujet sera de juger la valeur de sa musique et non celle de sa position dans l'histoire. Pour un documentaire sur Schoenberg réalisé pour la Radio canadienne, j'ai dû il y a quelque temps interviewer toute une série de personnes qui l'avaient connu. Mais j'ai pris soin de choisir aussi bien des gens qui l'aimaient et l'admiraient que d'autres qui le craignaient ou même le détestaient. A tous, j'ai posé la question suivante : « Qu'en sera-t-il de Schoenberg en l'an 2000 ? J'obtins des réponses très intéressantes car extrêmement variées.

Les opinions allaient de celle d'un critique musical de l'un des grands journaux américains qui estimait qu'il ne resterait pas grand-chose de Schoenberg en l'an 2000, que son style était d'ailleurs déjà sur le déclin, jusqu'à celle d'un compositeur célèbre qui me dit croire que l'expression musicale de Schoenberg était à la fois puissante et torturée, et que quelques-unes de ses œuvres survivraient certainement comme témoins artistiques des bouleversements et de l'instabilité de notre temps. Il y avait beaucoup d'autres points de vue couvrant toutes les nuances de l'opinion, mais aucun ne fut aussi captivant que la très juste citation que je réussis à trouver dans un texte écrit par Schoenberg juste avant sa mort, intitulé « Mon évolution ». Dans ce texte, Schoenberg commence par évoquer des souvenirs de sa jeunesse à Vienne avant de raconter la poignante et merveilleuse anecdote qui suit à propos de l'empereur François-Joseph : « Notre Empereur François-Joseph I honorait souvent de sa présence l'inauguration d'expositions industrielles ou artistiques importantes. En de telles occasions, on permettait aux présidents des Comités de présenter à l'Empereur certains industriels et artistes éminents. Les présentations avaient lieu de la manière suivante : « Puis-je présenter à Votre Majesté Monsieur Untel, le grand industriel. » Puis se tournant vers le monsieur en question, le président ajoutait : « Sa Majesté, l'Empereur ». Après un certain nombre de présentations, l'Empereur murmura : « Ces messieurs devraient savoir maintenant, je l'espère, qui je suis. » Schoenberg concluait cette anecdote en disant : « Puis-je espérer moi aussi que d'ici cinquante ans, on saura qui je suis. »

Nous n'avons pas le recul suffisant pour juger vraiment Schoenberg. Quoi que nous disions à son sujet aujourd'hui est soit le résultat de conjectures, d'une foi aveugle, ou d'un transfert sur sa musique de l'importance que nous accordons à ses vues sur l'évolution historique. Mais si vous voulez connaître mon pari et si vous voulez bien l'accepter comme venant de quelqu'un qui a fait un réel effort pour distinguer le théoricien du compositeur et pour ne pas confondre la logique pas toujours parfaite des théories de Schoenberg et le jugement de valeur qu'il porte sur ses œuvres, je vous confierai que je gage qu'on saura effectivement un jour « qui il était » ; on saura un jour qu'il était l'un des plus grands compositeurs qui aient jamais existé.

TROISIÈME PARTIE

Portraits

Yehudi Menuhin

La musique de chambre est un domaine qui se prête mal à la collaboration de personnalités très affirmées. L'activité de Glenn Gould dans ce cadre fut de ce fait relativement limitée, encore que le festival de Stratford au Canada dont il fut pendant deux années le directeur artistique lui ait permis de diriger Concertos Brandebourgeois *et* Cantates *de Bach et de faire bon nombre d'expériences de musique contemporaine. Le disque nous laisse le témoignage de quelques* Sonates *de Bach et de Hindemith, ainsi que de* Lieder *de Schoenberg et de Hindemith et du* Quatuor avec piano *de Schumann.*

Pourtant, en 1965, Glenn Gould invita Yehudi Menuhin à participer à l'une de ses émissions de télévision, au cours de laquelle ils interprétèrent la Sonate en ut mineur *de Bach, la* Fantaisie *de Schoenberg et la* Dixième Sonate *de Beethoven.*

Pour des raisons contractuelles, aucun de leurs projets d'enregistrement commun ne devait hélas voir le jour.

L'année suivante, Glenn Gould écrivait à l'occasion du 50e anniversaire de Menuhin un portrait du grand violoniste, publié dans Musical America *de décembre 1966.*

J'ignore quelle était l'ambiance intellectuelle de New York en 1916 lorsque Yehudi Menuhin y est né, mais ce que je sais — je le tiens de ma grand-mère, alors que j'entrais dans l'adolescence, deux décades plus tard — c'est que, dans les régions du Canada rural où elle vécut toute sa vie, être artiste n'était pas considéré. C'était en fait un mode de vie contre lequel toute grand-mère qui se respecte se faisait un devoir de mettre en garde sa descendance. La raison n'en était pas tellement le préjugé simpliste et mercantile largement répandu dans une société essentiellement agraire — encore que selon ces termes de référence, une vie consacrée au barreau ou à prêcher en chaire promettait à son homme une existence matérielle incomparablement plus sûre que celle que pouvait espérer le troubadour itinérant ou le poète publié à compte d'auteur — mais plutôt l'idée, commune à toutes les sociétés essentiellement puritaines, que d'être un artiste c'était se vouer inutilement à l'enfer. Car cela impliquait après tout, outre la fréquentation des individus les moins recommandables et la recherche (ou au moins l'acceptation) d'une adulation idolâtre proche du blasphème, qu'on allait s'exposer à une pléthore de pensées troubles et obscures, être contraint de s'y complaire et de les propager avec tant de force et en telle quantité, qu'on finirait bien par se laisser séduire par elles.

Il m'a toujours semblé que cette manière puritaine de voir l'artiste comme un être en danger n'est pas seulement viable dramatiquement, mais qu'elle est psychologiquement juste. C'est toute l'histoire de Faust, aussi bien d'ailleurs que de pactes moins légendaires. De même que la censure, cette arme ultime du système puritain, gonfle le pouvoir infectieux et inflammatoire des mots à un degré auquel le laisser-faire des lettrés libéraux ne saurait songer, cette vision de l'artiste détenteur d'un pouvoir démoniaque que le commun des mortels ne saurait approcher sans précautions est chargée d'un respect implicite pour son rôle, respect qui excède de loin la tendresse égalitariste par laquelle le troubadour syndiqué d'aujourd'hui — sarclant son jardin comme tout le monde dans la journée, distillant nuitamment fugues et fantaisies — est négligemment accueilli à l'intérieur de la communauté.

Mais les sociétés puritaines représentaient avant tout des structures sociales pragmatiques, constamment confrontées au souci de définir leurs idéaux les plus hauts. Dans ce but, elles avaient besoin non seulement d'opposants, mais de meneurs et même, à l'occasion, d'artistes qui ne soient pas tant des antagonistes que des porte-parole. Un des aspects les plus fascinants de la tradition puritaine était la manière dont était parfois conclu le marché étonnant de l'entente agitée entre artiste et citadins. C'était accepter l'idée que, étant donné des circonstances exceptionnelles, un caractère impeccable et la présence d'une attention vigilante seule capable en cas de danger de tenir en respect les forces du mal, l'artiste le plus rare était susceptible d'une transfiguration spirituelle telle qu'elle pouvait compter plus que la vie et être attribuée directement à la transcendance de son art. C'était bien sûr envisager l'art comme instrument de salut, l'artiste comme missionnaire et héraut.

Cette notion, ma grand-mère y souscrivait de toute son âme. A moins que je ne me trompe, elle était incarnée dans son esprit par un artiste tel que Paderewski, pour assister aux concerts duquel elle se targuait d'avoir fait de longs voyages ; et elle en trouvait certainement la manifestation dans les manuscrits de ces compositeurs inlassables d'hymnes de la tradition victorienne anglaise dont elle empilait les œuvres sur la console de son orgue d'anches et dont elle faisait résonner la magnificence et l'euphonie mendelssohnienne en actionnant avec acharnement le pédalier à soufflets, convaincue que chaque quinte parallèle évitée était un coup porté contre le diable, et répondant à la compression inévitable d'une réponse tonale lors d'une strette cadentielle comme à un article de foi.

Pour autant que je le sache, ma grand-mère n'entendit jamais Yehudi Menuhin, mais je soupçonne que si cela avait été le cas, elle se serait trouvée confirmée dans sa définition de l'artiste porte-parole. Elle aurait reconnu là, sans doute possible, l'existence (fût-elle essentiellement extra-musicale) de cette même mystique.

Je n'essaie pas de suggérer que Menuhin soit, en aucun cas, le dernier avatar d'une lignée victorienne, ni même que mes souvenirs nostalgiques de la terminologie grand-maternelle soient nécessairement la manière la mieux appropriée pour définir son rôle. Car la première chose à dire à son sujet est qu'il est un musicien étonnamment au courant, aussi prêt à discuter les dernières nouveautés de Baden-Baden, ou les marasmes de Darmstadt, que de la possibilité d'un coup d'archet alternatif pour la *Chaconne* de Bach. Par-dessus tout, il semble être mû par une curiosité dévorante qui ne l'empêche d'ailleurs pas de faire preuve d'une perspicacité très personnelle. Il sait le bonheur qu'il y a à tirer d'idées nouvelles et le danger de se laisser submerger par elles.

« Schoenberg », lui dis-je un jour, me reférant à un passage particulier de sa *Fantaisie pour violon*, « devait sûrement être possédé par quelque chose de l'austère moralité de l'Ancien Testament ».

« Je n'ai jamais compris », répondit-il, « en quoi on trouve si morales les secondes mineures en ce siècle » !

La fréquence et l'audace perspicace de telles remarques chez Menuhin font de lui un collaborateur à peu près unique en musique de chambre. Ses enregistrements de Bach avec le superbe claveciniste qu'est George Malcom, ou de Beethoven avec sa sœur, l'admirable Hephzibah, en portent témoignages. En général, son activité comme chef d'orchestre a laissé jusqu'ici son empreinte surtout dans un domaine qui prolongeait et élargissait ses affinités pour la musique de chambre. Ses enregistrements des *Suites* de Bach avec son propre orchestre du Festival de Bath font preuve d'une conviction irrésistible qui rejette le plus souvent dans l'ombre, tranquillement mais fermement, les versions plus authentiquement baroques d'ensembles spécialisés. Et certaines de ses réalisations les plus marquantes furent celles où, troquant, en compagnie de son distingué collègue David Oïstrakh, l'archet pour la baguette — et vice versa — il joua et dirigea alternativement les grands concertos du répertoire. Une autre année, se soumettant de lui-même à l'épreuve, il paraît à la tête de l'American Symphony Orchestra dans une série de programmes allant de Purcell à Bartok, jouant plusieurs concertos de violon et dirigeant la *Quatrième Symphonie* de Schumann, d'apparence si directe mais d'une logistique en vérité très périlleuse.

Mais c'est bien sûr de son activité de soliste que Yehudi Menuhin tire son plus grand titre de gloire. Et là, oubliant tout ce qui l'intéresse par ailleurs et les entreprises qu'il patronne — qui vont de l'école pour petits prodiges qu'il a récemment fondée près de Londres, à sa boutique de produits biologiques du West-end — il consacre la majeure partie de l'année à relever les pièges du circuit international des concerts. C'est une vie de voyages incessants. Il déteste prendre l'avion mais monte à bord comme si de rien n'était. Lorsque l'irrépressible Diana, sa femme, l'accompagne, elle donne à ces suites d'hôtel déprimantes et uniformes une coloration moins antiseptique et austère en installant, à chaque nouvelle étape quotidienne et sur chaque meuble, des photos de famille, comme pour prêter un air de permanence à un pèlerinage dont le changement est la règle absolue.

C'est une vie toute de défis, où il faut s'accoutumer sans arrêt à de nouveaux visages, s'apitoyer sur les problèmes de chefs dyspeptiques, et sur les maux d'estomac d'impresarios pas toujours amènes, s'engager à étudier une nouvelle sonate pour le jeudi suivant (Menuhin est du genre de ceux qui apprennent à une telle vitesse que même un Padre Martini y perdrait son souffle). Et puis, c'est la course frénétique au temps et aux endroits où travailler. C'est une vie qui — car telle est mon horreur du système et des concerts internationaux —, surtout en cet âge de la communication électronique, m'apparaît d'ordinaire futile et incohérente.

Et pourtant, par une alchimie que je suis bien décidé à ne jamais comprendre, Menuhin est capable d'en minimiser les effroyables contraintes émotionnelles, d'ignorer les mesquineries de collègues frustrés, de surmonter le défi de son esclavage et de sa routine, d'encaisser les crises récurrentes d'adrénaline qui accompagnent inévitablement ce genre de vie, et tout cela avec une égalité d'humeur et une générosité d'esprit devenues légendaires. Ce n'est pas qu'il parvienne sans aide à cet état d'euphorie.

Il faut l'avoir vu, niché dans sa loge dix minutes avant d'entrer en scène, tout juste au courant de ce qu'il va devoir jouer ce soir-là, manipulant son violon dans les dédales d'exercices en quarts de ton qui donneraient la nausée à Alois Haba [1], tout en assumant la posture accroupie et sereine d'un fakir à peine diplômé d'une école de charmeurs de serpents, à hauts risques, pour saisir un peu de la dépense nerveuse requise.

Même moi, tel qu'en moi-même, je peux évacuer juste ce qu'il faut de mes préjugés pour concéder que ce genre de vie faite d'anxiété constante et de frustrations certaines offre une mise en scène sans équivalent, qui éclaire à merveille les aspects sacrificiels du rôle de l'artiste porte-parole. En vérité, c'est comme si, au contact du concert, Menuhin était à la recherche du plus commun dénominateur de l'assujettissement le moins commun.

Menuhin, de manière sans doute plus frappante qu'aucun autre musicien de sa génération, est entouré d'une vénération quasi universelle. Il détient une collection de décorations et de médailles telle, qu'elle forcerait un prêteur sur gages à créer des succursales en banlieue : la Légion d'Honneur, l'Ordre de la Couronne, d'innombrables doctorats *honoris causa* et, tout récemment, le titre de Commandeur de l'Empire britannique (et cela, s'il vous plaît, pour un citoyen des États-Unis).

Son nom est connu en Amérique jusque dans les chaumières (« Allons, Théodore, va faire tes gammes, sinon tu ne deviendras jamais un Mischa [2] Menuhin ! »). En Angleterre, il est le saint Patron protéen de toute une myriade de solistes et de musiciens de chambre

1. Compositeur célèbre pour son utilisation quasi permanente des quarts de ton *(N.d.T.).*

2. Mischa était le prénom du célèbre violoniste russo-américain Mischa Elman (1891-1967). *(N.d.T.)*

interchangeables qui sont dans son sillage. (« Dites-moi, Cecilia, chère, je vois dans le *Times* que Mr. Menuhin fait ce soir de la musique avec les Amadeus [1]. Bizarre, des quintettes à corde au Royal Albert [2] ! »)

Il lui est arrivé d'être secouru par des bédouins dans le Sahara qui, après avoir aidé à dégager sa voiture embourbée dans des sables restés intacts depuis les marches de l'Afrika Korps de Rommel, se sont exclamés, incrédules : « C'est Menuhin, c'est lui [3] ! » Et si, comme je l'espère et l'y ai encouragé, il visite un jour les avant-postes du Canada Arctique, je suis convaincu qu'il en reviendra chargé d'une masse d'observations et de tabulaires ethnographiques, ayant imaginé l'esquisse d'un système amélioré de sténographie esquimau, et rédigé le texte d'une conférence sur les détails des carences alimentaires du Caribou des terres vierges.

Avec les peuples de l'Inde, Menuhin a joui d'un contact spirituel privilégié. Propagandiste inlassable de la culture du sous-continent, ami et confident de feu Jawaharal Nehru, Menuhin est accueilli dans ce pays avec une franchise et une compréhension qui rendent caduque le terme de nation « non alignée ».

Il y a quelques années, un Américain, visitant un sage de Madras dans sa modeste résidence, remarqua sur le mur, placée juste à côté de l'image d'un krishna éclairée d'une bougie, une photographie également éclairée. Lorsque le sage fit son entrée dans la pièce, le visiteur lui demanda si, par hasard, il ne s'agissait pas du portrait d'un musicien célèbre. La réponse vint, instantanée : « Bien sûr, c'est Menuhin. C'est ainsi que nous le considérons dans notre pays. »

Les humanistes sont, je l'imagine, sensibles à l'indifférence de Menuhin pour les certitudes doctrinaires, à son inclination pour les jugements esthétiques plutôt que moraux. Les puritains apprécient sa puissance de travail infinie, l'intensité de son sens missionnaire. Mais de telles définitions ne sont, en fin de compte, que questions de goût et de préférence. Pour nombre d'entre nous, Yehudi Menuhin, artiste extraordinaire, être humain sans pareil, paraît être l'un des rares individus susceptibles de succéder en temps voulu en ce lieu unique de l'affection de l'humanité laissé vacant par la mort d'Albert Schweitzer.

Grand-mère, j'en suis sûr, aurait acquiescé.

1. Le quatuor Amadeus : le plus fameux quatuor résidant en Angleterre *(N.d.T.)*.
2. Le Royal Albert Hall : la plus vaste salle de concerts londonienne.
3. En français dans le texte *(N.d.T.)*.

Léopold Stokowski

Nous voici arrivés avec ce Stokowski *au cœur de la littérature gouldienne. En traçant le portrait d'un autre, d'un être qui pourrait être un personnage de fiction, Glenn Gould nous en dit probablement plus sur lui-même qu'en d'autres textes d'apparence plus directement personnelle. Ce chef-d'œuvre publié dans le* New York Times *du 14 mai 1978, nous donne, par la maîtrise de son organisation formelle et par la finesse de son analyse psychologique, un aperçu fulgurant de ce qu'aurait pu devenir l'écrivain Glenn Gould lorsque, ayant délaissé ses activités musicales, il se serait consacré exclusivement à son œuvre littéraire.*

Je n'ai rien d'une grenouille de coulisses. Quoique je n'aie jamais hésité à m'exprimer par écrit avec enthousiasme au sujet des gens qui m'intéressent — la critique positive m'apparaît comme la seule forme acceptable de journalisme —, j'ai rarement cherché à rencontrer les artistes que j'admire. Bien entendu, les circonstances professionnelles étant ce qu'elles sont, certaines rencontres sont parfois inévitables, mais je me suis généralement débrouillé pour en sortir en gardant mes illusions plus ou moins intactes. Ceci posé, et à quelques exceptions près, j'ai toute ma vie évité la compagnie des musiciens.

Si je l'ai fait, ce n'est pas que je croie que les musiciens en tant qu'espèce soient forcément frivoles et mondains ou qu'ils éprouvent le besoin irrépressible et permanent de se vanter de leurs plus récents triomphes ; c'est bien sûr le cas de certains d'entre eux qu'on chercherait à éviter de toute façon. Et j'ai bien conscience par ailleurs qu'il existe dans notre profession des collègues avec lesquels il est possible de parler de théologie, de politique ou de la psychologie des feuilletons télévisés, ou en présence desquels on peut également oser rester seul avec ses pensées pour partager le silence non gêné qui est la marque de la véritable amitié.

Mais, de manière générale, les musiciens ont tendance à parler de musique, car c'est après tout le moyen le plus facile de briser la glace. Ils ont tendance à parler des théories analytiques, des révélations émotionnelles ou des expériences tactiles qui se sont accumulées à l'occasion de leur étude récente d'une partition, de leur assistance à une conférence ou de leur présence au concert de l'un de leurs collègues. Et même si leur conversation a un contenu fraternel et charitable (ce qui n'est que trop peu fréquent), elle appelle presque forcément une réaction, un commentaire ou une contre-argumentation. La même chose, écrite ou transmise électroniquement, aurait un impact tout différent : on peut alors la manipuler par le montage, la faire correspondre à l'humeur du présent, et protéger ainsi sa vulnérabilité. En dernier ressort, on peut toujours éteindre le poste ou tourner la page. Mais dans la conversation, la courtoisie exige que l'interlocuteur réagisse et que, ce faisant, il relie sa propre expérience aux propositions analytiques, émotionnelles ou tactiles, qui font l'objet de la discussion. Il s'agit à mon avis d'un exercice dangereux. Je suis convaincu qu'un artiste ne peut vraiment travailler que dans la solitude, dans un environnement tel que sa connaissance du monde extérieur soit contrôlée en permanence sans que l'unité indivisible de l'idée et de sa réalisation puisse être brisée par une irruption étrangère.

Tout cela pour dire que je n'ai jamais été une grenouille de coulisses, à une exception près, et qui concerne l'un de mes collègues : Léopold Stokowski. Lorsque nous nous rencontrâmes, un dimanche soir de juin 1957, mon manque d'expérience de ce qu'est un club de fans était éclatant.

⁂

Le lieu de cette rencontre n'était *a priori* guère probable : il s'agissait du quai de la gare de Francfort. Quoique n'ayant ni l'un ni l'autre donné de concert à Francfort, nous nous trouvions tous deux en tournée en Europe, et attendions l'annonce qui nous invite à monter à bord de l'express Amsterdam-Vienne. A un moment donné, je me retournai pour m'assurer de la présence du porteur et de mes bagages, et aperçus un peu plus loin sur le quai la silhouette du plus célèbre chef d'orchestre du siècle. Le Maître semblait faire les cent pas sur un tracé qui l'amenait en son point le plus proche à environ deux mètres du territoire que je m'étais approprié juste devant les portières du wagon-lit. Je l'observai faire son petit circuit triangulaire à trois ou quatre reprises. A chaque fois, il marchait comme un navire qui tire des bords en direction du train, puis s'en retournait vers la gare avant d'emprunter le troisième côté du triangle, qui le ramenait à proximité de l'endroit où je m'étais fixé. Pendant ce temps-là, je me préparais un petit discours introductif qui fasse mouche à coup sûr, du genre : « Bonsoir, Maestro, quelle belle journée n'est-ce pas ! A propos, mon nom est... » ou bien « Maestro Stokowski, permettez-moi de me présenter. Je suis l'un de vos plus grands admirateurs et je... » Impossible ! il était hors de question d'atteindre une cible mouvante avec un cliché de ce genre. De plus, à aucun moment, il ne franchit la distance de deux mètres qui nous séparait à chacune de ses circonvolutions, et il y avait quelque chose dans la fermeté et la lenteur de son pas et dans le dessin immuable de sa trajectoire — on aurait cru un prêtre arpentant bréviaire en main le cloître d'un monastère — qui faisait que tout mouvement de ma part en sa direction aurait semblé une intrusion insupportable à l'encontre de sa personne.

Par ailleurs, je n'avais pas abandonné mon poste et il n'était pas sans avantage. Tôt ou tard, l'annonce nous appelant à monter dans le train viendrait, et ce serait alors à *lui* de s'approcher ; même brièvement, c'est *lui* qui serait sur mon territoire.

L'appel survint, et lui aussi, de même que d'autres passagers, ainsi d'ailleurs que les porteurs avec leurs chariots. Mais aucune des phrases bien envoyées que je m'étais préparé à lui dire ne faisait plus l'affaire. « Bonsoir, Maestro, quelle cohue ! », « Comment allez-vous, Monsieur ? Ces Allemands n'ont pas leur pareil pour faire partir les trains à l'heure, ne trouvez-vous pas... ? ». Il ne me restait plus de temps pour penser. Le voilà qui n'était plus maintenant qu'à trois pas, puis deux, puis un... Il n'y avait plus qu'une chose à faire : je laissai tomber mon billet ; juste sous son nez ; et par inadvertance, bien sûr. Il dut s'arrêter pendant que je le ramassais. « Zut, alors ! » murmurai-je sur un ton tout juste audible destiné à prêter une certaine crédibilité à mon stratagème. Je pris tout mon temps pour récupérer le billet et, tout en regardant alentour pour m'excuser ostensiblement auprès des braves gens qui auraient pu être momentanément dérangés par ma mésaventure, je réussis (du moins je le pense) à prendre un air d'authentique incrédulité : « Mais c'est... c'est... C'est le Maître Stokowski ! » J'étais encore en train de me relever au moment où je fis cette subtile observation ; Stokowski abaissa son regard sur moi, et d'une voix affable et quelque peu lasse dont il connaissait le maniement à merveille après des dizaines d'années passées au contact de journalistes envahissants, sommé de répondre à des questions imbéciles sur ce qu'il pensait de Greta Garbo, il laissa tomber : « C'est bien cela, jeune homme. »

J'achevai de me relever et me présentai (je décidai sur le moment de laisser de côté la partie de la phrase où je comptais lui dire que j'étais l'un de ses fans) ; Stokowski, avec cette intonation impeccablement rythmée et ponctuée qui était la sienne, me dit alors : « J'ai lu que vous étiez dernièrement à Léningrad. » (Incroyable : il savait donc qui j'étais et était même au courant de mes plus récentes activités.)

— « Effectivement, Maître, il y a tout juste deux semaines. »

— « Eh bien, je vous rendrai peut-être visite plus tard dans la soirée. J'aimerais connaître vos impressions sur la Léningrad d'aujourd'hui, et sans doute mes propres impressions sur la Leningrad de naguère pourraient-elles vous intéresser ».

Je lui assurai que j'étais effectivement très intéressé ; j'aurais d'ailleurs été intéressé par ses impressions sur Mickey Mouse si cela avait pu être le prétexte d'une visite de sa part.

Mais il avait dit « peut-être » ; il me rendrait « peut-être » visite. Il ne viendrait pas, j'en étais sûr. Il n'avait d'ailleurs probablement pas noté le numéro de mon compartiment. Sans doute devrais-je lui faire savoir par le contrôleur où je me trouvais. Je décidai d'attendre une heure et, s'il n'était pas venu dans l'intervalle, de m'en remettre au contrôleur.

Une demi-heure plus tard, on frappait à ma porte.

Nous ne parlâmes qu'une seule fois de musique. En guise de civilités destinées à ouvrir la conversation, nous nous donnâmes nos itinéraires réciproques (nous devions tous les deux participer au festival de Vienne la semaine suivante) et je lui indiquai que je venais de Berlin.

— « Qu'avez-vous joué là-bas ? » s'enquit-il poliment.

— « Le Troisième de Beethoven », répondis-je, avant d'ajouter, non sans quelque fierté, « avec Karajan ».

— « Le Troisième de Beethoven », dit Stokowski d'un air rêveur, comme s'il essayait de retrouver une série de motifs qu'il aurait bien pu avoir entendue une fois ou deux, dirigée par des mains moins augustes que les siennes ; « Le Troisième de Beethoven, répéta-t-il, n'est-ce pas l'adorable Concerto en sol majeur ? »

C'était là une de ces feintes superbes dont il avait le secret, et c'était aussi ma première expérience de ces jeux inoffensifs auxquels Stokowski aimait à jouer pour manipuler ses auditeurs à sa guise en leur donnant un sens de la perspective. Adorable ou non, le *Troisième Concerto* de Beethoven est en ut mineur, et Stokowski ne le savait que trop bien. Mais en une phrase adroite, indirecte et apparemment innocente, il m'avait fait savoir que le « Generalmusikdirektor de l'Europe » ne l'impressionnait pas, que par principe et en tant qu'espèce, il préférait éviter les solistes, et que les concertos, en tant que sous-espèce symphonique, n'étaient pas dignes de son attention.

A part cela, comme prévu, nous parlâmes de Léningrad, telle qu'elle était et telle qu'elle avait été, des bâtiments reconstruits sur la Perspective Nevsky, de la salle de la Philharmonie, de son orchestre et de Mravinsky, du thé à l'Hôtel Europeissky, de l'humeur de la ville et de celle du pays. (L'époque était celle du « Dégel », de Monsieur B. et de Monsieur K. [1] où relativement peu de visites en provenance d'Amérique du Nord étaient autorisées.) Nous parlâmes environ une heure, puis de la même manière courtoise et posée avec laquelle il avait annoncé son intention de me rendre visite, il prit congé. « Nous nous retrouverons à la gare de Vienne demain matin », déclara-t-il.

Ainsi que j'en ai déjà par deux fois protesté, je n'éprouve aucun sentiment de curiosité à l'égard des vedettes. Malgré tout, un rêve était devenu réalité.

***

Au début, le rêve avait plutôt ressemblé à un cauchemar. J'avais huit ans lorsque *Fantasia* sortit à Toronto, et j'en détestai chaque instant. Il était à l'affiche d'un cinéma, démoli aujourd'hui depuis longtemps, le « Shea's Hippodrome » où le grand film était toujours précédé d'un récital d'orgue de vingt minutes. Les interludes étaient l'occasion de faire la démonstration d'un orgue à la marque bien

1. Le maréchal Boulganine et Nikita Khrouchtchev.

apparente, le « Puissant Wurlitzer », un mammouth électronique qu'on faisait sortir des dessous de la scène, et qu'on éclairait de telle sorte que chaque clavier et chaque rangée de jeux apparaissent sous une couleur différente. Enfant, je n'aimais pas les couleurs, et mes goûts n'ont pas changé à cet égard. Le gris pâle et le bleu nuit se situent au sommet de ma charte personnelle des couleurs. Je n'arrive pas à travailler efficacement, ni à penser clairement dans une pièce peinte aux couleurs primaires, et mon humeur est en rapport inverse de la quantité de soleil en un jour donné. (Je me persuade toujours que « chaque rayon argenté cache un nuage » quand le temps menace d'être clair.)

En outre, à l'âge de huit ans, je me faisais l'idée qu'un film devait avoir une intrigue, et si possible un thème de guerre. Mes films préférés et imaginaires contenaient des scènes dans lesquelles on voyait des croiseurs allemands émerger de la grisaille et du brouillard de quelque fjord norvégien, avec des plans de coupe sur le pont non éclairé d'un malheureux destroyer britannique commandé par Clive Brook, John Clements ou Jack Hawkins, qu'on entendait hurler : « Nous allons attaquer le Scharnhorst et le Gneisenau. Inutile de vous dire que leurs forces excèdent largement les nôtres. Mais le Premier Lord de l'Amirauté nous a donné l'ordre de mettre ces bêtes hors d'état de nuire, et nous le ferons à tout prix. »

Quoi qu'il en soit, mes parents m'annoncèrent qu'ils m'emmenaient voir *Fantasia*, que le film était en couleur, qu'il s'agissait de musique, et que j'y entendrais l'un des plus grands chefs d'orchestre du monde. Jusqu'alors, je n'avais vu qu'un film en couleur, *Blanche-Neige*, et je n'avais pas trop aimé ; d'ailleurs chacun savait que tous les films vraiment bons — ceux avec intrigue, agents de l'ennemi et croiseurs allemands — étaient en noir et blanc. L'idée qu'il s'agisse de musique ne me plaisait pas tellement non plus ; j'y allai néanmoins, car je me figurais que le grand chef d'orchestre en question allait emmener son orchestre pour divertir les troupes à Dunkerque, et que tout le monde allait être exterminé par des Stukas noirs qui feraient irruption à travers les nuages en lâchant leurs bombes tandis que les Messerschmidt 109 mitrailleraient la plage.

Je ne m'imaginais tout de même pas des hippopotames roses, des dinosaures verts ou des volcans violets, et, au fur et à mesure, il devenait de moins en moins probable que Jack Hawkins, John Clements, Clive Brook ou que tout autre capitaine de destroyer qui se respecte puisse accepter de paraître dans un film de cette espèce. Je rentrai à la maison déprimé, assez écœuré, et avec le premier mal de tête dont je me souvienne ; les images du « Puissant Wurlitzer » et des personnages de Disney se mélangeaient toutes dans ma tête. Je dis à mes parents que je ne voulais pas dîner et allai me coucher dans l'espoir de pouvoir débarrasser mon esprit de toute cette débauche de couleurs. J'essayai d'imaginer que je venais de refermer sur moi le panneau d'écoutille du kiosque de quelque sous-marin froid et gris et que dans un instant j'allais m'enfoncer dans les eaux bleu-nuit de l'Atlantique Nord.

***

Stokowski était au faîte de la gloire lorsque parut *Fantasia*, et pourtant cela ne se faisait pas pour un jeune musicien adolescent de l'admirer. En fait, si l'on fréquentait les classes du Conservatoire tout en voulant maintenir ses distances face à la pression du conformisme ambiant, il valait mieux garder pour soi l'intérêt qu'on pouvait lui manifester. Il était, tout au moins dans l'opinion de mes condisciples, un « vendu », un homme qui avait abandonné une carrière sérieuse pour toucher les dividendes de sa popularité. Personne ne niait que sa direction artistique de l'orchestre de Philadelphie eût transformé le cours de la musique symphonique aux États-Unis ; personne ne niait qu'il eût créé, à sa propre image, un orchestre qui pouvait se comparer favorablement avec les meilleurs orchestres du monde et qui même, au moment où il le quitta, pouvait bien être considéré comme le meilleur orchestre au monde ; personne ne niait qu'il eût mis sans relâche et sa réputation et son succès en première ligne pour défendre les intérêts de la musique nouvelle ; et bien sûr personne ne niait que, pour quelque raison mystérieuse, ses enregistrements innombrables aient eu tendance à sonner mieux que ceux de la plupart de ses collègues. Personne ne le niait et pour cause, mais à l'époque personne ne cherchait non plus à savoir pourquoi il en allait ainsi.

Car, après tout, il était bel et bien un « vendu ». Il avait quitté l'orchestre de Philadelphie, succombé aux flatteries de Hollywood, et offert pour cette hérésie une excuse qui semblait piètre et niaise : « Je réponds à une vocation plus haute », aurait-il déclaré lors de la conférence de presse qui annonçait son départ. (Les collègues avaient hurlé de rire : sa « vocation plus haute », c'était d'apparaître à l'écran avec Deanna Durbin, Donald Duck et autres fadaises !)

Par ailleurs, il existait un autre chef d'orchestre aussi célèbre que Stokowski et que les cercles académiques considéraient comme plus respectable. Dans le contexte américain, Toscanini était par rapport à

Stokowski un petit peu comme Weingartner par rapport à Mengelberg en Europe. Toscanini était, du moins le disait-on, un « littéral » ; les instructions du compositeur étaient pour lui paroles d'évangile. Les notes, les indications de tempo et de dynamique qui se trouvaient dans la partition étaient, au mieux de ses capacités et de celles de son orchestre, transmises dans ce qu'on entendait. Et cet orchestre — le NBC Symphony — était une véritable institution de la radio américaine des années 30 et 40 ; on pouvait l'entendre chaque samedi à 5 heures en provenance du studio 8 H, et ces « Music Specials » du week-end étaient très admirés — sujet de toutes les conversations de mes condisciples du Conservatoire. A mes oreilles, le son apparaissait crispé et déséquilibré ; il me semblait que les interprétations de Toscanini ne prodiguaient pas la vague visionnaire de son compère en « littéralité », Weingartner, et que la manière de jouer de l'orchestre résultait davantage de la terreur que de la conviction, qu'elle était approximative. Mais l'époque était mûre pour Toscanini. C'était l'âge de l'artiste-artisan, l'âge de la « Gebrauchsmusik », de la réaction contre la fantaisie débridée des années 20, de la préparation à la rigueur que les années 50 allaient faire prévaloir.

Par-dessus tout, c'était un âge qui rendait hommage à l'esprit de Sébastien Bach. La campagne de cent cinquante années menée par des étoiles de première grandeur telles que le baron van Swieten et Felix Mendelssohn avait fini par porter ses fruits : le nom de Bach était désormais synonyme d'intégrité musicale. Évidemment, on avait toujours considéré Bach comme un prodige au point de vue technique, mais son esprit n'avait encore jamais dominé une époque comme ce fut le cas des années 30 et 40. Pratiquement chaque musicien important était déterminé à suivre *son* exemple, à travailler comme on estimait qu'*il* avait dû travailler, c'est-à-dire comme un artisan frugal et consciencieux pour lequel diligence et inspiration étaient inextricablement mêlées. Stravinsky par exemple prétendait que son *Dumbarton Oaks Concerto* était écrit « dans l'esprit des *Brandebourgeois* ». Heitor Villa-Lobos venait d'entreprendre la composition de sa célèbre série de *Bachianas Brasilieras*, des mélodies latines œcuméniquement mêlées d'harmonies luthériennes. Alfredo Casella écrivait des « Ricercari » sur le nom de B-A-C-H. Schoenberg utilisait ce même motif — *si bémol, la, ut, si naturel* — dans sa première œuvre dodécaphonique.

« Vous jouez de l'orgue et prétendez aimer Bach » me dit l'un de mes professeurs — partisan de Toscanini —, « comment est-il possible que vous approuviez Stokowski ? » (Nous avions tous connaissance des parodies de transcription du Cantor de Leipzig dont il était l'auteur.)

C'était là évidemment le talon d'Achille de l'anatomie de mon admiration. J'avais déjà perdu pas mal d'heures à essayer vainement de faire en sorte que la sonorité de lourdes orgues d'église ressemble à celle qui nous arrivait par la radio lors des récitals du dimanche matin de Edward Power Biggs, transmis à partir du « musée Germanique » de Harvard. Je me considérais comme un puriste et méprisais cordialement les transcriptions de Stokowski ; curieux à dire, mais aujourd'hui elles ne me dérangent plus guère.

Et pourtant, j'étais bien décidé à ne pas laisser mon admiration pour Bach définir ma réaction à l'égard du travail de Stokowski en général. Ma première rencontre avec des chefs-d'œuvre dont j'avais entendu parler et qui excitaient mon imagination, tels que les *Gurrelieder* de Schoenberg ou la *Huitième Symphonie* de Mahler, eut lieu par l'intermédiaire de ses émissions de radio et de ses enregistrements. Après les avoir entendus, je me trouvais à chaque fois dans un état d'exaltation. Il m'importait peu que mes collègues continuent à radoter au sujet des excentricités de Stokowski et de sa manière de dévier du texte, pour parler ensuite béatement des dernières courses d'obstacles métronomiques de Toscanini ; pour moi, Stokowski avait déjà redéfini le rôle de l'interprète.

Faute d'un meilleur terme, Stokowski était un extatique. Il était concerné par les notes et les indications de tempo et de dynamique d'une partition de la même manière qu'un cinéaste l'est par le livre ou la source quelconque qui lui fournit l'idée sur laquelle il va bâtir son film. « Ce sont des symboles inscrits sur du papier », devait-il dire des années plus tard ; « ces symboles inscrits en noir sur du papier blanc n'indiquent rien d'autre que des faits de fréquence ; mais la musique est une communication autrement subtile que de simples faits. Un compositeur ne peut rien faire de mieux lorsqu'il entend en lui une belle mélodie que de la noter sur du papier. Nous appelons cela de la musique, mais ce n'en est pas ; ce n'est que du papier. Certains croient qu'il suffit de reproduire mécaniquement les indications qu'on trouve sur le papier. Je ne le crois pas. Il faut aller beaucoup plus loin. Nous devons défendre le compositeur et le protéger contre les conceptions mécanistes de la vie qui se répandent de plus en plus aujourd'hui. »

***

J'utilisai cette citation dans un documentaire radio que je réalisai en 1970. Le sujet en était Stokowski, sa vie et son époque, et le programme était construit autour de la dernière et de la plus réussie des trois interviews qu'il m'avait accordées au cours des cinq années précédentes. De la première de ces interviews — elle avait été l'occasion de mon premier contact « professionnel » avec le Maître — je retins une leçon très importante : Stokowski avait beau être quelqu'un avec qui il était facile de parler, il était difficile à interviewer ; toujours courtois et rarement impatient, il s'ennuyait par contre fréquemment. Peut-être était-ce dû à ce que, à son âge, pratiquement toutes les questions qui pouvaient lui être posées l'avaient déjà été. Il pensait et parlait toujours par paragraphes mais, à mesure que le temps passait, les paragraphes tendaient à devenir plus courts, prompts et structurés en vue de leur efficacité. Ses phrases, quoique magnifiquement soignées et donnant souvent même l'impression d'avoir été préalablement répétées, fonctionnaient à l'occasion comme des modules interchangeables.

Et pourtant, il était possible d'obtenir de lui une très bonne interview, avec des phrases faites de courbes montantes qui captaient l'attention et des idées qui, après avoir flirté avec le cliché, le surmontaient en le singeant. Pour y parvenir, il fallait d'abord savoir attirer son attention. Lors de notre interview initiale, en novembre 1965, c'était là un truc dont je n'avais pas encore maîtrisé le maniement.

A l'époque, j'étais en train de rédiger pour le magazine *High Fidelity* un essai sur *l'Enregistrement et ses Perspectives.* En contrepoint de mon texte, je voulais mettre en exergue divers témoignages d'experts qui corroboraient ou contredisaient mes propres idées. Il était évident que je ne pouvais pas ne pas y inclure des commentaires de Stokowski. Cette interview eut lieu alors qu'il avait déjà passé quarante-huit années dans les studios d'enregistrement, et les douze années incroyablement productives qu'il lui restait à vivre allaient voir éclore quelques-unes des plus belles choses qu'il ait faites depuis les années 30. Aucun autre musicien de notre temps n'avait consacré autant de pensée aux perspectives de l'enregistrement ; aucun n'avait mieux illustré, au travers des principales décisions de sa carrière, les conséquences philosophiques et pratiques de la technologie.

Un soir vers huit heures, j'arrivai donc en compagnie de Léonard

Marcus (à l'époque rédacteur en chef de *High Fidelity*) dans l'appartement de Stokowski sur la 5e Avenue. Le Maître nous accueillit à la porte, nous invita à prendre place près de la cheminée, nous proposa des boissons, fit un commentaire grincheux en réponse à ma profession de foi anti-alcoolique militante, et disparut dans la cuisine pour préparer personnellement nos rafraîchissements respectifs. Tandis qu'il s'y affairait, Léonard installa le magnétophone qu'il avait apporté, puis se dirigea vers la baie vitrée qui donnait sur l'étang de Central Park. Je sortis de la poche de mon manteau la liste de questions que j'avais préparée et commençai à l'examiner ; il semblait que cette cheminée invitait à une conversation plutôt qu'à un interrogatoire, que le recours à des notes pourrait paraître prémédité sinon peu professionnel, mais j'avais peur d'oublier certaines amorces des questions les plus importantes que j'avais jetées sur le papier avant de quitter mon hôtel. Finalement, je décidai de m'en remettre à une approche impromptue, fourrai les notes dans ma poche et allai rejoindre Léonard à la fenêtre.

— « Quelle vue ! », dit-il. Léonard supporte New York mais vit à la campagne.

— « Ouais, répondis-je, mais Central Park ou pas, je hais New York. »

Léonard insista : « Je veux dire que, s'il vous faut habiter cette ville, c'est la vue à avoir. »

— « Sans doute. » J'espérais que Léonard allait faire cesser ses remarques admiratives, pour que je puisse au moins garder en tête quelques-unes des amorces de questions bien tournées que j'avais préparées jusqu'à ce que le Maître revienne.

Je savais exactement ce que je voulais tirer de Stokowski. Je voulais qu'il me décrive — comme il le fit quatre années plus tard — ses débuts en studio, ses réticences initiales, ses timidités devant les limites et les nécessités de compromis que le processus d'enregistrement imposait alors.

> *« Je crois me souvenir que c'est en 1917 qu'une compagnie de disques me demanda pour la première fois de faire des enregistrements. Je répondis : " Puis-je écouter vos disques ? " On m'accorda cette possibilité. Ils étaient horribles, et je dis : " Non, je ne peux pas me prêter à cela. Je ne veux pas défigurer la musique. " Puis, peu de temps après, j'eus conscience qu'il avait été absurde de refuser ; que je devrais essayer de faire des disques pour comprendre, s'ils étaient mauvais, pourquoi ils l'étaient, et faire mon possible pour en améliorer la qualité. Je me dis : " Tu es un imbécile, tu*

n'aurais jamais dû dire non. " Je demandai à essayer. Les disques ne furent pas bons. »

Je voulais qu'il me décrive la fièvre qu'il dut ressentir lors de l'avènement de l'enregistrement électronique.

« Je désirais essayer de comprendre comment cela pouvait être fait électroniquement et demandai aux laboratoires de la Bell Company si je pouvais venir étudier chez eux l'électricité dans son application à l'enregistrement de la musique. Ils m'en donnèrent l'autorisation et me dirent ultérieurement : " Nous aimerions créer un laboratoire et l'installer sous la scène de l'Académie de Musique de Philadelphie. " (J'étais à l'époque le chef d'orchestre de l'orchestre de Philadelphie.) Ils installèrent ce laboratoire sous la scène et de là écoutèrent tous nos concerts et toutes nos répétitions. Ils utilisèrent tout cela comme matériau pour l'amélioration des techniques d'enregistrement. »

Je voulais lui faire dire, comme il le fit dans cette interview ultérieure, que l'objectif de l'enregistrement n'était pas de reproduire sur disque l'expérience du concert.

« Bien sûr, la salle de concert est quelque chose qui nous a été légué par nos ancêtres. Nos grands-parents entendaient toujours la musique à partir de la scène ; mais je crois que le temps viendra où nous ferons les disques en plein air. Chaque instrument sera enregistré de manière spécifique avec une amplification appropriée. Tous les sons seront ensuite mélangés en un tout, de telle sorte que l'intensité de l'amplification de chaque instrument soit correcte à chaque moment, car parfois les vents doivent être plus forts que les cordes, les cuivres ou la percussion plus forts que tout le reste. Une autre possibilité serait d'enregistrer dans un vaste espace fermé. Quoi qu'il en soit, ce qui m'intéresse est d'obtenir de chaque instrument individuel cent résultats différents, et de donner à chacun un volume ou une intensité de son qui corresponde exactement à chaque moment de la musique. »

Je savais très précisément ce que je voulais, mais ne savais pas à cette époque comment l'obtenir.

Stokowski nous avait rejoints. Il servit à Léonard son whisky et me versa une tasse de thé.

— « Prêts ? », dit-il ; je ne l'étais pas, mais Léonard enclencha malgré tout son magnétophone.

Je posai des questions raisonnables et qui en autre compagnie auraient même été adéquates. Je lui demandai si à son avis les enregistrements de leurs œuvres par des compositeurs rendaient « l'interprétation » conventionnelle désuète. Manifestement, Stokowski ne le pensait pas. Je lui demandai s'il modifiait ses interprétations de studio en fonction des conditions acoustiques de l'écoute domestique ; c'était bien le cas. Je lui demandai si on pouvait trouver quelque chose de positif à l'omniprésence de la musique dans nos vies par l'intermédiaire très critiqué de ce qu'on appelle « Muzak » [1]. Il y avait là selon moi quelque chose de possible ; Stokowski n'était pas de cet avis.

De telles questions auraient fort bien pu convenir si elles avaient été posées à un ingénieur ou à un sociologue ; mais elles ne mettaient pas à profit la présence stokowskienne. Elles tombaient complètement à côté en ce qui concernait la personnalité particulière de cet interlocuteur-là, et je crois que nous nous en rendions compte tous deux. Il répondit néanmoins à chacune d'entre elles avec soin et précision à l'aide de ces phrases parfaitement formées qui font les délices d'un monteur. (Lors d'une interview, les ratés et les hésitations de Stokowski étaient très rares et toujours voulus — un autre aspect de sa stratégie ludique. Dans le documentaire radio que je fis ultérieurement sur lui, il dit à un moment donné : « Nous devons lui donner du geschmeidig — non, de la souplesse — non, ce n'est pas cela non plus — quel est le mot correct ? — de la subtilité ? — nous devons lui donner de la subtilité ; nous devons lui donner de l'élasticité. » Il savait évidemment que c'était « subtilité et élasticité » qu'il voulait dire ; « geschmeidig » et « souplesse » étaient de simples vocables internationaux destinés à faire valoir l'universalité du concept qu'il essayait d'exprimer, ainsi que la nature cosmopolite de son expérience. C'était là un tour très stokowskien, et je conservai bien entendu intactes ces hésitations dans la bande montée du documentaire).

A chaque fois qu'il s'approchait de la fin d'une réponse, Stokowski signalait de sa main droite qu'il allait bientôt s'interrompre. Il casait en général de tels gestes six ou sept mots avant la conclusion de la phrase finale pour alerter l'interviewer que la réponse allait s'achever, et lui permettre de faire suivre immédiatement s'il y avait lieu les questions supplémentaires. Lors de notre première interview, je trouvai ce maniérisme exaspérant ; à plusieurs reprises je fus complètement déconcerté et je dus lutter violemment contre mon envie d'aller chercher mes notes pour la question suivante. En conséquence, après

1. Terme donné en Amérique à la musique préfabriquée entendue dans les aéroports, magasins, ascenseurs, etc. *(N.d.T.)*.

environ trente minutes de questions mal conçues, de réponses tronquées et d'interruptions annoncées à l'avance, je fis moi-même un signe à Leonard ; à moins d'avoir recours à mes notes, je ne trouvais plus rien à demander au Maître ; l'interview était terminée.

Leonard eut l'air déçu, mais il arrêta le magnétophone et nous remerciâmes le Maître pour sa coopération. Au moment où nous nous préparions à partir, Stokowski se tourna soudainement vers moi et dit : « Puis-je vous demander pourquoi on ne nous a jamais invités à faire des disques ensemble ? » J'étais abasourdi. Après tout, il détestait les solistes, il n'aimait pas les concertos et croyait que le *Troisième* de Beethoven était en *sol majeur*! Je répondis néanmoins que, d'après ce que je savais, il avait un contrat d'exclusivité avec une firme autre que la mienne. Sur quoi, il me fit un petit discours sur les avantages qu'il y avait à être indépendant. « J'ai le droit d'enregistrer avec vous pour votre compagnie, tandis que vous ne pouvez le faire avec moi pour la mienne », conclut-il. Je poursuivis mon improvisation en observant que, n'était ce malentendu, CBS lui aurait naturellement demandé depuis longtemps de collaborer avec moi pour un concerto. (En réalité, il n'y avait rien de naturel à cela ; tout le monde savait que Stokowski et le répertoire du concerto s'excluaient mutuellement, et personne à ma connaissance n'avait jamais eu pareille idée.) Puis, en remettant ma casquette, contrevenant ainsi aux civilités les plus élémentaires, je lui demandai si, dans ces conditions, il envisageait d'enregistrer le *Concerto l'Empereur* avec moi dans les mois à venir. Cette fois, il n'y eut plus de jeux sur les tonalités. « Avec plaisir, répondit-il, mais dans ce cas, j'aimerais utiliser mon propre orchestre, l'American Symphony. » J'acquiesçai naturellement ; ce faisant, je m'étais promu moi-même directeur du Marketing de CBS et me souciais comme de l'an 40 de vétilles aussi dérisoires que les réalités des engagements contractuels qui liaient CBS à l'orchestre philharmonique de New York. Nonobstant les pouvoirs de négociation que me conféraient mes nouvelles responsabilités, je n'allai pas jusqu'à discuter des problèmes de répartition des royalties, de la disposition des noms et des photos sur la couverture du disque, mais lui dis ma certitude que CBS le contacterait dans les deux jours, le remerciai à nouveau pour l'interview, et pris congé.

Une fois dans le taxi, je racontai à Leonard la visite dans le train de Vienne et la manière dont le Maître se souvenait du *Troisième* de Beethoven ; nous essayâmes de nous rappeler s'il avait enregistré des concertos pour piano depuis son association avec Rachmaninov dans les années 30. « A mon avis, il me faisait des politesses », dis-je.

— « Je ne crois pas ; j'ai l'impression qu'il le souhaite vraiment », répliqua Leonard. — « Mais j'ai donné plusieurs concerts avec l'orchestre symphonique de Houston, à l'époque où il en était le chef permanent, et ce ne fut jamais lui qui dirigeait ; toujours des chefs invités. » — « Je suis pourtant sûr qu'il le souhaite », affirma Leonard. — « Eh bien, j'appellerai demain matin, ajoutai-je, mais je vous parie que cet enregistrement n'aura jamais lieu. »

Et de fait, en y repensant ce soir-là, cette distribution me parut bien improbable ; d'un autre côté, huit ans auparavant, dans le train de Vienne, les trois coups frappés à la porte étaient bien venus au moment prévu.

***

Les séances d'enregistrement avec l'American Symphony furent fixées à la première semaine de mars 1966. CBS comptait sortir le disque à la fin du printemps ; la post-production — montage et mixage — devait donc suivre immédiatement et, cinq jours avant l'enregistrement, j'eus une répétition au piano avec Stokowski, au cours de laquelle je tins à la fois la partie de soliste et celle de l'orchestre.

« Quel est votre tempo ? », me demanda le Maître pendant que je m'installais à l'instrument.

« Mon tempo sera le vôtre », répondis-je dans une mauvaise imitation de Rudy Vallee. Je poursuivis avec prudence : « J'espère cependant que, quel que soit le tempo, nous réussirons à faire de cette œuvre une symphonie avec piano obligé ; je ne crois vraiment pas qu'elle doive être un véhicule pour la virtuosité. »

Je ne m'attendais pas à ce que Stokowski s'opposât à cette proposition, mais je n'essayais pas non plus d'acheter ses faveurs ; je voulais bien plutôt lui indiquer ma volonté d'accentuer l'aspect positif d'un genre vis-à-vis duquel mon attitude était en général profondément négative, et l'enrôler dans un essai de démystification de la tradition virtuose dont cette œuvre particulière est entourée.

Quelques années auparavant, à l'époque où je donnais encore des concerts, j'avais élaboré diverses stratégies destinées à saboter les intrusions de l'exhibitionnisme soliste dans l'architecture du concerto. Parfois, il s'agissait de simples métaphores évidentes et cela n'allait pas au-delà de pures questions de disposition scénique : je n'avais eu aucune difficulté par exemple à persuader Herbert von Karajan de diriger le *Concerto en ré mineur* de Bach du bord de la scène de telle sorte que le piano puisse être entouré en s'y intégrant par les cordes de l'orchestre philharmonique de Berlin.

Cependant, et plus fréquemment, il s'agissait de trouver des rapports de tempo qui permettent de minimiser la dichotomie du « Jouez-votre-thème-puis-regardez-comment-je-m'y-prends-pour-le-faire-plus-lentement-plus-doucement-et-plus-subtilement-que-vous-n'en-êtes-capables » qui caractérise les rapports conventionnels entre le soliste et le tutti, entre l'individu héroïque et les masses subalternes. Joseph Krips avait consenti à être mon complice pour un cycle de concerts incluant tous les *Concertos* de Beethoven, au cours duquel nous avions traité sans ménagement les absurdités compétitives de la forme ; à l'inverse, Leonard Bernstein m'apporta une collaboration très réticente pour une approche que je voulais similaire du *Concerto en ré mineur* de Brahms.

Après un préambule au cours duquel j'exposai mes vues sur ce problème, Stokowski me demanda à nouveau, mais cette fois avec circonspection, quel était mon tempo. J'expliquai que je concevais en fait deux tempos possibles mais radicalement opposés pour ce concerto et lui en donnai un exemple en lui jouant deux phrases tirées du tutti du début du premier mouvement et du finale. La première version était très rapide, brusque, affairée et manquant à mon avis de caractère ; la seconde possédait, du moins je l'espérais, une certaine mélancolie martiale. Ni l'une ni l'autre cependant ne s'adonnait à un tempo moyen et confortable. Leur objectif était d'obtenir une continuité plutôt qu'une variabilité d'allure. A ma grande satisfaction, le Maître opta pour la version lente et, une fois la décision prise, je me remis au piano et commençai par le commencement. Je jouai l'accord de tonique sur lequel l'orchestre débute, le tins avec la pédale et battis un large 2-3-4 avec ma main gauche. Je fis cela sans regarder Stokowski — qui avait dû, j'en étais sûr, commencer instantanément son propre compte à rebours — parce que ce geste était destiné à le préparer à une variante extrêmement mesurée et métriquement inflexible de la première cadence introductive du piano. Je n'aurais pas été surpris qu'il me demande d'arrêter en cet endroit précis. Dans mon expérience précédente, je percevais la plupart du temps un regard stupéfait me parvenant du podium lors de la répétition de ce passage. La tradition veut que pendant les trois cadences qui ouvrent le premier mouvement, le soliste soit habilité à se jeter à corps perdu dans une sorte de course effrénée à l'assaut des cascades d'arpèges de la partition ; je préférais y insérer une série d'interpolations relativement terre à terre pour établir un lien entre la battue mesurée des accords orchestraux du début du mouvement et le tempo, quel qu'il soit, qui régit l'ensemble du mouvement. Il est assurément impossible de donner substance à ces roulades harmoniquement statiques qui font singulièrement songer à du Czerny sans y mettre un minimum de rubato, mais à mon avis on devrait traiter toutes ces gammes, ces arpèges, ces trilles et autres matériaux décoratifs qui forment une partie tellement importante de la matière pianistique de cette œuvre comme des éléments sustentateurs de sa texture, un petit peu comme s'il s'agissait de la partie de continuo d'un concerto grosso baroque.

Quoi qu'il en soit, Stokowski ne fit aucun commentaire lorsque je lui fis prendre connaissance de mon interprétation très contenue et bridée de la première cadence et, pendant les deux accords orchestraux suivants, je comprimai mes gestes de la main gauche en m'apercevant du coin de l'œil que sa battue paraissait strictement en accord avec ce que je faisais. Apparemment les cadences « a tempo » avaient passé le test.

Comme la plupart des bombes à gros calibre de la production beethovénienne seconde manière, le *Concerto Empereur* est une œuvre relativement simplette sur le plan harmonique. Elle a recours à un matériau harmonique primaire, la subtilité de ses modulations n'est présente qu'à titre exceptionnel, et il est rare de rencontrer dans une œuvre de quelque tenue une telle abondance de banales successions de toniques et de dominantes. Un rôle psychologique relativement important se voit malgré tout assigné à une région harmonique qui sort un tout petit peu des sentiers battus : le rapport de tonalité majeure basé sur le sixième degré mineur de la gamme. Le second mouvement de cette œuvre en *mi bémol majeur* se situe dans le ton de *si majeur* — rien d'étonnant à cela ! On trouve le même genre de rapport entre mouvements (*ut majeur* et *la bémol majeur*) dans le *Premier Concerto pour piano* du même auteur — et, dans le premier mouvement, l'accord parfait de cette tonalité — fréquemment altéré enharmoniquement par déférence pour son attachement à la région mineure nominale et noté dans la tonalité assez rare de *do bémol majeur* — sert de pivot à l'exposition et au point culminant du développement.

Quel que soit leur contexte harmonique, j'étais bien décidé à différencier les thèmes par des variations de toucher plutôt que de tempo et pensais que si Stokowski acceptait cette conception dès le départ, il y aurait peu d'occasions de désaccord par la suite. Je jouai le passage en *do bémol majeur* en faisant clairement ressortir le dessin en noires de la main gauche, sans guère de rubato, et réinstallai le tempo primo une mesure avant le tutti orchestral, à la suite de quoi je jouai quelques mesures du second thème, et m'arrêtai. Je m'aventurai à lui demander si tout allait bien pour l'instant. « Continuez, s'il vous plaît », me répliqua Stokowski. Mais, dans mon enthousiasme, j'ajoutai : « Il y a une chose au sujet de ce tempo qui fait que tous les thèmes se mettent à fonctionner dans la même perspective. »

« C'est vrai, concéda le Maître, mais ne pensez-vous pas que certains passages pourraient aller un petit peu plus vite, d'autres un petit peu plus lentement ? » Ce qu'il disait là était bien sûr un chef-d'œuvre de retenue en même temps que de tact et, comme si souvent avec Stokowski, j'avais le sentiment qu'il avait lu ma pensée ; je résolus mentalement d'élargir légèrement lorsque j'en arriverais au passage équivalent de la récapitulation. « Bien sûr, Maître, je suis tout à fait de votre avis, dis-je en mentant ; mais je voudrais ajouter autre chose à propos de ce tempo : étant donné l'acoustique du Manhattan Centre, c'est la seule manière de procéder. »

***

Le Manhattan Center est un complexe fin XIXe de salles de conférences, de banquets et d'auditoriums, situé à l'intersection de la 3e Avenue et de la 34e Rue. Ses 7e et 8e étages abritent une salle de bal élégante et délabrée, qui semble avoir été abandonnée après que la dernière débutante l'eut choisie pour faire sa première révérence à la société. Assez haute de plafond, elle est pourvue d'une mezzanine qui empiète sur trois de ses côtés. Son seul atout naturel en tant que studio d'enregistrement tient à une décrépitude généreuse qui vient donner un surplus d'intérêt ambiant à des musiques qui ne sont parfois ni contrapuntiquement complexes, ni intellectuellement exigeantes. De nombreuses années durant, CBS en fit son studio principal d'enregistrements symphoniques, réservant aux ensembles de musique de chambre l'environnement plus raffiné et acoustiquement plus précis du studio situé sur la 30e Rue et la 3e Avenue.

Je n'avais travaillé au Manhattan Center qu'une fois auparavant, avec Leonard Bernstein et l'orchestre philharmonique de New York, et avais trouvé que, malgré l'indéniable séduction sonore qu'offrait son acoustique, il était pratiquement impossible d'y maintenir le contact auditif, indispensable pour obtenir un bon ensemble, avec les instruments les plus éloignés de l'orchestre. En jouant là, je trouvais que la tendance naturelle consistait à s'en remettre au son « humide » du Centre, et à accepter bon gré mal gré une approximation généralisée et diffuse de l'ensemble. (C'est ce que souvent les notices de disques appellent « envolée et grandeur ».) En réalité, je m'étais promis de ne jamais y travailler à nouveau et, pendant les quelques semaines précédant l'enregistrement de l'*Empereur*, je m'étais vainement mis à la recherche d'un autre local.

Lorsque j'arrivai, vingt minutes environ après le début de la première séance, Stokowski faisait répéter les tutti principaux. Sans qu'on me voie, je m'installai au piano, qui n'avait pas encore été mis à sa place et, au moment où l'orchestre approcha de la fin de l'épisode central du premier mouvement, j'apposai, en guise de salutation au Maître, la séquence de gamme chromatique, de trilles et d'arpèges qui sert de transition entre l'exposition et le développement. Les premiers mots que Stokowski m'adressa — « Je ne vous entends pas bien » — ne me surprirent pas ; la scène était prête pour une nouvelle bataille avec l'acoustique du Manhattan Center.

Ou plus exactement, on était en train de la préparer : Andrew Kazdin, le directeur artistique, avait quitté la régie et guidait les accessoiristes tandis qu'ils manœuvraient le piano pour l'amener, à partir de la position adjacente aux derniers pupitres des violons où il avait été parqué, à proximité du podium. « Croyez-vous que vous aurez un contact visuel suffisant ? », me demanda-t-il. — « Je vois le Maître, mais ce n'est pas là le problème, répondis-je : c'est juste que je n'entends rien dans ce satané studio. » Andrew haussa les épaules ; il a une affection de toujours pour le Centre et a souvent réussi, en redisposant les sièges de la manière la plus inattendue, à marier sa résonance de cathédrale avec une prise de son précise, détaillée, de style presque pop. « Allons, essayons, Lettre C », dit Stokowski. L'équipe technique disparut, Andrew rejoignit la régie, et nous commençâmes à répéter les interludes qui suivent le tutti du début.

L'*Empereur* pose moins de problèmes d'ensemble qu'aucune autre œuvre concertante de Beethoven — il est virtuellement dépourvu des commissures vicieuses si difficiles à joindre dont regorgent les *Troisième* et *Quatrième Concertos* — et j'étais sûr que, étant donné l'approche sur laquelle nous nous étions mis d'accord lors de la répétition au piano, il allait se jouer de lui-même. Je m'étais bien entendu débrouillé pour négliger le fait que, si nous voulions faire passer mes figurations de style continuo qui étaient partie intégrante de notre grandiose plan d'approche dans l'interprétation de ce concerto, nous serions contraints de réduire en proportion le volume orchestral, ce qui dans les sections orchestralement peu chargées ne ferait qu'aggraver les problèmes acoustiques du Centre.

Les ennuis commencèrent quelques mesures après la lettre D, là où des passages solos aux bois sont associés à des figurations d'accords au piano ; Stokowski fit signe de s'arrêter. « M. Kazdin, dit-il en ne s'adressant à aucun micro en particulier, j'ai besoin de voir les mains de M. Gould. » (Le Maître se trouvait dans la position peu enviable d'avoir à coordonner un tourbillon inarticulé de sons avec un instrument soliste dont la place avait été calculée pour permettre une séparation maximale et un minimum de pénétration d'une piste à l'autre.) « J'arrive », répondit Kazdin. Pendant qu'on repositionnait le piano de sorte que Stokowski pût pratiquer l'équivalent digital d'une lecture labiale, je pris Kazdin à part. « Andrew, dis-je, je n'entends absolument pas les vents ; il va vraiment falloir que vous soyez nos oreilles. Il n'y a aucun moyen pour nous de savoir dans ce lieu si nous sommes oui ou non couverts. »

Le moyen de le savoir est d'aller en régie écouter les prises, mais les conditions économiques d'un enregistrement avec orchestre font qu'il est rare de pouvoir étudier de manière approfondie autre chose que les « prises de base », et encore seulement aux moments où les membres de l'orchestre ont droit à leur pause syndicale. Les inserts complémentaires qui fournissent le mortier indispensable à la construction de tout produit correctement monté passent de toute façon par l'oreille du directeur artistique au moment de leur enregistrement, mais même le directeur artistique le plus expérimenté ne peut garantir absolument à ses artistes que chaque insert s'accordera à la perfection, en ce qui concerne le tempo, le volume et l'équilibre instrumental, au matériau qu'il est censé couvrir. En fait, Stokowski et moi étions si préoccupés par toute une série de dialogues entre le piano et les vents dans le premier mouvement, qu'il fut hâtivement convenu d'une séance spéciale d'écoute pour le lendemain matin.

Il s'avéra que Kazdin avait effectivement écouté correctement : nous étions couverts, même si c'était parfois de justesse. Le Maître se joignit à moi, au grand dam d'Andrew, pour dénoncer l'endroit comme studio d'enregistrement, mais nous étions tous deux convaincus que les deuxième et troisième mouvements allaient bénéficier de cette séance d'écoute supplémentaire, ce qui fut effectivement le cas.

Entre temps, Donald Hunstein, un photographe vétéran de chez Columbia, était arrivé pour faire les clichés destinés à la pochette du disque. Nous décidâmes que nous ne pouvions pas nous permettre de perdre du temps sur place et qu'il valait mieux ajourner cette séance de photographie, qui pourrait aussi bien avoir lieu dans les studios de photo de Columbia, où un Steinway de petite taille serait préparé pour faire en sorte qu'il ressemble à une grande queue de concert.

Hunstein voulait faire des clichés qui évoquent une ambiance de répétition. Je devais être au piano, prêt à jouer, tandis que Stokowski, installé dans la courbe de l'instrument, était supposé me prêter un regard paternel et offrir un profil droit pensif et circonstancié à la caméra. Cependant, à chaque fois que Hunstein se mettait à photographier, Stokowski se tournait vers la droite comme pour scruter les cordes basses du piano ; ou bien, pour varier sa mimique, il dirigeait ses yeux vers le plafond comme s'il avait été en communication avec le fantôme de Hans Richter, mais nos regards ne se croisaient jamais qu'à un angle de 90°. Stokowski ne fournit pas d'explication à ces étranges manœuvres ; Hunstein eut beau le replacer à plusieurs reprises, il butait à chaque fois sur de nouvelles et ingénieuses variations de la même stratégie. Je me rendis soudain compte que je n'avais que très rarement vu des photos de Stokowski autres que de son profil gauche, et finalement Hunstein dut se résoudre à choisir une intersection à angle droit. C'était un choix prudent, car la seule disposition qui eût satisfait à la fois le chef d'orchestre et le photographe aurait nécessité de tourner le piano de 180°, Stokowski exposant son propre profil gauche et fixant son regard à partir de la partie basse du clavier. Cela bien sûr aurait entraîné une perte de temps de studio injustifiée ; mais pire que cela, les photos auraient alors été prises depuis *ma* droite selon un angle qui m'était notoirement défavorable !

La journée qui suivit la deuxième séance d'enregistrement fut consacrée à la sélection définitive des endroits à monter ; on réécouta les prises du premier mouvement, puis on examina les deuxième et troisième mouvements pour la première fois, et Stokowski travailla infatigablement du début de l'après-midi jusque tard le soir. Sa concentration était totale, dirigée aussi bien sur la partie de piano que sur celle de l'orchestre — alors qu'en de tels instants, on dit que j'ai tendance à surveiller mes propres intérêts — et semblait l'immuniser contre les compliments. Lors de la séance de la veille, j'avais trouvé tout à fait fabuleuse son interprétation du second mouvement et, maintenant que nous étions en mesure de l'écouter à loisir, j'étais tenté de me laisser aller à réclamer des écoutes répétées et inutiles. J'étais tout particulièrement incapable de laisser passer un interlude orchestral de deux mesures sans commentaire. Le Maître avait phrasé ce passage avec une intensité que je n'avais jamais rencontrée auparavant — introduisant un crescendo passionné au milieu de la phrase, suivi d'un diminuendo plaintif — et, ce faisant, il avait créé l'un de ces moments authentiquement stokowskiens. Jusqu'à ce jour —

douze ans après l'événement — ce passage me fait frissonner involontairement à chaque fois que je l'entends et, lors du montage, je n'arrivais même plus à me contrôler. A chaque passage de ce segment sur les têtes de lecture, je ne pouvais m'empêcher de m'écrier : « Oh ! mon Dieu, c'est tellement beau ! Peut-on réécouter ? » Stokowski s'affairait dans sa partition et faisait comme s'il n'avait rien entendu — un petit peu à la manière d'un enfant gêné en présence de ses camarades de se voir attribuer une bonne note — mais je crois que lui aussi était heureux.

Vers la fin de cette séance, l'ingénieur du son Ed. Michalski revint après une pause café et nous annonça que la musique pop dont des bribes nous parvenaient de temps à autre en provenance de la salle de montage voisine était due à Barbara Streisand. « Vous voulez dire que Streisand est à côté d'ici ? » demandai-je.

« Oui, on est en train de faire le mixage de son dernier disque », répondit Michalski.

« Hmm ! Andrew, si vous n'y voyez pas d'inconvénient, et comme nous sommes arrêtés de toute façon, je crois que je vais aller faire un tour du côté du couloir », annonçai-je. « Okay », me dit Kazdin.

Je ne suis pas, comme je crois l'avoir indiqué par ailleurs, une grenouille de coulisses. Je suis malgré tout un fanatique avoué de Streisand, et en même temps que je me dirigeais vers le lavabo du couloir, j'eus l'occasion de déplorer l'effroyable manière dont avaient été conçues les portes des studios de montage de CBS. Refuser la présence de vigiles dans les couloirs est une chose (on aboutirait d'ailleurs au même résultat en supprimant purement et simplement les fenêtres) ; mais c'en est une autre que de mettre sur la porte d'entrée de chaque studio une petite surface vitrée d'environ vingt centimètres sur trente, qui incite à la surveillance tout en l'empêchant.

Tandis que nous finissions le montage de l'avant-dernier passage du finale — le duo pour timbales et piano — quelqu'un crut entendre qu'on avait frappé à la porte. Nous attendîmes un instant, rien ne se produisit, on ne vit pas apparaître de nez au carreau, et nous continuâmes notre travail. Stokowski se mit à discuter des mesures conclusives. Pour la séquence de gammes de piano seul, longue de six mesures, qui suit le passage avec les timbales, j'avais fait une paire relativement stricte, ainsi qu'une version bien plus déboutonnée, qui ne tenait guère compte des barres de mesure. « J'aime beaucoup le caractère un peu fou de cette version, dit Stokowski. Je crois qu'il est nécessaire de donner ce genre d'atmosphère à cet endroit. »

Pendant que nous pesions le pour et le contre, on frappa de nouveau, avec plus d'insistance cette fois, et on pouvait voir un nez apparaître à la vitre. Kazdin alla ouvrir la porte et découvrit deux visiteuses. « Je voulais seulement dire bonjour, dit l'une d'elles, parce que je suis une admiratrice, et comme nous partions, je pensais que je pourrais juste m'arrêter et vous dire cela... » Malheureusement, je ne me souviens guère de la suite. Je me souviens pourtant qu'Andrew eut l'air indécis, ne sachant trop si « Entrez donc » ou « Comme c'est gentil à vous de venir nous voir » était la chose à dire. Je me souviens aussi que, comme aucun de nous ne fit ni ne dit rien de concluant, la dame fut finalement réduite à ajouter : « Je suis Barbara Streisand. » Et je me souviendrai toujours, à mon éternel embarras, d'avoir sorti la phrase la plus maladroite de cette conversation-là, et de toutes les conversations que j'ai eues dans mon existence, en disant : « Je sais. »

Mais plus que de toute autre chose, je me souviens d'avoir remarqué que Stokowski, qui était assis à côté de moi, eut l'air assez agacé par toute cette scène, par le fait d'avoir été interrompu dans son discours sur l'importance de ce passage ultime, par l'apparition de cette jeune femme bavarde dont il n'avait pas saisi le nom ou qu'il ne connaissait pas, et qu'il tambourina des doigts sur les bras de son siège — plus ou moins au rythme du solo de timbales — pour manifester son mécontentement. Et je me souviens d'avoir songé en me levant que cette fois je n'avais pas de billet de train à laisser échapper. Un de gagné, un de perdu.

***

Ma dernière interview avec Stokowski eut lieu un après-midi de décembre 1969, à nouveau dans son appartement new-yorkais, mais cette fois, en raison de la présence de caméras de télévision, je me tenais à la fenêtre qui donne sur Central Park et Stokowski était assis à son bureau, face à moi, avec la partition de l'une des *Symphonies Parisiennes* de Haydn ouverte devant lui. Selon les instructions du réalisateur, Peter Moseley, il devait s'adresser directement à la caméra — mes questions devant être supprimées au montage — et faire comme si je n'étais pas là ; une fois encore, nos regards s'entrecroisaient à 90°.

L'initiateur de ce projet était John Roberts, à l'époque directeur du département de la musique de CBC, qui m'avait écrit pour me demander si cela m'intéresserait de produire un documentaire Radio sur Stokowski. A ce moment-là, et depuis de nombreux mois, je travaillais à un documentaire extrêmement complexe impliquant quatorze personnages, et dont le sujet était la vie à Terre-Neuve ; je répondis qu'après avoir terminé ce travail, une période de repos ainsi qu'un changement de rythme seraient les bien venus, et que je ne pourrais accepter qu'une mission beaucoup plus simple. Je concédais qu'un sujet musical serait effectivement l'occasion d'un changement de rythme, mais émettais aussi certains doutes quant à la simplicité de la confection d'un documentaire sur Stokowski. Quoi qu'il en soit, ajoutai-je, un documentaire conventionnel — le type de programme où l'on ferait intervenir de vieux paroissiens qui essaieraient de se souvenir de lui à l'orgue de Saint-Bartholomew en 1905 — ne m'intéressait pas du tout. Le seul programme que je pouvais envisager consisterait à utiliser Stokowski — en surimposant à sa voix un montage musical continu tiré de ses propres disques — à la fois comme sujet et comme narrateur. Ce que j'avais à l'esprit était une sorte de soliloque ininterrompu, et je soulignais que j'avais besoin pour bâtir tout cela d'une grande interview bien réussie. Je suggérai donc que l'on contacte Stokowski, qu'on réalise l'interview et que, dans l'hypothèse où le matériau de cette interview répondrait à ma manière d'envisager les choses, je signerais un contrat et ferais le documentaire en question ; dans l'hypothèse inverse, je me retirerais gracieusement de la production en faisant don de mes services et des bandes enregistrées aux archives de la CBC.

Il se trouve qu'au même moment, la N.E.T.[1] préparait un film-portrait sur Stokowski et qu'elle me proposa une collaboration partielle : en échange d'une séquence filmée sur la fabrication de mon documentaire et des chutes de mon interview à utiliser comme matériau de voix off pour le film, ils mettraient à ma disposition tout ce qu'ils avaient sur Stokowski dans leurs archives. Cela entraînait bien entendu un type de production très différent de celui que j'avais à l'esprit, mais cela rendait également les choses moins aléatoires. Pendant que l'équipe de N.E.T. préparait la séquence et que je prenais mon thé avec Stokowski, je me dis que si un chef-d'œuvre ne sortait pas de tout cela, on obtiendrait au moins quelque chose de solidement professionnel.

Car dans l'intervalle, depuis notre premier entretien pour *High Fidelity,* j'étais devenu un « pro ». Outre mes expériences à Terre-Neuve, j'avais réalisé des interviews Radio avec des hommes politiques, des universitaires, des théologiens, des artistes, des psychiatres,

1. La National Educational Television, chaîne de télévision culturelle américaine *(N.d.T.).*

des fonctionnaires ; j'avais interviewé une infirmière qui travaillait dans le grand nord, ainsi que le treizième premier Ministre du Canada. J'avais appris à me débrouiller avec des interlocuteurs réticents (le cinéaste Norman Mac Laren, Mme Arnold Schoenberg) ou trop volubiles (le très honorable John Diefenbaker[1] et le compositeur Milton Babbitt) ; j'en avais rencontré d'autres, tels que Marshall Mac Luhan, qui étaient à la fois volubiles et réticents. Non, me dis-je, cette fois je ne me laisserai plus décontenancer par la gestuelle des queues de phrase de Stokowski.

Je sentais même que, en tant que « pro », je pouvais m'offrir le luxe de paraître non professionnel ; je sortis des poches de mon manteau plusieurs pages de notes que j'installai devant moi sur le bureau. Ce geste n'échappa pas à Stokowski qui quitta des yeux la partition de la Symphonie de Haydn et me demanda : « Puis-je savoir quelles vont être vos questions ? »

« Mais certainement, Maître, voyons... », et je me mis à compulser mes notes comme si je ne m'étais pas souvenu de leur contenu. « Ah, oui, j'aimerais vous poser des questions sur la musique de tous les compositeurs post-romantiques, Mahler et Schoenberg en particulier. » (Le soi-disant « Renouveau romantique » battait son plein à l'époque.)

« J'aimerais également savoir ce que vous pensez de Charles Ives ». (J'avais assisté à la première mondiale de sa *Quatrième Symphonie* dirigée par Stokowski en 1965 et écrit un article à ce sujet.) « Après quoi, je pensais que nous pourrions parler de la signification qu'on attache à la notion de " tradition " en musique, de " fidélité " à la partition, et plus généralement du rapport compositeur-interprète ; et, bien entendu, j'aimerais que vous me racontiez les souvenirs de vos premières expériences des studios d'enregistrement et que vous me disiez comment vous voyez l'avenir des contacts entre musique et technologie. »

Stokowski fit un signe de la tête pour manifester sa satisfaction. Je replaçai mes notes sur le bureau et souris : « Évidemment, je ne devrais pas vous faire connaître mes questions à l'avance, et essayer plutôt de vous surprendre. » (Je pouvais me permettre de sourire : j'avais bien l'intention de le surprendre.)

« Nous sommes prêts à tourner », dit Peter Moseley. Ce n'était pas trop tôt ; Stokowski commençait à s'impatienter et s'était mis à tapoter le bureau avec le crayon qu'il utilisait pour annoter la parti-

1. Ancien premier Ministre du Canada *(N.d.T.)*.

tion de Haydn. « Moteur », demanda le réalisateur. « Ça tourne », répondit l'ingénieur du son. « Quand vous voulez... » me chuchota Moseley.

J'attendis huit ou dix secondes pour créer une ambiance dramatique, me tortillai sur ma chaise comme si j'avais soudain oublié ce que je faisais là, et enfin me jetai à l'eau comme jamais auparavant dans ma carrière d'interviewer. « Maître, dis-je, il y a un rêve qui revient sans cesse dans mon sommeil. Je me trouve sur une autre planète, parfois même dans un autre système solaire, et il semble au début que j'en sois le seul habitant. J'ai la sensation d'une extraordinaire allégresse, car je crois, dans mon rêve, que la possibilité — et l'autorité — m'est donnée d'imposer mon propre système de valeurs à toute forme de vie qui pourrait exister sur cette planète ; j'ai le sentiment que je peux créer un système de valeurs complet et planétaire à ma propre image. » (Stokowski, s'attendant à une question brève, avait fixé la caméra au début, selon les instructions du réalisateur mais, maintenant, son regard était dirigé vers moi comme pour me dire : « Qui fait l'interview de qui ? » Je sentais la gêne de Peter Moseley et de l'équipe, qui se demandaient sans doute s'il ne vaudrait pas mieux économiser la pellicule en attendant la fin de mon préambule. Mais j'avais maintenant atteint le point de non-retour et continuai sur ma lancée.) « Quoi qu'il en soit, mon rêve se termine toujours mal ; j'aperçois d'habitude un autre habitant et je comprends que je ne suis pas seul et que je ne pourrai pas mener à bien mon projet sans être contredit. Supposons maintenant que, par quelque miracle de la technologie, on vous transporte sur cette planète et qu'on vous donne le pouvoir que je n'ai pas dans mon rêve ; supposons également qu'il existe sur cette planète une race d'êtres supérieurement développés qui, apparemment, ont atteint un stade de coexistence pacifique — un stade de civilisation plus avancé que le nôtre — et qui de plus ont réussi à y parvenir sans référence à la notion de ce que nous appelons " art "... Tout d'abord, souhaiteriez-vous les informer des manifestations " artistiques " de notre monde à nous, et subsidiairement, si c'était le cas, de quelle quantité d'information voudriez-vous qu'ils disposent ? »

Stokowski continuait à me dévisager et remuait les lèvres sans articuler une seule parole ; pendant quelques instants, je crus même qu'il n'allait pas répondre. Puis, très lentement, il détourna son regard en direction de la caméra et se mit à parler :

« Pensons à notre système solaire, à sa taille colossale. J'ai l'impression qu'il existe beaucoup de systèmes solaires, que le nôtre est peut-être gigantesque mais que d'autres sont beaucoup plus vastes, et que la distance qui les sépare d'autres corps solides flottant dans l'espace est énorme. J'ai aussi l'impression qu'il y a non seulement un espace infini et une masse infinie de systèmes solaires qui sont dans cet espace, mais qu'il y a aussi un temps infini et une puissance mentale infinie, de gigantesques masses d'esprit dont le nôtre, sur cette petite terre où nous vivons, n'est qu'une part infime. Nous vivons tous sur cette même planète. Nous respirons le même air et recevons la même lumière qui nous est donnée par le soleil. Nous sommes tous soumis aux mêmes conditions et c'est à nous d'en tirer parti, de tirer parti de l'air que nous respirons, de la lumière que nous recevons du soleil, de cette lumière qui donne la vie. »

(C'était parfait, c'était de la poésie, c'était exactement ce pourquoi j'étais venu ; s'il continuait ainsi, le programme était dans la poche.)

« A présent, partout dans le monde, il y a la guerre — tant de destruction, et, confronté à cette destruction, si peu qui soit créateur. Beaucoup d'esprits engagés dans ce qu'on appelle " guerre " pourraient avoir une fantastique puissance créatrice. Mais ils sont tués, anéantis par cette destruction. Si on étudie l'histoire, on y trouve des séries de guerres. Il est clair que personne n'a jamais gagné aucune de ces guerres. Tout le monde perd. Elles sont de la folie ; elles sont la forme la plus basse de l'intelligence. Les hommes qui dirigent tout cela d'en haut, ce sont eux qui ont cette forme basse d'intelligence. Ce sont eux les fauteurs de guerre. Il est temps que toute l'humanité comprenne. »

(La guerre du Vietnam faisait rage en décembre 1969 ; Stokowski n'avait pas la prétention d'être un historien ni de connaître la réponse, mais il possédait ce don très spécial, qui est l'un des charmes du grand âge, de proférer des banalités sans la moindre gêne. Cela prêtait à sa conversation, de même que très souvent à sa manière de faire de la musique, deux qualités paradoxales : une liberté dans l'improvisation qui pouvait absorber et transcender les clichés les plus éculés, ainsi qu'un sens de l'inévitable. Une improvisation « inévitable » semble être une contradiction dans les termes ; mais Stokowski lui donnait par la parole et par la musique une signification.)

« L'artiste vit donc dans les mêmes conditions, essayant d'en tirer le meilleur parti. Il sait que, quel que soit l'effort qu'il consacre à faire progresser son art, il n'existe pas de limite ultime à l'approfondissement. » (Il parlait maintenant depuis trois minutes vingt secondes sans interruption — un record. Je pris le risque d'entrer dans le champ de la caméra en me penchant dans sa direction, en faisant des signes de tête complices au rythme de la ponctuation de sa phrase et en gesticulant avec enthousiasme à chaque fois qu'une période cadentielle menaçait de poindre. Il fallait à tout prix qu'il continue.)

« L'art ressemble aux racines profondes d'un grand chêne, à partir desquelles croissent de nombreuses branches, de nombreuses variétés d'art : la danse, l'architecture, la peinture, la musique, l'art des mots, celui dont Shakespeare était le maître. Il comprenait à merveille toutes ces choses : nos faiblesses et notre force, la manière dont nous luttons pour vivre. J'ai voyagé dans de nombreux pays et j'ai remarqué que Shakespeare était traduit dans la langue de ces pays, qu'il y était joué, que sa poésie y était lue. Il n'est pas simplement l'artiste d'un seul pays, mais l'artiste du monde. Quelle merveilleuse solution à la vie ! L'artiste du monde. »

(Il possédait le sens du rythme d'un monteur de film. Son soliloque, qui avait commencé par un plan du cosmos, avait resserré son cadre de référence pour contempler notre planète, avant d'enchaîner sur un plan rapproché de l'artiste, envisagé comme prototype. Dans mon mixage final, j'allais surimpressionner à cette portion de son commentaire trois séquences musicales extraites de *la Nuit Transfigurée* de Schoenberg, des *Planètes* de Holst et du *Poème de l'Extase* de Scriabine.)

« Je trouve que chaque jour surgissent de nouvelles possibilités et de nouvelles idées qu'on ne doit pas ignorer mais qu'il faut examiner. Par exemple, il existe toutes sortes de sons ; ne soyez pas choqué par ce que je vais dire, mais j'aime le son des bruits de la rue. Les voitures actionnent leurs klaxons, et l'on entend bien d'autres sons ; ils ont un rythme qui se mêle à la vie de la rue ; c'est une sorte de musique. Pour certaines gens, ce ne sont que d'horribles bruits, et ils ont le droit d'avoir leur opinion. A leurs oreilles, c'est effectivement un horrible bruit. Pour moi, c'est intéressant car c'est la vie. Ceux qui trouvent que c'est absurde n'écoutent pas ou écoutent avec des préjugés, et les préjugés sont une dangereuse maladie. Les autres écoutent et perçoivent là le message mystérieux qui existe dans toute musique et que les mots ne peuvent exprimer. Shakespeare utilisait la parole dans un but dramatique, mais également dans un but poétique. Il a choisi un langage qui sonne à mes oreilles comme de la musique. La parole et le rythme sont pour moi exactement comme de la musique. »

(Plus tard, par correspondance, nous allions pratiquer un dernier jeu stokowskien. Je lui écrivis pour lui parler du procédé musical que j'avais l'intention d'utiliser pour le documentaire ; je ne comptais pas employer moins de vingt-deux extraits musicaux qui s'enchaîneraient à coup de fondus par superpositions harmoniques progressives, en réservant les coupures sèches pour une séquence monaurale qui devait illustrer ses premières expériences en studio. Il me répondit : « Cher ami, je n'ai jamais cru au montage. Êtes-vous d'accord ? Accepteriez-vous de procéder à un nouveau mixage ? » Je sollicitai l'avis de Curtis Davis, l'un des observateurs les plus perspicaces de Stokowski que je connaisse. « Quand vous lui écrirez, ne manquez pas de parler de " synthèse symphonique " pour définir le procédé que vous comptez utiliser. Je parie que ça marchera », me dit Curtis. Et de fait : Stokowski ne pouvait tout de même pas désavouer ses propres « synthèses symphoniques » de Wagner, et je réalisai mon mixage tel que je l'avais prévu ; les coupes sèches auraient pu convenir à un portrait radiophonique de Toscanini ou de George Szell, mais certainement pas au caractère, au style de vie ou aux sympathies musicales de mon sujet.)

« Il est tout à fait possible que l'homme des cavernes ait eu les mêmes idées, à son niveau et à sa manière. Il a toujours existé sur cette terre des gens qui aiment la beauté et l'ordre. Il est si important que nous sachions exactement ce que nous savons et que nous soyons conscients de l'immense champ des possibilités ouvertes à la vie que nous ne connaissons pas. Des formes de vie correspondantes peuvent fort bien exister sur d'autres planètes. Il est difficile de connaître les sentiments et les pensées de ces autres êtres possibles. Leur vie pourrait être complètement différente de la vie humaine et animale que nous connaissons. Si nous les rencontrions, se poserait alors le problème du langage et de la façon dont nous pourrions communiquer. Ce serait très difficile. Je crois que ce serait un grand privilège de connaître l'idée qu'ils se font de ce qui est ordonné et de ce qui est beau. La première étape, à mon avis, consisterait à essayer de comprendre *leur* vie, à essayer de découvrir ce qu'*ils* pensent, sentent et désirent. »

(Finalement, ce soliloque dura huit minutes trente-huit secondes. Dans mon montage final d'une heure, j'allais le scinder en deux parties, la césure intervenant après la première référence shakespearienne et la phrase conclusive devenant, par régénération, la même que celle du début. Car, avec ce don de monteur de film qui était le sien, il avait déjà senti le besoin d'un renversement du processus, d'une image-miroir des pensées qui lui avaient servi d'introduction. A partir de la seconde référence à Shakespeare, il s'était remis à passer inexorablement du particulier à l'universel.)

« Si j'en avais la possibilité, je ferais de mon mieux pour essayer de donner à cette autre forme de vie qui pourrait exister sur cette planète une impression claire et précise de ce que je pense être beau et ordonné, de ce que je pense être créateur et de ce que je pense être destructeur. J'espère qu'il serait possible de montrer ce qui se passe sur notre terre : tant de destruction et si peu de création. »

(Sa réponse finale se terminait sur ces mots, mais je ne pouvais supporter l'idée de prendre congé de Stokowski pendant qu'il méditait sur la capacité de l'homme à s'autodétruire. Je trouvais qu'il fallait compléter cette image-miroir. J'avais supprimé deux mots de sa première phrase de façon à garder quelque chose en réserve pour la fin, et maintenant, sous la forme d'une répétition régénérée, cette phrase était restaurée dans son contenu originel. Après tout, Stokowski lui-même se refusait à considérer la partition ou le matériau qu'il avait à travailler comme sacro-saint ; pour lui, cela ressemblait plutôt à quelque parchemin nouvellement découvert d'un évangile qui restait à décrypter. Par ailleurs, il me semblait que le fait de parfaire une structure à l'aide d'une supercherie créatrice — le fait d'utiliser les ressources électroniques pour tricher au bénéfice d'une forme plus satisfaisante — était quelque chose de très spécifiquement stokowskien. Pendant sa vie, il avait assisté au triomphe des idées technologiques qui avaient inspiré son activité en tant que musicien et en avait saisi l'essentielle humanité ; la technologie était effectivement devenue pour lui une « vocation plus haute ». Il avait compris que, par sa médiation, il était possible de transcender la fragilité de la nature et de se concentrer sur une vision idéale. Sa vie et son œuvre avaient témoigné de la faculté dont nous disposons de nous extraire de nous-mêmes et d'atteindre à un état d'extase.)

« Pensons à notre système solaire, à sa taille colossale, à ses possibilités. »

Arthur Rubinstein

Article paru dans Look, *le 9 mars 1971*

— « Je parie qu'à ma place, vous auriez annulé le concert. »
— « Ah... Maestro, je ne sais pas. En fait, j'imagine que... »
— « J'en suis sûr ; vous l'auriez annulé... je le lis dans vos yeux. »

Cela n'était pas de bon augure, mais c'est malgré tout de cette façon que je rencontrai Arthur Rubinstein pour la première fois. C'était en janvier 1960, à l'occasion de l'une de ses visites quasi annuelles à Toronto, la ville où je réside, pour un récital Chopin, compositeur avec lequel, comme chacun le sait, Rubinstein partage une communauté de sentiment qui justifie presque à elle toute seule la spécialisation souvent suspecte de l'art de l'interprétation consécutive à la Renaissance, mais qu'on m'a, comme porteur autodésigné de la croix néoclassique, souvent entendu déboulonner. De fait, la remarque célèbre et passablement sarcastique d'Arthur Schnabel au sujet de Chopin « ce génie de la main droite » a l'air d'un chipotage extraordinairement modéré en comparaison de certains de mes propres dénigrements iconoclastes concernant le compositeur polonais ; par conséquent, le récital de Rubinstein à Toronto était un événement auquel je préférais que ma présence ne soit pas remarquée, ni par le public et la presse locale, bien sûr, ni surtout, et pour des raisons fort différentes, par Rubinstein lui-même.

— « Vous sentez-vous mieux, Maestro ? »

— « Bien mieux, je vous remercie. Mais pourquoi donc n'avez-vous pas pris de place à l'orchestre ? Vous n'allez tout de même pas me soutenir que vous avez pu goûter le son qui vous parvenait là où vous étiez ? »

— « Au contraire, Maestro, je préfère toujours écouter des coulisses. »

Mon plan d'attaque avait été d'attendre que le concert commence (le premier morceau au programme était le *Deuxième Scherzo en si bémol mineur,* qui est loin de figurer sur la liste de mon hit-parade privé), pour m'emmitoufler dans mon manteau, me diriger rapidement vers l'entrée des artistes (à cette époque de ma vie, j'avais déjà renoncé à jouer en public à Toronto, mais j'entretenais toujours des contacts avec le personnel et le décor des coulisses) et m'installer pour la durée du concert dans une cabine de radio rarement utilisée et dont je connaissais l'existence. C'était bien ma chance ! La cabine en question était fermée à double tour ; le préposé aux coulisses n'avait pas la clé mais savait par contre que Rubinstein était arrivé en ville plus ou moins à la dernière minute, victime à la fois d'un retard d'avion et d'un rhume violent (« A ce qu'il paraît, il a 40° de fièvre. Incroyable qu'il arrive à jouer avec un truc pareil ! ») ; et comme à l'époque, seule mon hypocondrie dépassait en intensité mon antichopinisme, je passai le plus clair de la soirée à faire des allers et retours entre un poste d'écoute de fortune situé à proximité de l'entrée de scène — qui ne laissait guère filtrer les hautes fréquences il est vrai — pendant que le concert se déroulait, et, pendant les pauses, une retraite à l'abri des germes, proche de la cahute du concierge et que j'avais repérée à douze mètres de là.

Au moment où Rubinstein s'apprêtait à franchir la ligne d'arrivée — l'*Andante Spianato et Grande Polonaise* était la dernière œuvre inscrite au programme — je décidai qu'il était temps de filer. J'avais calculé qu'étant donné les trois ou quatre bis qu'il ne manquerait pas de donner, j'aurais amplement le temps de jouer les Mouron Rouge avant que les admirateurs du Maître n'arrivent pour leur pèlerinage en coulisses. Hélas, je n'avais pas compté avec la détermination des fervents de Chopin. Lorsque j'atteignis la porte de l'entrée des artistes, je m'aperçus que la voie était déjà bloquée par un régiment de Rubinsteiniens inébranlables — Polonais pour la plupart et parfaitement au courant de mes imprécations fulminatoires à l'encontre de Chopin, j'en étais sûr dans ma panique du moment — et je battis en retraite vers le seul refuge possible, quelque infecté de virus qu'il pût être : la loge de Rubinstein.

C'est après le second bis, alors qu'il venait faire le plein de Kleenex, que le dialogue contraint rapporté plus haut eut lieu. Une fois dispersés les rangs des serreurs de main, je pus enfin m'enfuir dans la nuit et me précipitai à la seule pharmacie de la ville qui offre un service permanent vingt-quatre heures sur vingt-quatre. Nous nous étions cependant promis de renouer un jour les fils de cette conversation peu prometteuse. Dix années plus tard, à l'hôtel new-yorkais de Rubinstein, la promesse allait être tenue.

⁂

Rubinstein. — Je loue cette suite pour le moment, le temps de ma tournée américaine. Avant, nous avions un appartement à New York, mais je suis un hôtelier né. Je suis un homme d'hôtel. J'avais quarante-cinq ans lorsque je me suis marié, et j'ai toujours vécu dans les hôtels. Je les adore.

Mme Rubinstein (servant le café). — Eh bien, savez-vous ? moi aussi.

Rubinstein. — Cela a beaucoup d'avantages : le service d'étage, le petit déjeuner au lit. On n'a pas tout cela dans un appartement. Et puis dans un hôtel il y a un certain ani... anim...

Mme Rubinstein. — ... anonymat.

Rubinstein. — Anino — Comment dit-on déjà ?

Mme Rubinstein. — Anonymat, mon chéri, anonymat.

Rubinstein. — C'est cela. On est sûr d'avoir cela dans un hôtel.

Gould. — Moi-même, je suis un homme de motel. A mon avis, le motel est l'une des grandes inventions de l'homme occidental. L'idée qu'on puisse par avance régler sa note à la société, et qu'on vous laisse l'option de quitter les lieux à quelque moment que vous souhaitiez, je crois qu'il y a là quelque chose de psychologiquement très important. Il existe un certain nombre de motels où je me rends une ou deux fois par an sur la rive nord du lac Supérieur, un des endroits les plus fantastiques de l'Amérique du Nord centrale.

Rubinstein. — La rive nord du lac Supérieur ?

Gould. — Oui, on y trouve une petite ville environ tous les quatre-vingts kilomètres. La plupart d'entre elles sont des villes minières ou forestières, et chacune a une identité extraordinaire car leur croissance s'est faite à partir d'une industrie ou d'une entreprise particulière qui est la raison d'être de la ville.

Rubinstein. — Il y a donc une sorte de hiérarchie ?

Gould. — Oui, tout à fait. Ces villes sont gérées de manière très paternaliste, et lorsqu'on s'y trouve, on croirait prendre part à une scène sortie directement de Kafka. Quand j'y vais, j'habite dans un motel et j'écris pendant des jours. Si cela était possible, c'est vraiment le genre d'endroit où j'aimerais passer une vie entière.

Rubinstein. — Eh bien, voyez-vous, c'est quelque chose que j'ai compris chez vous dès la première fois où nous avons parlé ensemble. Vous vous souvenez que ma première question était : « Pourquoi n'aimez-vous pas jouer ? » J'avais entendu parler de vous bien avant les *Variations Goldberg*. J'étais très intrigué par vous. Mais tout d'un coup, vous avez déserté, pour ainsi dire. Ce fut très étonnant et j'y ai beaucoup pensé car c'est une très grande perte.

Gould. — Les disques ne comptent pas ?

Rubinstein. — Bien sûr que si, et la Radio et la Télévision, mais tout cela nous prive de l'impact personnel dont moi aussi, après tout, j'ai besoin. Mais j'ai le sentiment qu'un jour ou l'autre vous reviendrez sur votre décision.

Gould. — Non, je ne redonnerai jamais de concerts.

Rubinstein. — Bien sûr que si.

Gould. — Il n'en est même pas question.

Rubinstein. — Pensez à ce que je vous ai dit.

Gould. — Je vous promets d'y penser. Mais je vous promets aussi que si c'est un pari, vous le perdrez.

Rubinstein. — Mais n'avez-vous donc à aucun moment éprouvé le sentiment qu'il émanait quelque chose de très spécial de la présence d'un public ?

Gould. — Jamais vraiment. Il m'est arrivé parfois de trouver que j'étais en train de bien jouer mais...

Rubinstein. — ... mais vous n'avez jamais eu l'impression d'avoir l'âme de ces gens entre vos mains ?

Gould. — Oh, vous savez, je ne veux pas avoir leur âme. Non, c'est idiot de dire cela, car évidemment j'espérais bien avoir quelque influence et façonner leur vie d'une manière ou d'une autre, faire le « bien » en somme, pour utiliser un mot qui n'est pas à la mode. Mais jamais je n'ai souhaité les mettre en mon pouvoir, et je n'ai jamais été stimulé par leur présence en tant que telle. En réalité, j'ai toujours eu le sentiment que je jouais moins bien à cause de cette présence.

Rubinstein. — Nous y voilà ! Nous sommes en fait absolument opposés. Absolument ! Je vais vous dire quelque chose qui est peut-être ridicule ; mais ne riez pas car je n'y peux rien. Voyez-vous, j'ai le sentiment que nous avons en nous une puissance. Il y a un mot que jamais personne n'a réussi à expliquer. Il n'y a rien qui nous permette de fournir un début de réponse à l'égard de ce qu'il signifie, et pourtant toutes les langues l'utilisent si fréquemment que c'est devenu un mot de tous les jours. Le mot « soul », « âme », « anima ». Qu'est-ce diable que « l'anima » ? Où donc se niche-t-elle ? On connaît assez bien l'anatomie, on sait assez bien ce qu'on fait et comment les choses fonctionnent. Mais l'âme, qu'est-ce que ça peut bien être ? L'âme apparaît comme quelque chose de terriblement nécessaire — il en va de même de la religion — et donc nous devons bien en avoir une. Dans toutes les cultures, aussi loin qu'on creuse, il y a toujours eu quelque chose qui était un objet d'adoration, tous ces totems, et Dieu sait quoi. Eh bien, l'âme est une sorte de puissance, et cette puissance a été fort exploitée, parfois de manière ridicule ou enfantine. D'ailleurs, quand j'étais jeune — vous n'étiez même pas né et vous ne pouvez pas savoir — on faisait beaucoup d'expériences de spiritisme, et j'étais très actif dans ce domaine, très, très actif. C'était une affaire très sérieuse. Il y avait de grands savants comme Sir Oliver Lodge, que j'ai très bien connu personnellement. Lors d'une traversée de l'Atlantique que nous avons faite ensemble, j'ai parlé avec lui tous les jours. Il était persuadé qu'il communiquait avec les morts. En tout cas, vous savez, pendant les séances, les tables bougeaient réellement — il n'y avait pas de trucs, je vous l'assure —, elles répondaient. Je le sais — pas de trucs —, j'avais les yeux grands ouverts, et en plus il y avait assez de lumière. Mais le fait que nous nous touchions les mains et que nous nous concentrions créait une réponse, voyez-vous. Mais ce qui est drôle, c'est que pour une raison ou pour une autre on me choisissait toujours comme chef pendant ces séances, vous savez, le type qui parle avec le fantôme. Et quand quelqu'un parlait, c'était Napoléon — on aime toujours parler à Napoléon, à Chopin, au grand-père ou à quelqu'un comme ça qui est important — mais je savais toujours qui allait se présenter et ce qu'il allait dire. Les autres étaient complètement ébahis : « Ah, quelles émanations ! » « Vous avez entendu ! » « Il a dit ceci et cela ». Mais moi, cela ne m'étonnait pas. Qu'est-ce que cela signifiait en somme ? Cela signifiait simplement que je concentrais en moi la puissance des autres. Voyez-vous, je crois que des gens comme Napoléon, Hitler ou Mussolini, ou encore Staline — des gens dont il émane quelque chose de spécial — détiennent de cette puissance bien plus que d'autres. Je parle de cela car si vous aviez poursuivi la carrière pianistique comme moi pendant très longtemps — plus de soixante-cinq ans, savez-vous — vous auriez connu ce contact constant, constant, constant avec les foules que vous devez d'une certaine manière convaincre, dominer, ou tenir en haleine, comprenez-vous. Par exemple, le sentiment au début quand le public entre — certains arrivent d'un dîner, d'autres pensent à leurs affaires, les femmes observent les robes des autres femmes, les jeunes filles cherchent à repérer de beaux jeunes gens ou vice versa — voyez-vous, il y a toute une agitation, et je la ressens bien sûr. Mais si vous êtes en bonne forme, vous réussissez à capter l'attention de chacun d'entre eux. Vous pouvez jouer une seule note et la garder pendant une minute — ils écoutent comme si vous les aviez dans vos mains, et on ne peut pas arriver à ce genre d'émanation avec un disque. C'est là où je voulais en venir. Voyez-vous, c'est absolument impossible d'y parvenir avec un disque.

Gould. — Peut-être bien. Évidemment lorsqu'on enregistre un disque, on est seul. On n'est pas submergé par 500, 5 000 ou 50 000 personnes qui puissent dire à ce moment précis : « Tiens, voilà donc ce qu'il pense de cette œuvre ! » Mais cela me semble être un grand avantage. Car je crois que la méthode idéale pour aboutir à une interprétation ou à une œuvre d'art — on ne devrait pas les différencier à mon avis — consiste à partir de l'idée que lorsqu'on commence on ne connaît pas vraiment le résultat final. La révélation ne s'opère qu'au cours du processus. Lorsqu'on en arrive aux deux tiers, on n'est jamais qu'aux deux tiers de l'élaboration d'une conception véritable. Je ne sais que très rarement en me rendant au studio la manière exacte dont je vais procéder. Il se peut que j'essaie quinze façons différentes dont huit vont marcher raisonnablement bien et dont seulement deux ou trois me convaincront tout à fait. En tous les cas, j'ignore pendant que se déroule la séance ce que sera le produit final. Tout dépend de l'écoute ultérieure au cours de laquelle je déciderai s'il y a lieu ou non à retouche et ce qu'il me faudra changer du tout au tout. Cette méthode fait de l'interprète l'équivalent d'un compositeur, car elle lui donne la possibilité de reconsidérer les choses ; elle lui donne un pouvoir qui est évidemment très différent de celui dont vous parliez mais qui est néanmoins très réel. Il s'agit de quelque chose que vous ne pouvez pas faire en concert, ne serait-ce que parce qu'il vous est impossible de vous arrêter — ce que j'avais toujours envie de faire — pour dire : « deuxième prise ».

Rubinstein. — Oui, tout cela est plausible. L'enregistrement est quelque chose de tout à fait autre. Mais procédez-vous comme je procède moi-même ? Je fais quelques prises complètes et il est rare que je veuille faire une retouche. Parfois, on fait une fausse note qu'on arrange comme on arrangerait une dent mal en point : on se contente de l'arracher pour la remplacer par une note correcte extraite d'une autre prise, et le tour est joué. Mais j'aime jouer une œuvre de bout en bout ; j'ai horreur de m'interrompre une fois que j'ai commencé.

Gould. — C'est tout le contraire de moi, tout d'abord parce que je crois au montage. Je conviens tout à fait de la commodité des prises complètes mais ne vois aucune raison qui rende impossible de faire un mouvement entier à partir de 162 fragments sans l'avoir jamais joué d'un bout à l'autre. Ce n'est pas ainsi que je procède moi-même, mais il n'y a aucune raison pour que cela ne puisse se faire.

Rubinstein. — Je trouve simplement que ce qui est trop travaillé n'est pas convaincant. Ce n'est plus de l'art. Voyez-vous, au cirque, un acrobate fait quelque chose de fantastique, disons, en sautant, n'importe quoi de fantastique. Mais il fait toujours exprès de louper quelque chose avec un petit sourire malin juste pour montrer la difficulté de la chose. Il fait cela parce que, après, ça a l'air facile.

Gould. — Exactement. Ce n'est pas parce que quelque chose a l'air facile que c'est facile en réalité. Ces dernières années, j'ai passé en gros la moitié de mon temps à travailler à des programmes de radio et de télévision qui n'ont rien à voir avec la musique. Dans ce cadre, j'ai dû essayer d'exprimer la totalité d'une idée sans trop me préoccuper de l'intégrité — si je peux ainsi employer le mot — de ses composantes individuelles. Par exemple, l'année dernière, j'ai réalisé un documentaire radio sur Terre-Neuve ou, plus exactement, sur les conditions de la vie solitaire, Terre-Neuve étant un prétexte, et j'ai passé près de 400 heures en studio à monter ce programme. Parmi les quatorze personnages de ce documentaire, il y en avait un, essentiel à l'histoire, qui était adorable, très intelligent et sensible ; mais il était affligé de tics de langage qui lui faisaient dire sans cesse : « hum », « heu », « je veux dire », « hein » et autres scories inutiles. Il disait cela si souvent qu'on en avait la nausée. En outre, comme il était linguistiquement fort scrupuleux, il revenait constamment sur les adjectifs qu'il avait choisis. Après avoir fait une phrase de huits mots, il s'apercevait que l'adjectif ne convenait pas et, sans penser à nos problèmes de montage, il insérait un adjectif supplémentaire, la plupart du temps à un niveau dynamique différent.

Nous avons passé, sans exagération, trois longs week-ends — samedi, dimanche, lundi, dix heures par jour — à ne faire rien d'autre qu'à supprimer les « hums », « euhs », « bens » et « heins » et à corriger les incorrections syntaxiques de ses interventions. A un moment donné, nous avons calculé que nous faisions quatre coupes par ligne dactylographiée. Étant donné que chaque page contenait trente lignes, cela faisait cent vingt coupes par page — le témoignage de notre personnage couvrant quatorze pages dactylographiées, nous avons estimé à mille six cents le nombre de coupes nécessaires pour donner fluidité et clarté au discours. Nous y sommes arrivés, et maintenant notre homme sonne comme un personnage tout nouveau. En réalité, peu m'importe la façon d'aboutir. Ce n'est pas une question de morale. S'il faut mille six cents coupes, allons-y pour mille six cents coupes ! Prenons par exemple votre disque du *Quintette en fa mineur* de Brahms avec le Quatuor Guarneri...

Rubinstein. — Vous l'aimez ?

Gould. — J'en suis saoulé. Rien que ces dernières semaines, je l'ai entendu au moins cinq fois.

Rubinstein. — Grands dieux !

Gould. — C'est la plus formidable interprétation de musique de chambre avec piano que j'aie entendue de ma vie.

Rubinstein. — Avez-vous entendu les trois quatuors ?

Gould. — Non, pas encore, mais je vais les acheter.

Rubinstein. — Oh, c'est quelque chose qu'il faut que je vous envoie. L'accepteriez-vous en cadeau ?

Gould. — Je serais ravi.

Rubinstein. — ... parce que j'ai l'impression que nous avons fait mieux.

Gould. — Vraiment ?

Rubinstein. — Oui, c'est mieux. Mais le *Quintette* était déjà pas mal.

Gould. — Il était fantastique. Il avait une souplesse et une ampleur que personne en concert, j'en suis sûr, ne pourrait même approcher. C'est l'interprétation la plus spontanée qu'on puisse imaginer, mais en même temps, elle est si organisée, si dense, si droite...

Rubinstein. — Nous l'avons rejoué, il y a quelques jours...

Gould. — Vraiment ?

Rubinstein. — Oui, en concert.

Gould. — Oh !

Rubinstein. — Voyez-vous, j'ai cinquante ans de plus que vous. J'ai vécu dans un monde d'extrême émotivité. Je n'aime pas le mot romantisme, c'est quelque chose qui me dégoûte, et qui dégoûtait même Chopin, le saviez-vous ?

Gould. — Non, je l'ignorais.

Rubinstein. — Même Chopin, qui vivait à l'époque de Byron, où les gens auraient eu honte de ne pas se battre en un duel romantique et s'évanouissaient pour un oui ou pour un non. Tout ceci était accepté, c'est ainsi qu'on vivait. J'ai hérité de certaines manières de cette époque. L'apparition de la machine m'a violemment surpris et au début légèrement effrayé. La première fois que j'ai entendu la radio, je me suis demandé : « Mais qu'est-ce que c'est que ça ? » Même aujourd'hui, parfois, en rentrant à la maison, je reçois un choc si j'entends une voix masculine dans la chambre de ma femme. Je crois qu'elle a un amant, mais c'est la radio, ce n'est que la radio, et je n'y suis pas tout à fait habitué. Tout cela est encore pour moi une grande surprise, une grande nouveauté.

Gould. — L'année dernière, j'ai fait une émission de radio au sujet d'un homme extraordinaire qui vit au Québec. Il s'appelle Jean Le Moyne. C'est d'abord un théologien, mais aussi un poète et un théoricien de la technologie. Il fait tout cela à la fois, mais l'esprit de la théologie baigne tout ce qu'il dit et tout ce qu'il fait. Quoi qu'il en soit, en réponse à mes questions sur la technologie et ses effets sur les gens, voici ce qu'il me déclara : « Il n'y a pas de contradiction entre la technologie et les humanités, la théologie tout particulièrement. La technologie nous a apporté une série de réseaux: des réseaux de radio, de télévision, de chemins de fer, de communications de toutes sortes ; et ces réseaux circonscrivent la terre de telle sorte que nous ne pouvons plus aller vers la nature sans passer par leur intermédiaire. Mais lorsque nous le faisons, nous comprenons que la technologie exerce une grande charité sur nos vies. » Je pense que ce qu'il voulait dire, c'est que la technologie n'est pas là pour agresser les gens. Elle n'est pas un obstacle à leur action et à leurs contacts ; elle est là pour accélérer ces derniers, les rendre plus directs et immédiats, et pour supprimer tous les facteurs, compétitifs entre autres, qui sont préjudiciables à la société. Je crois en cette idée. Je crois que la technologie est une entreprise charitable. Lorsque vous enregistrez le *Quintette en fa mineur* de Brahms, non seulement vous influencez un nombre bien plus important de gens que ce ne serait le cas avec un concert, mais vous les influencez pour toujours et pas seulement l'instant d'un concert ou d'une soirée dont ils se souviendront ou non, mais pour toujours. Vous êtes en mesure de changer leurs vies à tout jamais, de la même manière que ma notion de ce que Brahms représente a été changée par votre enregistrement.

Rubinstein. — Vous commencez à me convaincre. Je suis né à une autre époque, voyez-vous. Je traîne toutes sortes de vieilles choses avec moi, comme ces rubans et ces fanfreluches qui traînent sur la voiture des mariés. Ces choses restent en moi ; tandis que vous êtes né dans un monde tout autre, et donc votre talent est absorbé par les circonstances et par l'entourage. Mes enfants regardent le monde comme s'il était apparu en même temps que l'avion. Voilà où nous en sommes. Je rêve encore de Dédale et d'Icare et je suis désolé pour lui qu'il ait perdu sa route. Mais quelque part, je suis sûr que nous nous rencontrerons, que nos idées se rencontreront. Je suis incapable de dire comment cela arrivera exactement ; mais souvenez-vous de ce que je vous dis, quelque part nous nous rencontrerons.

Souvenirs de Maude Harbour
ou
Variations sur un thème d'Arthur Rubinstein

Ce texte, publié dans le magazine Piano Quarterly *en 1980, a été inspiré à Glenn Gould par la lecture des* Mémoires *de Rubinstein. On y trouvera un écho humoristique des vaniteuses litanies gastronomiques, lubriques, ludiques et mondaines qui horrifièrent Gould lorsqu'il lut ces livres.*

Je ne peux à ce propos m'empêcher de rapporter une anecdote dont je fus le témoin stupéfait, car elle illustre à merveille les facultés contrapuntiques de l'esprit de Glenn Gould. Cette pochade fut en réalité écrite, sans que je le sache immédiatement, sous mes yeux. Lors de l'une de nos séances de travail nocturne sur le scénario de nos films sur Bach, j'avais remarqué que, pendant que nous parlions avec la concentration la plus intense du sujet qui nous occupait, Glenn Gould écrivait sans interruption. J'imaginais qu'il prenait des notes qui nous permettraient par la suite de mettre les choses au point. La réalité était toute différente car, au petit matin, après une nuit de discussions très serrées et concluantes, il me fit la lecture des feuillets qu'il avait écrits pendant que nous travaillions, et qui ne contenaient rien d'autre que les « Variations sur un thème d'Arthur Rubinstein. »

J'avais tout juste commencé le premier supper-show [1] de ma saison

1. Le doublement du *p* est intentionnel : Glenn Gould joue ici sur l'orthographe de super et de supper (souper en anglais) (*N.d.T.*).

de gala au festival de Maude Harbour[1] lorsque, comme à mon habitude, je lançai un coup d'œil en direction des loges. Qu'aperçus-je là, installée dans l'une de ces loges, sur laquelle on pouvait voir l'inscription : « Appât vivant — Ne pas réfrigérer » ? Une vision d'une telle beauté qu'elle effaça instantanément de mon esprit la mémoire des quatre aventures amoureuses qui m'étaient survenues ce même jour entre le déjeuner et l'heure du thé. Aussi délicieuse qu'ait été la compagnie de ces dames, je compris soudain que mon avenir, mon sort et ma destinée appartenaient désormais à l'éblouissante enchanteresse qui, avec une grâce si délicate, était en train de cacher une boule de gomme à peine retirée de sa bouche sous la caisse de vers de terre sur laquelle elle était assise et d'essayer de se faire à l'ardeur de mon regard pénétrant. Je résolus de lui dédier chaque note de mon récital, à elle et à elle seule, et de m'enquérir dès l'entracte de la législation sur le viol dans le pays en question.

Au moment où je commençais mon groupe de *Sonates* de Scarlatti, nos regards s'unirent en une étreinte optique d'une telle intensité que les passages mains croisées de la *Sonate Longo 465* durent prendre quelques libertés avec l'Urtext[2]. Sans doute, le troupeau des gens vautrés dans leurs fauteuils d'orchestre confondit-il ces libertés avec des fausses notes ; mais pour ma bien-aimée — qui avait maintenant dégagé ses longs cils soyeux de son verre de Pepsi-Cola et écoutait avec une concentration chaste et enfantine — il était clair que ces sauts de trois octaves apportaient avec eux la riche promesse d'embellissements chromatiques exubérants qui projetaient *mon* Scarlatti bien au-delà des limites confinées du diatonisme du XVIIIe siècle et en faisaient un exercice d'ambiguïté tristanesque. Ainsi que mes lecteurs peuvent l'attester, j'en suis sûr, je suis le dernier à vanter l'évidente suprématie de mon art, mais j'affirme cependant que c'est mon amour dévorant de la vie et de l'approximation qui a toujours distingué *mon* Scarlatti des exécutions préméditées et stéréotypées de Landowska et de Kirkpatrick. Comme c'était à prévoir, mon récital fut un triomphe, et un public insatiable me réclama en bis les *Variations* de Webern qui me permirent de faire crouler la salle sous les applaudissements.

On m'offrit ensuite une réception officielle à l' « Auberge des Vieux Camarades », mais je fus fort marri de découvrir que le prési-

1. Maude Harbour est le nom imaginaire et féminisé d'un port de mer du Grand Nord Canadien. *(N.d.T.)*.

2. La partition originale qui fait foi (N.d.T.).

dent du Conseil municipal, M. Bonarien, était absent, et avait délégué à sa place son adjoint M. Maupaumé, un type qui s'y connaissait si peu en musique que, tout en trônant au premier rang de l'orchestre pendant mon concert, il avait tapé du pied tout au long des *Variations* de Webern et, ajoutant l'insulte à l'injure, avait ostensiblement battu la mesure sur le fameux point d'orgue du troisième mouvement en me faisant un signal d'entrée subdivisé au moment où s'amorce l'épilogue. En outre, à la réception, il eut le culot de prétendre, devant la crème de la société de Maude Harbour que, nonobstant l'ingénuité de mon rubato, j'avais été incapable de le prendre de court. C'était bien entendu pure présomption de sa part. En au moins trois occasions, j'avais réussi à le distancer, lui et ses sandales, sans qu'il puisse me rattraper au bas mot pendant plusieurs mesures. A part le président du Conseil municipal cependant, tout ce qui comptait à Maude Harbour, et quelques autres ignorants aussi d'ailleurs, assistait à la réception donnée en mon honneur. Le susmentionné Maupaumé avait eu l'audace d'inviter les membres du jardin d'enfants local, qui portait le nom de Carl Orff — des gamins que leurs parents auraient dû depuis longtemps avoir envoyés au lit, et qui firent un tintamarre intolérable avec la vaisselle. On me submergea de compliments et tout le monde se mit d'accord pour dire que, comme j'en étais d'ailleurs bien conscient, j'avais été au faîte de ma grandeur. Malgré tout, ce fut une triste cérémonie car, en dépit d'une assistance ultra-chic et élégante, il y avait un visage que je mourais de contempler, une voix dont j'attendais avec impatience la confirmation de ma propre opinion au sujet de ma grandeur. Ce plaisir me fut hélas refusé, nulle part je ne voyais ma bien-aimée.

Une fois la réception terminée, je me retirai sur l'île splendide où résidait mon hôtesse, Peggy Muhlheim, la beauté légendaire qui avait d'excellentes relations à Maude Harbour, puisque le cousin germain du deuxième mari de sa sœur avait autrefois été nommé ingénieur sanitaire en chef de la localité. Alors que nous nagions côte à côte pour traverser le bras de mer large de 472 mètres qui sépare le continent du rocher où Peggy plantait sa tente en été, celle-ci fit pour ma distraction une démonstration de crawl australien sur le dos, imitant la technique de baguette de Carlo Maria Giulini tout en chantant simultanément de façon quelque peu détrempée mais néanmoins parfaitement juste les premières mesures d'une œuvre de Frank Martin, *le Vin Herbé.* Comme mes lecteurs peuvent s'en douter, Peggy possédait un esprit rapide et une érudition naturelle, qualités que j'ai toujours trouvées irrésistibles chez les femmes.

Pour ne pas être en reste, je me lançai immédiatement dans une brasse papillon qui imitait à la perfection le style de direction d'orchestre de Herbert von Karajan, mais renonçai à chanter avec elle l'œuvre de Frank Martin (bien que, l'ayant il y a longtemps dirigée du piano à moins de trois jours de préavis, je la connusse bien sûr de mémoire), car je m'étais vite rendu compte qu'elle n'était pas tombée sur ce morceau par hasard, mais bien plutôt qu'elle avait choisi ce subtil avatar de la légende de Tristan pour me faire sournoisement comprendre les soupçons qui l'assaillaient à propos de mes visées sur ma bien-aimée. Au début, je fus passablement amusé par cet impertinent stratagème mais, en examinant de plus près ses mobiles, je m'aperçus qu'il s'agissait en fait d'une intrusion intolérable dans ma vie privée. « Est-il possible, me demandai-je, qu'elle imagine être en droit d'avoir des prétentions à mon égard, du seul fait que nous ayons vécu ensemble pendant trois ans ? » Je décidai de m'expliquer avec elle à ce sujet dès qu'elle m'aurait nourri.

Elle avait bien des défauts, Peggy ; néanmoins, elle dressa une somptueuse couverture de pique-nique, et jamais je ne pris autant de plaisir à mon traditionnel repas d'après-concert, consistant en racines de marante arrosées d'eau minérale. Quelque peu calmé, je résolus d'ajourner au lendemain l'explosion devenue inévitable, et nous nous étendîmes sur le rocher pour contempler l'aurore boréale qui inondait Maude Harbour d'une prodigieuse lueur et passer en revue les grands moments de mon triomphe.

Soudain, de l'autre côté de la baie mais s'approchant progressivement de l'île, nous entendîmes un bruit de moteur qui appartenait sans le moindre risque d'erreur à un Evinrude 9,7. Il sonnait à mes oreilles de la façon la plus inopportune, car il annonçait l'arrivée imminente de Zoltan Mostanyi, un rustre et lourdeau Hongrois de Budapest qui passait l'été à Maude Harbour et que Peggy, dans un élan de philanthropie mal avisée, avait pris en amitié. Mostanyi était (soi-disant) pianiste et musicologue, mais personnellement je ne voyais en lui aucun signe manifeste de talent pour l'une ou l'autre de ces activités. Son principal titre de gloire était une monographie intitulée *Haydn et le servage : la tyrannie du menuet.* En dépit de l'insistance de Peggy, je me refusai fermement à le lire car Mostanyi avait eu le manque de courtoisie de décliner mon offre généreuse d'acheter le manuscrit original, et l'effronterie de me faire une leçon sur ce qu'il appelait « la décadence bourgeoise » de l'instinct de collection. Quant à son activité de pianiste, le seul témoignage apparent qu'on en avait était une discographie abondante que j'étais peu enclin à aller examiner ; en une autre occasion, je lui avais déjà soigneusement exprimé ma conviction inébranlable du fait que le concert public permet de donner au moment éphémère un caractère de transcendance mystique et par la suite le pauvre bougre avait manifesté son irritation en refusant ostensiblement de faire acte de présence à mes concerts.

J'étais résolu à éviter toute autre rencontre avec Mostanyi, et lorsque son embarcation fut à proximité de l'île, je m'apprêtai à rentrer seul sur le continent à la nage. Mais une fois encore, comme à tous les moments cruciaux de mon existence, le sort intervint ; j'aperçus à l'avant du bateau, faiblement éclairée par la lueur provenant de l'autre côté de la baie, la précieuse silhouette de l'adorable personne sur laquelle j'avais si impatiemment attendu de pouvoir jeter mon regard éperdu. Comment et pourquoi s'était-elle fourvoyée en l'indigne compagnie de ce cuistre hongrois, j'avais du mal à l'imaginer. Tout au plus voulais-je bien accepter l'idée que le sort a parfois des voies plus mystérieuses que même moi ne suis en mesure de le comprendre.

Peggy accueillit ses hôtes avec une certaine chaleur, mais il était clair qu'elle était contrariée par l'arrivée inattendue de ma bien-aimée. Elle leur offrit les miettes de la boîte de racines de marantes que j'avais vidée, et se remit à chantonner *le Vin Herbé* en jetant des coups d'œil significatifs dans ma direction. Pour ma part, j'étais heureux de repaître mon regard du visage de ma bien-aimée (maintenant doucement illuminé par la lanterne chinoise que Peggy avait installée sur le rocher) et il m'apparut soudain clairement que, depuis les quelques heures où nos regards s'étaient pour la dernière fois entrecroisés, elle avait subi une métamorphose considérable. Ses manières de petite fille mutine dans lequelles j'avais lu tant de promesses de concrétisation au moment où je gravissais les sommets scarlattiens étaient maintenant transformées ; l'adolescente timide, indécise et gauche de la fin de l'après-midi était devenue une femme du soir. Il y avait à ce phénomène une seule explication possible, dont le mystère implicite me remplissait d'humilité. Il était évident que les sortilèges magnétiques de mon concert avaient fini par opérer leurs merveilles et avaient fait sortir de son cocon le splendide papillon qui s'était maintenant posé sur notre rocher.

Entre-temps, Peggy avait entamé avec Mostanyi une discussion sur les théories de la classe oisive. A sa funeste instigation, elle avait relu Thorstein Veblen et était prête à haranguer tous ceux qui abordaient le sujet avec elle. (Mes lecteurs l'auront compris : Peggy avait le genre d'intolérance et d'exhibitionnisme intellectuels que j'ai toujours trouvé répugnants chez une femme.) Se rendant compte de mon malaise et l'exploitant à dessein, elle insinua que ma bien-aimée serait incapable de comprendre ses idées, à moins de l'affronter dans une partie de Monopoly. Mostanyi professa instantanément son accord en proclamant que cet absurde passe-temps servait de métaphore à travers laquelle on pouvait observer les maux du capitalisme. J'étais fermement décidé à ne pas me prêter à cette mascarade, mais lorsque ma bien-aimée dit qu'elle y participerait volontiers — et même avec enthousiasme — je compris qu'il me serait impossible de l'en dissuader et je dus me résoudre à me joindre à eux.

On sait que ma virtuosité aux cartes est légendaire, et en moins de temps qu'il n'en faut pour le dire, je m'étais emparé des quatre gares, du Boulevard des Capucines, de l'Avenue Foch et de l'Avenue de Breteuil, m'assurant donc ainsi une position confortable sur le tableau. Mostanyi, ce butor infect, enleva la Place Pigalle, le Boulevard Saint-Michel et l'Avenue Mozart et, en même temps qu'il étendait ses griffes sur le troisième côté du tableau jusqu'à la Rue La Fayette et la Place de la Bourse, il déclarait que chaque achat de sa part portait un coup mortel à l'impérialisme américain et que, dans ses hôtels, il n'y aurait ni télévision couleur ni service d'étage. Par contraste, le comportement de ma bien-aimée sur le marché était un modèle de tact et de diplomatie. A plusieurs reprises, elle alla en prison sans se plaindre, passa par la Case Départ sans avoir droit aux 20 000 francs, et dut payer la taxe de luxe sur un patrimoine qui était au bord de la banqueroute. Cela me brisa le cœur de la voir contrainte d'hypothéquer la Rue Lecourbe et Belleville si chèrement conquises, et je résolus qu'une fois ma victoire assurée je rachèterais ses précieuses propriétés pour faire d'elle la maîtresse des maisons les plus fastueuses.

La bataille fit rage toute la nuit et la victoire continuait à m'échapper car les Champs-Élysées et la Rue de la Paix, les clés de ma conquête définitive du tableau, étaient tombés aux mains de l'avide Peggy. Je marchandai avec ardeur et lui offris en échange les quatre gares et l'Avenue de la République (qui lui aurait donné le contrôle du premier côté) ainsi qu'une dose massive de liquidités dont je savais bien qu'elle était à court. Elle rejeta mon offre sur-le-champ et, en violation de toutes les règles sur lesquelles est fondé le jeu, vendit à Mostanyi ces propriétés vitales en échange d'une simple carte de Sortie de Prison et de « perspectives futures » (sic !). En outre, Miss Mulheim eut l'audace de prétendre qu'elle opérait au mieux des intérêts du système du libre échange et qu'ainsi elle était sûre que la leçon qu'elle s'efforçait de donner à ma bien-aimée ne serait pas sans porter ses fruits.

J'étais outré ; il s'agissait là d'un affront à toutes les fibres morales qui vibrent en moi et je demandai réparation à Mostanyi ; en même temps que les premières lueurs de l'aube apparaissaient sur la baie, je jetai à l'eau le tableau et tout son fourbi, à l'exception des titres de propriété sur la Rue Lecourbe et Belleville, que je résolus de faire monter en pendentif par le joaillier le plus chic pour le porter à tout jamais contre mon cœur.

Mostanyi se vit épargner la sévère correction qu'il méritait quand nous nous aperçûmes qu'un Chris Craft élancé s'approchait de l'île. C'était celui de l'adjoint municipal Maupaumé. Je garantis à Mostanyi qu'il n'échapperait pas sans y laisser des plumes à mon courroux, mais pour le moment je me sentais tenu de descendre aider Maupaumé à amarrer sa vedette à la bouche d'égout de Peggy. Il expliqua que la Siddharta, le navire à moteur qui naviguait sur les eaux des lacs de Boeufmusqué — dont Maude Harbour était la capitale artistique et intellectuelle incontestée — s'était échouée sur un banc de sable pendant la nuit avec toute la cargaison de touristes transylvaniens qui se trouvaient à bord. Il me suppliait de venir instantanément leur offrir un divertissement dans les salons du bateau pour empêcher que n'éclate une émeute, qui ferait certainement chavirer la Siddharta et compromettrait le tourisme local pendant des années. J'acceptai, non sans avoir préalablement extorqué au malheureux la promesse du paiement d'un cachet substantiel. Il me donna l'assurance qu'à l'avenir chacune de mes apparitions publiques ferait l'objet d'une intense publicité, avec distribution de brochures dans chaque boutique et comptoir du port, et que je recevrais dorénavant un contingent appréciable de billets gratuits pour chacun de mes concerts au Festival ; il me promit enfin de ne plus jamais se laisser aller à taper du pied en mesure pendant que je démêlerais les fils subtils du sérialisme d'Anton Webern.

Mon cœur se brisa à l'idée de devoir abandonner ma bien-aimée sur le rocher en si lamentable compagnie, mais, comme mes lecteurs peuvent en témoigner, je ne suis pas homme à priver de ma présence une foule clamante et nécessiteuse. Maupaumé m'invita à prendre le volant de son rafiot qui, sous ma direction, traversa adroitement les eaux de la baie dans le calme de glace du petit matin. Tandis que nous naviguions, je me pris à réfléchir sur les changements qui étaient intervenus dans ma vie et qu'un sort bienveillant avait décrétés, et je compris soudain que l'aube de ce jour avait vu ma jeunesse s'éloigner de moi à jamais.

Finie l'époque où je pouvais me satisfaire de la poursuite de vains et stériles plaisirs ; finie l'époque où je pouvais compter sur la seule spontanéité et sur l'agilité incomparable de mon art tout en menant ma vie de complaisances folâtres. Désormais, j'allais bannir de ma nature toutes ses ambitions hédonistes et superficielles ; j'allais consacrer mon existence et mon art tout entiers à ma bien-aimée. Je renoncerais à toutes les autres, me remettrais à travailler ma technique, et me créerais une place d'honneur dans ce vaste monde, que je déposerais aux pieds de ma princesse en gage de mon amour. J'étais devenu un homme nouveau, et elle seule, grâce à la vertu rédemptrice de son innocence, avait été responsable de cette transformation. Je résolus qu'à notre prochaine rencontre je lui demanderais sa main, ainsi d'ailleurs que son nom, ce que j'avais négligé de faire jusqu'alors.

Je fus hissé à bord de la Siddharta et acclamé par le gratin de la société transylvanienne ; au moment où je commençais mon groupe de *Sonates* de Scarlatti, je lançai comme à mon habitude un coup d'œil en direction des loges. Qu'aperçus-je là, installée dans l'une de ces loges sur laquelle on pouvait voir l'inscription « Poisson des grandes profondeurs — Fragile — Manier avec précaution »...

QUATRIÈME PARTIE

Essais critiques

Glenn Gould — music and mind
Biographie de Geoffrey Payzant

En 1978 paraissait aux États-Unis et au Canada un livre sur Glenn Gould, rédigé par un professeur à l'Université de Toronto, Geoffrey Payzant. Le « sujet » du livre, peu après la parution de ce dernier, se livrait à l'exercice de style mi-amusé, mi-critique, qui consistait à faire la recension du texte le concernant.

Article paru dans Piano Quaterly.

Geoffrey Payzant vient d'écrire sur un interprète un livre qui ne ressemble à aucun autre. Plutôt que d'insister, pour ce faire, sur les aspects de la vie et du travail de son sujet qui se réfèrent essentiellement à l'expérience de l'interprétation, il a préféré centrer son analyse sur la production substantielle de Gould en tant qu'essayiste, réalisateur d'émissions de radio et auteur de documentaires. Qu'on n'aille pas imaginer pour autant que l'étude de Payzant manque de pénétration sur le plan musical ; bien au contraire, l'auteur associe son expérience de l'esthétique à sa connaissance pratique de la musique pour formuler sur la psychologie de l'interprétation certaines des analyses les plus clairvoyantes que je connaisse. Il ne prétend cependant pas procéder à un examen minutieux, opus par opus, des interprétations notoirement controversées de Gould, et quand il cite une œuvre musicale, c'est presque toujours pour la discuter en vue d'éclairer un point de morale ou de philosophie qu'il a précédemment développé. Pour n'en donner qu'un seul exemple, l'épisode fameux du différend qui opposa Gould à Léonard Bernstein à propos du choix d'un tempo convenable pour le *Concerto en ré mineur* de Brahms est mis à contribution pour venir couronner un chapitre qui traite par ailleurs de la nature de l'expérience compétitive. Payzant analyse les nombreux essais, émissions et interviews dans lesquels Gould exprime son opposition irréductible à l'égard de toutes les formes de compétition, et l'incident Brahms-Bernstein lui fournit l'occasion d'illustrer l'aversion manifeste qu'éprouve le pianiste à l'égard d'une forme spécifiquement musicale de la compétition : le concerto de virtuosité.

Dans sa Préface, le professeur Payzant précise bien qu'il n'avait pas tant l'intention d'écrire un livre sur un pianiste que sur un processus de pensée musicale qui, de temps en temps, trouve à se réaliser dans une activité pianistique.

Il attire également l'attention sur le fait qu'il n'a pas voulu faire une étude biographique, que la vie de Gould est, en réalité, « austère et peu remarquable », et qu' « un livre sur les faits et gestes de cette vie risquerait d'être bref et ennuyeux ». (Le premier chapitre de son livre — une ébauche de description des jeunes années de Gould — illustre parfaitement cette assertion: il est en lui-même plutôt ennuyeux et loin d'être aussi bref qu'il aurait fallu.)

Avec le second chapitre, Payzant entre cependant dans le vif du sujet et déploie, dans toute la première partie de son étude, une grande habileté à maîtriser l'élaboration d'une texture de plus en plus intense où se mêlent thèmes et contre-thèmes : le rejet par Gould du concert public, son adhésion passionnée aux médias en général et au processus d'enregistrement en particulier, sa croyance quasi mystique en l'idée que la technologie possède un pouvoir de médiation susceptible de réduire et même d'éliminer les absurdités qu'entraîne le phénomène compétitif et qui absorbent une si large part des activités humaines : « Gould propose une voie qui, si on la choisit, permet de sortir de façon créatrice du système de compétition de la société ; elle consiste à accepter l'alternative qui nous est offerte par la technologie. La technologie édifie un rempart protecteur autour de l'humanité, libérant les humains de la nécessité de se mesurer en s'affrontant les uns aux autres, tant sur le plan physique que psychique. »

Payzant explique que, pour les tenants de ce « hors-jeu créateur » et selon le lexique personnel de Gould, la réalisation suprême consiste à rechercher et à cultiver un état d'extase : « Il emploie le mot " extase " pour signifier indifféremment une qualité de musique, une qualité d'interprétation, une disposition de l'interprète et une disposition de l'auditeur. Mais ce manque de discrimination est intentionnel, et constitue l'essence de ce que veut dire Gould : l' " extase " est un fil délicat qui relie les uns aux autres musique, interprétation, interprète et auditeur dans le tissu d'une conscience partagée de l'*intériorité.* »

Comme on l'a déjà remarqué ci-dessus, Payzant ne cherche pas à faire une étude biographique mais, de temps à autre, il paie son tribut aux méthodes de la psychobiographie et cherche appui, en de telles occasions, dans des citations du livre d'Anthony Storr, la *Dynamique de la création*: « Puisque la plupart des activités créatrices sont solitaires, le choix d'une telle occupation signifie pour le schizoïde qu'il s'octroie la possibilité d'esquiver les problèmes de la relation directe avec autrui. Qu'il écrive, peigne ou compose, il est indéniable qu'il communique. Mais il s'agit d'une communication dont il contrôle tous les termes (...). Il ne saurait se trahir par des confidences qu'il aurait à regretter plus tard. (...). Il peut choisir (ou du moins le croit-il souvent) la part qu'il veut révéler de lui, et celle qu'il veut garder secrète. » Cette citation donne une bonne idée de l'attitude qu'adopte Payzant vis-à-vis de son sujet ; elle résume adroitement l'horreur de Gould pour la vie urbaine, son aversion pour les apparitions en public, sa prédilection pour la communication par téléphone, sa conviction enfin que la solitude nourrit la créativité, que la promiscuité confraternelle tend à dissiper.

Au fil des chapitres où ces thèmes sont explorés, le professeur Payzant mène rondement son développement pour parvenir à une intensité que n'atteignent que trop rarement les ouvrages d'érudition. Il y a, bien sûr, quelques halliers statistiques, qui auraient gagné à être élagués ; une collection de chiffres et de faits sur les divers concours et festivals de musique canadiens, par exemple, laisse entrevoir un défaut passager de concentration rédactionnelle. Il y a aussi quelques moments où Payzant apparaît déterminé à dénicher des contradictions dans le comportement de Gould et où il s'attarde, en conséquence, à jouer l'avocat du diable : « Un germe d'esprit de compétition existe en chacun de nous, y compris en Glenn Gould. Des amis de la famille se souviennent de parties de croquet sur la pelouse devant la maison, qu'il était apparemment pour le jeune Glenn essentiel de gagner ; plus tard, il prit l'habitude de conduire très vite des voitures puissantes. Et parfois sa manière de jouer du piano à la télévision ressemble étrangement à de la compétition, ou du moins à un " tour de force ". » Pour illustrer ce dernier travers, Payzant parle de la transcription par Gould de la *Valse* de Ravel, où Gould « semblait résolu à surpasser ces virtuoses qui débitent les plus spectaculaires transcriptions de Liszt dans le seul but de nous éblouir par les invraisemblables prouesses physiques de leur virtuosité ». C'est là, à mon avis, un exemple particulièrement mal choisi quand on sait le peu de goût qu'a Gould pour la musique des impressionnistes français et que, lors de ses rares incursions dans ce répertoire, il lui impose systématiquement des éléments de sévérité teutonique et de sobriété formelle.

Dans les trois derniers chapitres de son étude — il y en a dix en tout —, Payzant se penche sur le concept de « malhonnêteté créatrice » mis en pratique dans les enregistrements de Gould (sa conviction que la fin — la musique — justifie les moyens, représentés par le montage), discute des techniques utilisées par son sujet pour ses documentaires radio (comme beaucoup d'auditeurs, Payzant semble avoir quelques problèmes pour s'y retrouver dans les textures contrapuntiques des méthodes de production à plusieurs voix chères à Gould) et entreprend surtout une analyse de l'œuvre littéraire de Gould. Il souligne le fait qu'il existe « un thème récurrent dans ses écrits : la relation entre l'art et la moralité (...). Selon Gould, les artistes sont investis d'une mission morale et l'art possède un potentiel d'amélioration du genre humain qui n'a pas encore été véritablement exploité. Cette amélioration n'a de chance de se produire que si elle procède de la modification du comportement de chacun de nous, en tant qu'individus privés et solitaires, et non d'une sorte de modification collective de notre espèce, volontaire ou non ».

Payzant analyse ensuite avec beaucoup d'acuité la méfiance croissante dont Gould fait preuve vis-à-vis de l'art et qu'il expose dans diverses prises de position : « A peu près à la même époque (1974), Gould se mit à traiter un thème nouveau ; allusivement, quand il dit que la technologie “ impose à l'art une notion de moralité qui transcende l'idée de l'art elle-même ” (...) ; exprimé avec plus de netteté et beaucoup plus de pessimisme dans un article publié au début de cette même année : “ Je crois qu'il faut donner à l'art la chance de sa propre disparition. Il nous faut accepter l'idée que l'art n'est pas forcément quelque chose d'innocent, mais qu'il est même quelquefois potentiellement destructeur. ” Plus loin, l'auteur suggère qu'un “ article publié en 1975 permet d'entrevoir la direction dans laquelle Gould s'engage avec cette nouvelle ligne de pensée ” : (...) “ Je crois vraiment que, une fois introduite dans le circuit de l'art, la présence technologique doit être codée et décodée, de telle sorte qu'elle soit résolument mise au service de ce bien spirituel qui servira dans sa phase ultime à bannir l'art lui-même. " »

Il est évident, spécialement dans ces derniers chapitres, que pour Payzant la vraie « biographie » de son sujet commence en 1964 quand, à la suite de sa condamnation et de son retrait des concerts publics, il fut libre de développer l'expérience littéraire et technologique qui lui était indispensable pour pouvoir s'occuper de ces « thèmes récurrents » dont Payzant disserte de façon si persuasive. Il est également intéressant de noter que Payzant est moins à l'aise dans les chapitres centraux de son étude, où l'accent porte sur la relation entre la pensée et l'expérience tactile du jeu instrumental. Organiste lui-même, il accorde une place quelque peu démesurée à l'unique enregistrement réalisé à l'orgue par Gould (les neuf premières fugues de l'*Art de la Fugue* de Bach) et, quand il en vient à discuter des techniques du piano et de la production du son, il a tendance à avancer des affirmations que seul un joueur d'orgue de barbarie pourrait apprécier : « Peu importe que la touche d'un piano soit actionnée par le doigt d'Arthur Rubinstein ou par l'embout de son parapluie. A un niveau de volume donné ne correspond qu'une seule et unique sonorité, et telle ou telle sonorité ne peut être obtenue que par le niveau de volume correspondant. » Payzant se pose bien sûr à lui-même la question : « Un pianiste peut-il, en modifiant sa manière d'actionner la touche, produire deux ou plusieurs notes, de volume égal mais de sonorité différente ? » Il concède que « les gens qui ont une réponse à cette question n'en démordront pas », ce qui est évident, surtout si ces gens-là sont des pianistes. Le professeur Payzant ferait bien de vérifier sa théorie en invitant Claudio Arrau, Paul Badura-Skoda, Clifford Curzon et Jorg Demus (choisis au hasard mais cités par ordre alphabétique) à s'installer devant un même instrument après s'être mis d'accord pour faire confiance à l'objectivité d'un potentiomètre, et à enregistrer la même note ou la même série de notes. Au demeurant, l'image mentale relative au toucher du piano n'a pas tant à voir avec la manière de frapper les notes prises individuellement qu'avec ce qui se passe *entre* les notes et le rituel adopté pour aller de l'une à l'autre.

Tout au long de son étude, le professeur Payzant conserve une objectivité académique impeccable, et il n'apparaît pas qu'il y ait eu le moindre contact ressemblant de près ou de loin à une interview entre l'auteur et son sujet. Au chapitre 5 par exemple, Payzant consacre trois pages à exposer les façons diverses dont Gould a usé dans ses écrits de la terminologie psychanalytique ; il examine toutes sortes d'indices contraires tendant à prouver ou à infirmer que Gould a été ou non analysé pour laisser finalement la question en l'état. Étant donné que Payzant et Gould résident tous deux à Toronto et que cette sorte de spéculation aurait pu, on l'imagine aisément, être résolue par un simple « oui » ou « non », un témoignage aussi peu concluant — frisant d'ailleurs vraiment l'oiseux — n'est pas loin de produire un effet comique. Mais à l'inverse, il y a cette qualité qui prête au livre de Payzant sa grande force : la détermination manifeste de l'auteur de brosser son portrait à l'abri de toute intervention ou influence résultant de la connivence due à la conversation et à la manipulation d'un mode de communication où Gould, à ce qu'on dit, est passé maître.

Le Gould de Payzant est traité avec une sympathie qui n'exclut ni le détachement ni la lucidité. Ses fils thématiques, ponctués de leitmotive, sont tissés de façon homogène et équilibrés avec un grand savoir-faire rédactionnel. On pourrait, bien sûr, comme l'admet Payzant dans sa Préface, parvenir à d'autres conclusions à propos de son sujet. Nombre de lecteurs préféreront sans doute exercer cette option et s'en tenir à l'image conventionnelle d'un Gould maître-pianiste excentrique et inégal. Payzant a cependant choisi une voie différente où s'harmonisent les penchants musicaux de Gould, ses convictions morales et les extravagances de son comportement ; il est ainsi parvenu à créer une texture structurellement aussi sûre et chromatiquement aussi complexe que les fugues baroques qui ont les premières éveillé Glenn Gould aux merveilles de l'art de la musique.

Streisand comme Schwarzkopf

En 1976 paraissait sous étiquette Columbia un disque intitulé « Classical Barbara », dans lequel Barbara Streisand chantait Beau Soir *de Debussy, la* Berceuse *des* Chants d'Auvergne *de Canteloube, deux mélodies de Fauré, des lieder de Wolf et de Schumann, un extrait des* Carmina Burana *de Carl Orff, ainsi que deux airs d'opéras de Haendel.*

Dans l'article ci-dessous, publié par High Fidelity Magazine, *Glenn Gould fait la recension de ce disque. Est-il besoin de préciser que l'offre allusive de collaboration que fait Glenn Gould à la fin de ce texte n'a pas été concrétisée par la compagnie CBS ?*

Je suis un dingue de Streisand et n'en fais pas mystère. A part sans doute Elisabeth Schwarzkopf, aucune autre chanteuse ne m'a donné autant de plaisir, ni une idée aussi pénétrante de ce que peut être l'art de l'interprète.

Il y a quatorze ans, un disque « souple » de son premier enregistrement « L'Album Barbara Streisand », circulait clandestinement de bureau en bureau chez CBS ; un exemplaire tomba entre mes mains et je me mis à rire. Si je riais, ce n'était certainement pas pour me moquer de ce disque. Martin Erlichman, son fervent mentor, se trouvait à ce même moment présent dans un bureau adjacent et, de toute façon, ce n'aurait pas été de bonne politique vis-à-vis de la Compagnie. Ce n'était pas non plus le contenu du disque qui me faisait rire — même s'il était déjà alors évident que la parodie allait jouer un rôle essentiel dans l'œuvre de Streisand. Ce qui se passa en fait, c'est qu'un sourire fendu jusqu'aux oreilles s'attaqua à mes muscles faciaux, lesquels ne daignent s'exercer de la sorte que lorsque je suis confronté à des exemples uniques du rite de la recréation.

Parfois, ce curieux tic me prend comme par surprise : c'est le cas lorsque je me trouve devant quelque chose de tout à fait original (les méditations au synthétiseur de Walter Carlos sur les *Troisième* et *Quatrième Concertos Brandebourgeois* par exemple, ou la réalisation par les Swingle Singers de la neuvième Fugue de l'*Art de la Fugue*). D'autres fois, ce rire me saisit à l'écoute d'œuvres pour lesquelles je n'éprouve aucune affection particulière. (J'ai toujours cru pouvoir me passer des *Concertos* de Chopin jusqu'au moment où Alexis Weissenberg, en balayant les toiles d'araignées qui envahissaient les salons de George Sand, actualisa ces œuvres). D'autres fois encore et sans doute mal à propos, ce rire fait surface en présence d'une œuvre pour laquelle une solennité de joueur de poker est considérée comme de rigueur. (Le rythme de Boogie-Woogie que donne Hermann Scherchen au *Messie* de Haendel fut pour moi l'une des grandes révélations des débuts du microsillon.) Autre exemple enfin : le rire me sert à exprimer un sentiment de soulagement lorsque je m'aperçois qu'il existe une solution possible à un puzzle qui m'apparaissait jusque-là insoluble. (C'est ainsi que les *Métamorphoses* de Strauss sont une œuvre que j'aime depuis près de trente ans sur le papier et en tant que concept, mais que j'ai longtemps crue impraticable en tant que véhicule sonore pour vingt-trois instruments à cordes entêtés à la recherche d'un accord de VI-IV. Tout cela a changé il y a environ deux ans, lorsque j'entendis pour la première fois l'enregistrement magistral de Herbert von Karajan. Des semaines durant, nuit après nuit et parfois, sans exagérer, jusqu'à trois fois d'affilée, j'ai fait tourner ce disque, en passant successivement par l'étape où on lève les yeux au ciel d'émerveillement, puis par la phase du tremblement nerveux et de la voix enrouée par l'émotion avant de déboucher finalement sur le seuil du... rire fou.) J'ai la même réaction devant pratiquement tous les enregistrements de Willem Mengelberg ou de Leopold Stokowski, et Barbara Streisand me fait toujours — ou presque toujours — le même effet.

Pour moi, la voix de Streisand est l'une des merveilles naturelles de notre époque, un instrument aux timbres infiniment variés. Certains de ses registres ne sont évidemment pas sans problèmes, mais c'est là une observation qui n'est guère plus perspicace que celle qui consiste à dire qu'un clavecin n'est pas un piano ou vice versa, si vous préférez. Streisand a toujours eu des problèmes avec le tiers supérieur de la portée — le principal étant un changement de registre perceptible sur le do dièze — mais je ne dispose pas ici de l'espace nécessaire pour décompter les façons étonnantes dont elle a réussi avec une ingéniosité croissante à tourner ce défaut à son avantage. Je ne peux cependant pas laisser passer l'occasion de mentionner un moment tout particulièrement extraordinaire : le « Nothing, nothing, nothing » solidement centré sur ré bémol et do naturel à la fin de la super-production très puccinienne qu'est la chanson « He touched me ».

Quoi qu'il en soit, on ne s'attend pas de la part de Streisand, comme on le ferait de la part de Ella Fitzgerald ou éventuellement — ce n'est pas mon cas, mais c'est une autre histoire — de Cleo Laine, à un festival de pyrotechnique vocale. Elle peut déclencher une véritable tempête à la demande, mais ce n'est pas elle qui vous troussera une ballade à la manière directe et sans complexe de l'admirable Shirley Bassey. Avec Streisand, qui est à Shirley Bassey ce que Daniel Barenboïm est à Lorin Maazel, c'est le processus qui compte, car elle dispose d'une collection impressionnante et apparemment illimitée d'options diverses. Sa manière à elle est celle d'une beaucoup plus grande intimité, mais d'une intimité (et c'est étonnant étant donné ce type de répertoire) qui ne recherche jamais ouvertement le contact sexuel. Streisand est littéralement dévorée par la nostalgie et elle peut donner aux paroles de midinette les plus triviales un écho d'une intimité bouleversante.

L'idée que je me fais de Streisand (comme d'ailleurs de Schwarzkopf) est que tous ses plus grands coups résultent de répétitions en loge au cours desquelles (probablement accompagnée d'un orchestre préenregistré) elle se met dans la peau d'une quantité de personnages successifs, essaie toutes sortes de phrases qui n'ont l'air de rien, imagine des gestes qui accompagnent sa propre réflexion, élabore des couplages de registration (en surimposant le cromorne de quatre pieds du gamin de la rue au seize pieds de *Sophisticated Lady*), et en général joue pour son propre amusement dans un univers de miroirs borgiens (Jorge-Luis, pas Victor) et d'invention verbale.

Comme Schwarzkopf, Streisand est l'une des grandes championnes de l'italique ; elle ne laisse jamais aucune phrase livrée à elle-même, et l'étendue comme la diversité de ses dons d'expression sont telles qu'il est simplement hors de question de pouvoir établir à l'avance l'itinéraire stylistique qu'elle va emprunter. Une bonne part de l'effet d'intimité — en réalité le sentiment qu'on a d'être le spectateur clandestin d'un instant strictement privé qui n'a pas encore reçu son profil public définitif — résulte directement de notre incapacité à anticiper ses intentions. Pour prendre un seul exemple, disons que Streisand peut s'attaquer à une satire à la Satie extrêmement légère comme la chanson de Dave Grusin « A child is born », lui trouver deux gammes descendantes (dans les modes hypo-dorien et lydien respectivement) et tirer de ce croisement essentiellement routinier un moment d'une intensité et d'une beauté déchirantes. Aussi invraisemblable que la comparaison puisse paraître, je crois qu'il y a là quelque chose des rêveries inoubliables de Schwarzkopf dans le soliloque final du *Capriccio* de Richard Strauss et, à mon avis, la majeure partie des prestations de Streisand mérite amplement le compliment qu'implique cette comparaison.

Malheureusement, le disque dont il est question ici est l'une des exceptions à la réaction habituelle que me procure Streisand. C'est là que s'applique le « presque toujours » dont je parlais plus haut. Une autre exception qui me vient à l'esprit est constitué par l'irritant album « What about today ? » réalisé en 1969, où elle se fait le porte-parole de la génération d'alors. Mais contrairement à lui, le disque « Classical Barbara » ne cherche visiblement pas à se conformer à l'esprit du temps. Sauf en tant que curiosité, il n'y a guère de chance qu'il attire l'attention des fonctionnaires officiels de la musicologie ; sa prise de son de style pop extrêmement rapprochée (personnellement, j'adore cela !) lui aliénerera très probablement les aficionados de l'art lyrique ; quant à l'acheteur lambda, il est quasiment certain que le contenu de ce disque le détournera d'en faire l'acquisition.

Il est donc évident qu'il y a là un réel courage ; manifestement Streisand a pris un grand risque dans le seul but de satisfaire la curiosité illimitée de ses admirateurs inconditionnels, et par conséquent, ne serait-ce que pour exprimer notre gratitude, nous devons souligner que, s'il ne s'agit pas là d'un album vraiment bon, il ne s'agit absolument pas non plus d'un mauvais album. Il tient essentiellement compte des exigences présumées du genre et du répertoire qu'il survole et, dans ce sens, fait honte aux contrefaçons de Broadway auxquelles ont cru devoir se prêter certaines stars du chant classique qui ont nom Beverly Sills, Roberta Peters ou même à l'occasion Maureen Forrester. (Exemptons de cette liste Eileen Farrell, qui avait certainement « des droits à chanter le Blues ».)

Mais ce sont précisément ces exigences présumées qui font problème. Rien dans cet album ne manque de sensibilité ou de musicalité, sauf la réverbération gratuite qui a été déversée sur les parties orchestrales des deux pièces de Haendel, et qui, à la fin de ces deux extraits, atteint le comble du mépris pour le style lorsqu'un rapide coup de potentiomètre exercé par l'ingénieur du son ne fait rien d'autre que de venir nous rappeler sa présence excrémentielle. Malgré tout, d'un bout à l'autre du disque, Streisand semble pétrifiée à l'idée qu'elle est désormais face à face avec les Grands Maîtres. Tout l'album nous est servi sur un registre révérenciel qui va du mezzo-piano au mezzo-forte, et aucun des morceaux n'est pris à un tempo qu'on pourrait dire allant. En dépit du fait que Streisand est la plus adroite pourvoyeuse de chansons crépitantes de notre époque (voir « Piano Practice » et « Minute Waltz »), ce genre de prédilection pour une série monotone d'intermezzi andante-grazioso n'est pas réservé à ce disque. On trouvait déjà une tendance similaire dans le « Troisième Album Barbara Streisand » paru à l'orée de sa carrière, mais elle n'était pas conjuguée à l'époque, comme c'est le cas ici, avec une compression dynamique aussi austère.

Par ailleurs, la prestation est virtuellement exécutée à l'aide d'un seul jeu ; Streisand met en action son registre innocent de huit pieds d'enfant de chœur et n'en démord plus. Il s'agit là, n'en doutons pas, de l'un de ses registres les plus efficaces qui, lorsqu'il est appliqué à un répertoire approprié, produit un effet saisissant. Dans « In Trutina » tiré des *Carmina Burana* de Carl Orff, Streisand, à l'aide du vibrato le plus rapide d'Occident et de l'intonation la plus impeccable qu'il nous ait été donné d'entendre depuis la Maria Stader de la grande époque, nous procure une lecture qui ne laisse rien à envier à personne pour ce qui est de la sécurité vocale, en même temps qu'elle débarrasse cet air plutôt insipide de ses accoutrements théâtraux habituels. Plus encore sans doute, elle est à l'origine de la seule version actuellement disponible de cette œuvre qui accommode parfaitement le texte à son caractère de Livre d'Heures.

Dans la « Berceuse » (extraite des *Chants d'Auvergne* de Canteloube), Streisand n'arrive pas à égaler la suavité de Victoria de los Angeles mais, à sa manière de chanson folklorique, son interprétation est néanmoins extraordinairement touchante. Elle réussit également très bien avec Debussy, et si Eilleen Farrell, qui elle aussi ouvrait un récital sur disque Columbia avec *Beau Soir*, pouvait prétendre s'identifier totalement à une Parisienne sophistiquée, Streisand lui donne ici la réplique, non sans quelque effet, sous les traits d'une gamine de Marseille.

Ce n'est que dans les parages du répertoire allemand que Streisand s'enlise vraiment. Dans le *Mondnacht*, de Schumann, elle maintient un flegme imperturbable et exaspérant jusque dans la stance finale, cheminant lourdement et impitoyablement à travers « Und meine Seele Spannte, weit ihre Flügel aus ». Dans « Verschwiegene Liebe » de Wolf, elle renonce carrément à utiliser ses dons uniques de caractérisation, en ne gardant aucun secret et en ne portant aucun voile.

Tout ce qu'on peut dire de son « Lascia ch'io pianga » tiré du *Rinaldo* de Haendel, est qu'il est un modèle de clarté analytique par comparaison avec la version sillonnée de glissandos de Mme Ernestine Schumann-Heink datant de 1906. Streisand en donne une interprétation qui aurait certainement été ratifiée par la Royal Academy de 1939 ; à l'époque on avait déjà su se défaire des glissandos, mais on n'avait pas encore inventé les ornements. (Curieusement, c'est à l'admirable collaboratrice d'Alfred Deller, Eileen Poulter, qu'allait revenir de donner la version streisandesque définitive de cet air.)

Je ne voudrais cependant en aucune manière donner l'impression de suggérer que Streisand devrait laisser de côté les « classsiques ». Bien au contraire, je suis convaincu qu'elle a en elle un grand disque « classique » potentiel. Elle a simplement besoin de repenser la question du répertoire et de secouer le joug de respectabilité qui accable la présente réalisation.

Ma propre prescription pour un album Streisand de rêve inclurait des chansons avec luth de l'époque des Tudor (elle serait sensationnelle dans Dowland), le cycle *Sans Soleil* de Moussorgsky, et comme pièce de résistance — à condition qu'elle assimile un ou deux traités d'ornementation baroque — la *Cantate* de Bach *nº 54 Widerstehe doch der Sünde*. Jusqu'à présent, la version la plus intensément engagée que je connaisse de cette œuvre admirable fut celle d'une émission télévisée de la CBC de 1962. Figuraient à l'affiche le remarquable contre-ténor Russell Oberlin et un ensemble de cordes de l'orchestre symphonique de Toronto. Participait également à l'exécution un chef d'orchestre claveciniste d'une modestie incomparable qui a requis l'anonymat ; son agent m'assure toutefois que si Miss Streisand souhaitait tenter sa chance avec *Widerstehe doch der Sünde* et si Columbia voulait bien saisir l'invite, il serait certainement disponible.

Boulez-le-terrible

En succédant à Léonard Bernstein à la tête de l'Orchestre Philharmonique de New York, Pierre Boulez était devenu l'un des personnages les plus en vue de la vie musicale new-yorkaise. On trouvera ci-dessous la recension par Glenn Gould d'un livre consacré à Boulez et dû à la plume de Joan Peyser. Le texte en question est paru dans l'hebdomadaire américain The New Republic *du 25 décembre 1976.*

Pour beaucoup d'entre nous en Amérique du Nord, ce n'est pas au début comme compositeur ou comme chef d'orchestre que Boulez est devenu célèbre, mais comme auteur d'un petit article singulièrement méchant et haineux publié dans le magazine anglais *The Score.* C'était en 1951, et le numéro du magazine en question était manifestement destiné à commémorer le mort, survenue en juillet de la même année, d'Arnold Schoenberg ; mais Boulez, qui n'est pas homme à se laisser détourner de son objectif par le sens des circonstances, offrit sa contribution sous la forme d'un manifeste venimeux intitulé « Schoenberg est mort ». Sa thèse était prévisible : Schoenberg, en dépit du zèle révolutionnaire qui avait été pour un temps le sien, avait consacré les vingt-cinq dernières années de sa vie à l'exercice futile qui consistait à essayer de faire fusionner la technique dodécaphonique et les critères structurels du post-romantisme ; en menant ce combat d'arrière-garde, il avait en un mot cessé d'être intéressant. Une nouvelle génération avait repris le flambeau (conduite devinez par qui ?), et la musique de l'avenir ne retiendrait donc des théories de Schoenberg que celles qui s'appliquaient à la hauteur du son, pour les adapter là où c'était possible à des paramètres tels que le rythme, la dynamique et le timbre.

L'argument en soi n'avait rien d'extraordinaire — Boulez était et est resté l'avocat éloquent de l'idéologie musicale en laquelle il croit — et le sérialisme, la technique d'intégration à paramètres multiples mentionnée plus haut, était devenu le mot d'ordre des années 50 — d'abord en Europe, et ultérieurement, encore que de manière moins généralisée, en Amérique —, tandis que Boulez était son chef de file le plus bruyant sinon, comme certains le croient, le plus convaincant. Mais le fait que cette diatribe pour le moins peu charitable ait été incluse dans une série d'hommages sollicités à l'occasion d'une commémoration — et sollicités qui plus est par William Glock (devenu par la suite Sir William), le directeur audacieux, encore que très favorable à l'establishment, de la musique à la BBC — nous en dit long sur la phénoménale célébrité européenne qui était déjà celle de Boulez à vingt-six ans. D'ailleurs, une décennie après la publication de l'article, Gertrud Schoenberg, la veuve du compositeur, se refusait toujours à prononcer le nom de Boulez. Dans une interview que je recueillis d'elle en 1962, elle me fit le commentaire suivant : « De telles choses ne peuvent pas desservir Schoenberg, elles ne peuvent que servir la gloire de..., oh, vous savez, je préfère ne pas dire de mal de personnalités réputées. »

Malgré le brouhaha international qui accueillit l'incident du « Schoenberg est mort », ce n'était pas la première fois loin de là que Boulez se débrouillait pour confondre exégèse raisonnée et déclarations polémiques. En 1945, à l'occasion du premier concert entièrement consacré à Stravinsky dans le Paris de l'immédiat après-guerre, il avait dirigé une brigade de saboteurs hurlants à partir d'un poste de commandement au Théâtre des Champs-Élysées, dans le seul but de harceler la faction néo-classique locale conduite par Nadia Boulanger. Hélas, de telles actions n'étaient pas des incidents isolés, non plus que les futiles équipées d'un adolescent attardé. La vie de Boulez, telle qu'elle est racontée par Joan Peyser, ne semble avoir été jusque-là qu'une suite ininterrompue et interminable de complots et de contre-complots, de brouilles et de réconciliations. L'avantage politique et les convictions musicales sont constamment mêlés ; les collègues sont taxés d'opposants ou de complices selon les tendances manifestées par leurs dernières œuvres, et même s'il semble que le compositeur-chef d'orchestre se soit quelque peu assagi pendant les six années passées à la tête de l'Orchestre Philharmonique de New York, son histoire est affligeante, alarmante et même terrifiante.

Il s'agit aussi en un sens d'une histoire déconcertante. Peyser incorpore dans sa narration un vocabulaire paramilitaire qu'on n'arrive parfois plus à distinguer de celui du discours de Boulez lui-même. Quelques exemples : les « camps en guerre », « luttent », « engagent le combat », « se détruisent », « vainquent », « s'écrasent », « s'anéantissent », « se démolissent », et même « s'oblitèrent » l'un l'autre avec une fréquence étourdissante. De tels « triomphes » sont bien entendu obtenus à la suite de « confrontations » dans lesquelles un « héros », un « homme au tempérament d'acier », ou même parfois un « Roi », fait en sorte que les « lignes soient fermement établies » et que les « rivaux », les « ennemis » ou même les « ennemis No 1 » qui attendent la « mise à mort » soient « exterminés ». Après la « bataille », le « chef » sera « couronné », à moins qu'il ne l'ait déjà été, et son « adversaire » « détrôné ». En des temps plus cléments, une « trêve » sera proclamée, on cherchera des « alliés » ainsi qu'à former des « alliances », même si malheureusement la plupart d'entre elles s'avèrent « orageuses ». Le tout mène inévitablement à des « injures », au « ridicule » et au « mépris » ; une « guérilla » se déclenche à nouveau, et le cycle recommence.

Inutile de préciser que pareille invention linguistique ne peut être indéfiniment soutenue et que la défaillance chronologique survient inévitablement : de temps à autre, une « mafia » fait son apparition, des courtisans malchanceux « périssent sur le billot », à moins qu'on ne se contente de les « poignarder ». Il est vrai que, comme le souligne le Maître Boulez lui-même, « l'Histoire ressemble étrangement à la guillotine. Si un compositeur n'emprunte pas la bonne direction, on le mettra à mort, métaphoriquement parlant ».

Pour avoir une idée de la saveur de la pièce, il ne serait peut-être pas mauvais d'en citer quelques lignes : « Quoi qu'il en soit, si l'on veut arriver où que ce soit en France — comme d'ailleurs dans la plupart des pays — il vaut mieux avoir une âme en acier trempé : comment mieux tester la qualité de l'acier qu'en engageant le combat contre le puissant père, qu'il soit compositeur, professeur ou conseiller des arts. Pour porter la question un degré plus loin : comment mieux tester sa propre force ultime qu'en insultant, qu'en attaquant, qu'en répudiant son pays, pour ensuite aller vers des nations meilleures et plus grandes ? » La référence au « puissant père » est au cœur de la thèse de l'auteur. Après avoir rendu un hommage obligé à Erik Erikson dans son introduction, elle entreprend de tracer un portrait psycho-biographique de son sujet et, malheureusement pour lui, elle y parvient. Boulez, nous dit-on, a rejeté son propre père. « Lorsqu'il reconstitue la bataille, Boulez parle avec fierté de sa propre force et de celle de sa sœur : " Nos parents étaient forts. Mais finalement nous fûmes plus forts qu'eux. " » Il découvrit par ailleurs à l'âge de cinq ans qu'un frère portant le même prénom que lui était mort tout enfant. « A l'âge où les gosses prennent pour la première fois conscience de la mort, Pierre fut mené sur la tombe de son frère et put lire sur la pierre tombale "Pierre Boulez ". "Je suis darwinien, explique Boulez. Je suis persuadé d'avoir survécu parce que j'étais le plus fort. Mon frère était l'esquisse, je fus le dessin. »

Joan Peyser poursuit son jumelage de colère filiale et de sentiment de culpabilité fraternelle jusqu'au bout. Il paraît que Boulez fut requis, dans sa jeunesse, de « tuer » toutes les figures du père, qu'elles aient été représentées par ses maîtres (René Leibowitz, Olivier Messiaen) ou par des anciens (Igor Stravinsky, Arnold Schoenberg) et, plus récemment, de mener un combat d'arrière-garde contre des « confrères » plus jeunes qui menaçaient sa position (Karlheinz Stockhausen, Henri Pousseur). Sa complice dans la poursuite du premier de ces objectifs est sa sœur Jeanne, la dédicataire du livre, et un personnage des plus fascinants. Seul ami intime de son frère, d'après l'auteur, Jeanne voit Pierre comme « une sorte de figure de Jésus », vante le « caractère définitif de la décision prise contre... notre Père », à laquelle elle participe comme compagnon d'armes, et se dit capable de lui en remontrer en matière de stratagèmes car « s'il est fort, je le suis également ». Un pareil matériau, est-il besoin de le préciser, encourage Peyser à composer une série de variations sur le thème du « Sang des Walsung » de Thomas Mann, ce qu'elle parvient d'ailleurs à faire avec une certaine subtilité. On ne peut en dire autant de ses investigations répétitives, malséantes et finalement stériles dans le domaine des préférences sexuelles de Boulez, investigations qu'elle effectue avec l'aide de ses amis.

Si, de l'isolement relatif de la province, je puis me permettre de parler ainsi, ce livre est un produit archétype de la mentalité mégalopolitaine américaine de la côte Est. Peyser, qui est l'épouse d'un psychiatre, semble irrésistiblement attirée par un jargon analytique ; elle réussit en conséquence à brouiller les pistes pour ses lecteurs, pour son sujet, ainsi probablement que pour les futurs biographes éventuels de celui-ci.

En revanche elle écrit plutôt bien, dans un style qu'on pourrait comparer à celui des portraitistes du *New Yorker*. Elle a un bon œil pour le détail, même si son sens de la période ne possède pas la précision cinématique et l'intensité de l'engagement personnel qui marquent les travaux de grands anciens du *New Yorker* tels que Renata Adler par exemple. Sa peinture de la vie musicale des années 50 est malgré tout finement observée et bien documentée, et sa description des activités de Boulez ces dernières années contient un certain nombre d'esquisses mémorables, dont le récit hilarant d'une conversation télévisée avec un Dick Cavett[1] lamentablement mal préparé. Pour autant qu'on puisse en juger, elle possède également une bonne oreille (et/ou un appareil à cassette fiable), quoique sa reconstitution des premières séances d'enregistrement de Boulez pour CBS avec l'orchestre philharmonique de New York commence avec une annonce du directeur artistique Andrew Kazdin disant « Insert N^0 1, première Prise ». Kazdin, je peux en témoigner par expérience personnelle, n'est pas le premier venu en matière d'enregistrement, et les chances qu'il ait pu commencer une séance avec un « insert » — qui désigne un fragment de prise supplémentaire destiné à réparer ou à prolonger une prise fondamentale, et qui par définition peut commencer n'importe où sauf au début d'un morceau — sont plus que restreintes.

Est-ce parce que Peyser considère la carrière de Boulez en tant que chef d'orchestre comme une échappatoire par rapport à la composition, et donc comme une sorte de déchéance, qu'elle parle de ses années new-yorkaises (qui doivent s'achever cette saison) avec une incroyable profusion de détails mais sans grande vigueur et même parfois de façon carrément désinvolte ? A titre d'exemple : « Amy Greene tient l'institut de beauté chez Henri Bendel, l'un des magasins les plus chics de New York. Elle est l'épouse de Milton Greene, qui fut le photographe de Marilyn Monroe. Les Greene sont très liés aux Leonard Bernstein. Un après-midi, me trouvant dans sa boutique, Mrs. Greene me dit qu'elle ne s'était pas rendue à un seul concert du Philharmonique depuis l'époque de Bernstein, parce qu'elle avait entendu dire " qu'il ne s'y passait rien de bon ". Une femme de Long Island assise sur le fauteuil d'à-côté essaya de se mêler à la conversation : "J'ai fait cesser mon abonnement, dit-elle, parce que mon mari est fatigué en fin de journée et préfère écouter la musique qu'il aime. " »

1. Le Jacques Chancel américain (N.d.T.)

Au cours de précédents chapitres, Peyser décrit et caractérise les œuvres principales de Boulez sans essayer de les analyser. Cela convient bien à mon avis à un ouvrage de ce type, et si l'auteur s'en était tenu à cela, son livre aurait pu être une excellente introduction à la musique de Boulez pour le lecteur profane. Malheureusement, elle est la proie des fantasmes de la mode, comme d'ailleurs son sujet, et même si dans son introduction elle déclare qu'il est un « génie », il devient de plus en plus évident, au fur et à mesure qu'elle expose sa thèse, qu'elle le considère comme un compositeur qui a eu son heure, mais que celle-ci est passée, « qu'il a désormais été supplanté par Stockhausen » et que « la couverture lui a été retirée » par John Cage. Traduisons : ce que cela sous-entend, c'est que Boulez a souscrit à un certain nombre de principes qui, pendant une période brève mais grisante — la fin des années 40 et le début des années 50 —, l'ont placé à l'avant-garde de l'avant-garde, mais aussi que, en s'en tenant, sauf légères modifications, à ces principes et en faisant donc preuve d'inflexibilité idéologique, il a manqué le coche de la musique aléatoire de la fin des années 50 et de la musique théâtrale des années 60. (On frémit à l'idée de la manière dont Peyser pourrait bien rendre compte du printemps tardif de Richard Strauss ou du contrepoint palestrinien de la *Messe en mi mineur* de Bruckner). Elle se place en fait sous la bannière de ce que j'ai par ailleurs appelé « la calamité du Zeitgeist, de l'esprit du temps ». Que son sujet en fasse autant fait toute l'ironie de la situation : Boulez, qui n'est pas précisément réputé pour sa charité confraternelle est ici victime de quelque chose qui ressemble fort à un règlement de comptes, et la biographie de Peyser n'est rien d'autre qu'une pièce dont la moralité serait : « Celui qui vit par le glaive périra par le glaive. » Mais il n'en est ainsi que par inadvertance. A aucun moment on ne peut douter que la sympathie de Peyser va au glaive plutôt qu'à sa victime.

Ce n'est pas ainsi, Dieu merci, que fonctionne l'histoire. Le processus de la sélection historique est notoirement indifférent au phénomène de qui est arrivé le premier quelque part. Dans ses profondeurs, c'est celui qui a fait quelque chose avec la sensibilité la plus extrême qu'il retient. Peyser ferait bien de méditer la phrase d'Olivier Messiaen qu'elle cite à la première page de son introduction, puis dans une variante abrégée à la fin du chapitre 14 : « Il est des gens que le changement n'affecte pas. Ainsi de Bach et de Richard Strauss. Ce n'est pas le cas de Boulez. Ceci est extrêmement triste car il est un grand compositeur. » Si Peyser avait bien voulu adopter cette citation comme leitmotiv, son étude s'en serait trouvée singulièrement mieux équilibrée et plus tempérée. Boulez n'est peut-être pas un « grand compositeur », mais il est certainement un compositeur intéressant et en dépit ou, plus exactement, à cause de sa vision étroite et autodestructrice de l'histoire, il mérite un biographe dont le jugement ne soit pas détérioré par de vaines conceptions du type de celles qu'on trouve dans ce livre, et qui soit capable d'offrir une contribution plus objective que celle du présent volume.

TABLE DES MATIÈRES

Quatrième partie : ESSAIS CRITIQUES

L'impression de ce livre
a été réalisée sur les presses
des Imprimeries Aubin
à Poitiers/Ligugé

Achevé d'imprimer le 10 février 1984
N° d'édition, 6779. — N° d'impression, L 16337
Dépôt légal, février 1984

35-56-7129-02
ISBN 2-213-01352-7

Imprimé en France

35-7129-6